大学思想政治教育与职业素养培育教学

万慧颖　朱晓君　王红丽◎著

线装書局

图书在版编目（CIP）数据

大学思想政治教育与职业素养培育教学/万慧颖，
朱晓君，王红丽著.--北京：线装书局，2024.1
ISBN 978-7-5120-5896-5

Ⅰ.①大… Ⅱ.①万… ②朱… ③王… Ⅲ.①大学生
－思想政治教育－教学研究－中国②大学生－职业道德
教学研究－中国 Ⅳ.①G641②G647.38

中国国家版本馆 CIP 数据核字(2024)第 039490 号

大学思想政治教育与职业素养培育教学
DAXUE SIXIANG ZHENGZHI JIAOYU YU ZHIYE SUYANG PEIYU JIAOXUE

作　　者：万慧颖　朱晓君　王红丽
责任编辑：贾彩丽
出版发行：线装書局
　　　　　地　　址：北京市丰台区方庄日月天地大厦 B 座 17 层（100078）
　　　　　电　　话：010-58077126（发行部）010-58076938（总编室）
　　　　　网　　址：www.zgxzsj.com
经　　销：新华书店
印　　制：北京四海锦诚印刷技术有限公司
开　　本：787mm×1092mm　　1/16
印　　张：13.75
字　　数：261千字
版　　次：2024年1月第1版第1次印刷
定　　价：88.00 元

线装书局官方微信

前　言

随着社会的进步，新时代大学生思想政治教育工作已经形成一系列行之有效的模式。当代大学生要成为中国特色社会主义事业的建设者和接班人，必须树立正确的世界观、人生观、价值观，把实现个人价值同党和国家的前途命运紧紧联系在一起。随着我国日益提高对外开放水平、走近世界舞台中央，我国同世界各国的联系更趋紧密、相互影响更趋深刻，思想政治教育领域面临的形势和斗争也更加复杂。学校是思想政治教育工作的前沿阵地，可不是一个象牙之塔，也不是一个桃花源。办好思政课，就是要开展马克思主义理论教育，用习近平新时代中国特色社会主义思想铸魂育人，引导学生增强中国特色社会主义道路自信、理论自信、制度自信、文化自信，厚植爱国主义情怀，把爱国情、强国志、报国行自觉融入坚持和发展中国特色社会主义、建设社会主义现代化强国、实现中华民族伟大复兴的奋斗之中。

每一个大学生都要面临从学生向职业人的转变。转变过程中的首要条件是必须具备职业素养。职业素养是指职业人在社会活动中需要遵守的行为规范，是职业内在的规范和要求，是在职业过程中表现出来的综合素质。简而言之，职业素养就是职业人在从事职业中把工作做好的素质和能力。它能很好地衡量从业者能否适应、胜任所从事的岗位，体现个人在职场中能否成功的素养和智慧。从大学生的角度来看，职业素养是实现就业并胜任工作岗位的基本前提；从用人单位的角度来看，职业素养是选聘人才的首要考虑因素。良好的职业素养是企业所需的，是个人事业成功的基础，是大学生进入企业的"金钥匙"。

本书主要研究大学思想政治教育与职业素养培育教学，书中从思想政治教育概述入手，针对大学生思想政治教育方法的选择与应用、大学生思政教育教学实践进行了分析研究；另外对大学思想政治教育的创新做了一定的介绍；最后对大学生职业素养培育、大学生自我能力提升以及大学生塑造职业形象做了研究。本书论述严谨，结构合理，条理清晰，重点突出，通俗易懂，内容丰富新颖，具有系统性和指导性，可为大学思政教育工作者提供参考。

目　录

第一章　思想政治教育概述

第一节　思想政治教育的内容

思想政治教育的内容，就是根据一定的社会或阶级的要求，针对受教育者的思想实际，经教育者选择设计后有目的有步骤地输送给受教育者的一切信息。思想政治教育的内容蕴涵着思想政治教育的目的和任务，是思想政治教育目标的具体化，是教育者与受教育者互动的中介，是确定教育原则和方法的前提。思想政治教育内容的存在形式实质上是一种结构关系，即内容构成要素间的稳定联系及其作用方式，包括组织形式、排列顺序、结合方式等。

一、思想政治教育的基本内容

思想政治教育的基本内容，也就是思想政治教育内容系统的基本要素。分析和把握思想政治教育的内容系统及其结构，首先就要分析思想政治教育的基本内容。

（一）思想教育

思想教育主要是进行世界观、方法论教育，着重解决主观与客观相符合的问题。不仅解决主观与客观是否符合的问题，还要解决主观与客观如何符合的问题。前者是加强世界观教育，后者是加强方法论教育。加强世界观、方法论教育，把用科学的理论武装人作为思想政治教育的基础工程，提高受教育者认识世界、改造世界的能力，树立科学的世界观、人生观、价值观，克服资产阶级及其他一切剥削阶级的思想影响，同一切违背科学真理的错误思想和伪科学现象作斗争，巩固无产阶级的思想统治的主导地位。思想教育还要着力于解放思想，转变观念，指导和推动人们的工作、学习与生活。

（二）政治教育

政治教育主要是进行政治理想、政治信念、政治方向、政治立场、政治观点、政治情感、政治方法、政治纪律等方面的教育，重点是解决对国家、阶级、社会制度等重大政治问题的立场和态度。要加强爱国主义、集体主义、社会主义教育，增强人民对党、对祖国、对社会主义制度的政治共识和深厚感情。要加强民主法制教育，加强宪法教育，使受教育者正确认识民主与法制的辩证关系，增强社会主义民主意识与法制观念，自觉遵守宪法和其他各项法律，高度珍视与充分行使民主权利。要加强公民教育，正确认识公民的权利与义务，增强公民的国家归属感和社会责任感，充分行使公民权利，履行公民义务，促进公民的政治社会化。

（三）道德教育

主要是进行行为规范的教育，内化道德规范，形成道德观念，发展道德判断，培养道德情感，养成道德行为，提高道德素质。为此，要加强以为人民服务为核心、以集体主义为原则的社会主义道德教育，使人们树立与社会主义市场经济相适应的道德观念和道德行为，正确认识和处理国家、集体、个人三者之间的利益关系。加强社会公德教育，掌握和实行社会公共生活准则，维护公共财物，遵守公共秩序，爱护公共环境，参与公益事业，敢于见义勇为，勇于向不道德的社会现象和行为作斗争。加强职业道德教育，树立爱岗敬业、诚实守信、办事公道、服务群众、奉献社会的职业道德，克服行业不正之风，改善服务态度，提高服务质量。还要加强家庭美德教育，形成平等和睦的家庭关系和团结友好的邻里关系。社会主义道德教育的重要内容之一就是促进人与人之间的相互理解、相互尊重、相互关心、相互帮助，形成平等、友爱、团结、互助的社会主义新型人际关系。道德教育实质上是养成教育。因此，在进行道德教育时，重点不是认知道德规范，而是内化道德规范，践履道德规范，用道德规范来指导和约束自身的行为，提高道德自律能力，形成良好的稳定的道德品行。

（四）心理教育

主要是提高受教育者心理素质的教育。在改革开放和发展社会主义市场经济条件下，由于竞争机制强化，变化节奏加快，工作、学习、生活的紧张度增加，人们的心理压力也日益加大，一些人缺乏应有的心理承受能力，难以承受过重的心理负荷，有的甚至产生了一定程度的心理疾病。因此，心理教育的内容，就是进行心理健康教育和指导，使受教育者形成良好的个性、健全的人格、健康的情感、乐观的心态、坚强的意志，特别是要增强受教育者在激烈的竞争中勇于进取、不怕挫折、自强自立、艰苦创业的意志品质和能力。

二、思想政治教育内容的结构关系

思想政治教育内容的结构关系主要表现为思想政治教育诸多内容之间的整体性、有序性和层次性关系。

（一）整体性关系

思想政治教育内容的整体性关系是指思想政治教育内容之间是富有内在联系的有机整体。具体表现为以下三点。

1. 思想政治教育内容之间的整体性关系是思想政治教育系统存在的内在要求

系统论认为，结构是系统要素的内部稳定关系，是一种相对"固化"了的内在联系。系统整体的性质不是从整体以外去寻找，而是由互相依存的各个部分的关系来说明。思想政治教育内容作为整体，有一种内在的和谐性，表现为要素的多样统一性和协同相关性。思想政治教育诸内容反映思想政治教育系统的整体性，它主要体现在以下几个方面：其一，思想政治教育是由各方面内容组成的一个有机整体。思想政治教育既存在着核心的、主导的、本质的内容，又存在着日常的、多样的、拓展的内容；既包括政治教育、思想教育、道德教育，又包括法纪教育和心理教育；既包括世界观、人生观、价值观教育，又包括爱国主义、集体主义、社会主义教育；既包括"应然"的教育内容，又包括"实然"的教育内容；既有系统的教育内容，又有日常的教育内容；既有基础性内容，又有主导性内容，是一个既有时代性和变动性，又要有继承性和稳定性，既相对稳定又不断发展的体系。其二，思想政治教育内容具有整体协同规律。思想政治教育内容的各个方面并不是偶然堆积、随意拼凑在一起的，而是一个由各要素合乎规律组成的有机整体，是遵循社会发展的要求，针对受教育者的思想实际，按一定的时空联系和组合方式，从而形成思想政治教育内容的有机整体，这种组合方式就是思想政治教育内容之间的内在联系。思想政治教育内容在整体上所显现的性质和功能，大于各个内容在孤立状态下所具有的功能。因此，思想政治教育内容的确定，要适应社会政治、经济、文化发展的需要，保持一种动态的稳定性，既体现时代精神，又保持一定的规范、连贯和稳定，既要注重全面性、系统性，又要增强时代感和针对性，从而使思想政治教育内容在变动中协调有序，在稳定中富有生机活力。

2. 思想政治教育内容之间的整体性关系是思想政治教育目标的整体性关系的逻辑展现

思想政治教育目标，是指一定社会对教育所要造就的社会个体在思想政治品德方面的质量和规格的总的设想和规定，它反映了社会对受教育者在政治、思想、道德、法纪、心理等方面素质的综合要求，是对教育活动预期结果的一种价值限定和观念化形式。思想政治教育目标决定着思想政治教育内容，思想政治教育内容是思想政治教育目标的展现，所以，从逻辑上讲，有什么样的思想政治教育目标就有什么样的思想政治教育内容。思想政治教育是以人们的思想品德形成发展和对人们进行思想政治教育的规律为研究对象的。思想政治教育过程的特殊矛盾是一定社会和阶级对于人们思想品德的要求与人们实际的思想品德水准之间的矛盾。这个特殊矛盾赋予了思想政治教育的目标和内容，即把本阶级、本社会对人们的思想政治品德要求变成人们实际的思想政治品德，使人们的思想政治品德实现从"现有"向"应有"的转变。可以说，正是思想政治教育过程的特殊矛盾规定着思想政治教育内容的存在和发展。

3. 思想政治教育内容之间通过思想政治教育过程的整体性而显示自己的整体性关系

根据思想政治教育内容的基本特征和内在要求，思想政治教育内容应该贯穿并反映思想政治教育实践过程的整体。其一，思想政治教育内容是作为思想政治教育过程整体各要素而存在的，是作为思想政治教育过程各要素之间的内在联系而联系着的。思想政治教育内容与思想政治教育过程各环节相互渗透、循序渐进、逐步深入，构成了思想政治教育有机整体。离开了思想政治教育内容，思想政治教育过程就无法正常运行。其二，思想政治教育内容之间是作为思想政治教育目标整体性质和功能而存在的，是作为思想政治教育目标的各要素联结方式而存在的，是作为思想政治教育目标结构而存在的。从社会演进和人的发展来看，思想政治教育目标可以说就是人性、公民性、职业性、民族性和阶级性的有机统一与完美结合。其三，思想政治教育内容之间是作为思想政治教育整体与环境之间的有机联系而存在的。思想政治教育内容不是一成不变的，在不同的时代条件、实践水平和科学发展的基础上，内容也是有变化的。思想政治教育者要根据国际国内经济、政治形势的变化，根据教育对象特点的变化，及时对内容体系进行充实和调整，使教育内容具有先进性，体现时代发展的特征。

（二）有序性关系

有序性是指事物诸要素之间具有一定的秩序和规则，如空间上具有一定的次序，时间上表现为一定的发展顺序等。思想政治教育内容的有序性关系，是指思想政治教育内容之间所表现出的顺序性和系列性。

1. 顺序性

思想政治教育内容的顺序性是指思想政治教育内容在产生、形成和发展的过程中，都要遵循一定的逻辑程序，从一方面内容上升到另一方面内容。思想政治教育内容的产生、形成和发展的这一秩序就是它的顺序性。这种顺序性主要体现在以下几个方面：一是从简单到复杂的顺序。这是指思想政治教育内容遵循从简单到复杂的产生、形成、发展顺序。从原始社会人性作为最基本的要求发展到阶级社会公民性、民族性、职业性乃至阶级性的思想政治教育，均是随着社会性质和形态从简单到复杂的演化过程而发展的。二是从低级到高级的顺序。这是指思想政治教育内容的产生、形成和发展所呈现出反映思想政治教育目标由低级到高级的顺序。思想政治教育内容和任何事物一样，其本身的发展过程，总是从最低级开始，然后逐步上升，一级一级地向高级发展的，由最初实现个体目标的内容上升到实现社会目标的内容。三是从抽象到具体的顺序。这是指思想政治教育内容的产生、形成、发展过程呈现出从思想政治教育最一般的抽象开始，逐步地向理性具体发展的过程。就思想政治教育内容系统来说，引导和帮助受教育者树立马克思主义世界观是思想政治教育的核心内容。在我国社会主义初级阶段，共产主义人生观是最高的人生观层次，而我国改革开放和社会主义现代化建设的现实，要求思想政治教育的内容是引导和帮助受教育者树立为人民服务的人生观和集体主义价值观。

2. 系列性

思想政治教育内容的系列性是指思想政治教育内容总是呈现出不同方面、不同关系、不同内容的归类和排列。因为思想政治教育内容总是随着社会和时代的发展和人的发展而不断变化的，所以，思想政治教育内容呈现出系列性。这种系列性主要表现为以下三方面：一是时间系列。这是指思想政治教育内容的产生、形成和发展有其时间先后和相互承继关系，可以在时间上归类和排列。之所以如此，是因为思想政治教育内容本身的发展有其历史延续。从社会历史来看，思想政治教育内容是随着时代的发展而发展的，从古代到近现代，思想政治教育内容无不体现着社会经济、政治、文化变化的新格局。从人的个体发展来看，由于受教育者生理心理发展状况和思想品德发展水平的差异，必然要求思想政治教育内容由浅入深，逐层递进，整体协调。二是空间系列。这是指思想政治教育内容有一个空间上的并存性问题，在空间上归类和排列。思想政治教育内容空间系列是由教育环境的多变性和教育对象的层次性决定的。人的思想政治品德的形成和发展既要受社会、学校、家庭环境等外部条件的影响，也要受自身的成熟程度、认识能力、知识和经验水平等个人因素的制约。因此，针对不同的教育环境和不同人的认识水平差异，思想政治教育内容呈现不同的空间系列。三是时空结合的坐标系列。这是指思想政治教育内容在时间、空间结合上进行归类和排列。因为思想政治教育内容在时间和空间上是不能分离的，所以反映思想政治教育内容也可以在时空结合上成为系列，比如对受教育者进行的爱国主义、集体主义、社会主义教育，世界观、人生观、价值观教育，爱祖国、爱人民、爱劳动、爱科学、爱社会主义的教育，以"爱国守法、明礼诚信、团结友善、勤俭自强、敬业奉献"为基本内容的社会公德、职业道德、家庭美德教育等，无不呈现出时空结合的坐标系列。

（三）层次性关系

所谓层次，是指事物内在结构和相应功能的等级，是系统和要素之间的地位、等级和相互关系。思想政治教育内容的层次性关系是指思想政治教育内容构成具有不同层次，这种层次关系主要表现在以下三个方面。

1. 高低层次

这是指思想政治教育内容由于受教育目标层次制约呈现出低级、高级的等级状态。思想政治教育内容的高低层次主要表现为以下三个层次：一是最低要求。这是处在最基础地位目标的要求所决定的思想政治教育内容，其他思想政治教育内容是建立在此基础之上的。人性是人之为人的最为基本要求。马克思主义认为，人性是人在活动中作为整体所表现出来的与其他动物不同的特性，其中，社会性是人的本质属性。作为教育目标，它首先要求进入思想政治教育过程的人是一个完整意义上的人，从而为整个教育打下良好的基础。二是中间层次。作为一个社会人，无不归依于一定的国家和地区，而作为一个公民就应当承担相应的义务，并享受一定的权利。因此，公民性要求和民族性要求被提了出来。职业性则是对从事一定职业的人的要求，各行各业都要遵循一定的职业道德规范。与此相应的公民性、民族性、职业性教育成了思想政治教育内容的中间层次内容。三是最高要求。阶级性是阶级社会里人的社会性的主要内容，是最高层次的教育要求。统治阶级必须对其成员实施与阶级性有关的教育，思想政治教育的阶级性决定了思想政治教育内容具有阶级性，与此相适应的政治观、阶级观教育成为思想政治教育内容最高层次。

2. 联系层次

这是指思想政治教育内容之间联系的层次。思想政治教育内容各个方面、各种特征有着内在联系的层次，这种层次，我们称为联系层次。它主要有以下两种表现形态：一是台阶联系层。这是指思想政治教育内容之间的联系表现为以基础性教育内容为第一级台阶，从基础性教育内容发展到占主体地位起主导作用的主导性教育内容，以此为骨架，再拓展出适应时代和社会发展要求的拓展性内容，如此一步一步地"上升"，形成思想政治教育内容的台阶。二是宝塔联系层次。就思想政治教育内容系统来说，心理教育、法纪教育、道德教育是最基础最基本的内容。思想教育是最经常最大量的教育内容，它以马克思主义为指导，以世界观、人生观、价值观教育为中心内容。政治教育则是最高层次，它要求受教育者树立阶级观点，端正政治立场，提高政治觉悟，具有辨别政治方向，有效进行政治参与的能力，实施政治教育显得更为艰巨。这些教育内容呈现出由低到高、由浅入深的发展趋势。

3. 立体综合层次

立体综合层次是指思想政治教育内容之间的先后、内外、上下、左右等时空层次的表现。思想政治教育内容是一个富有逻辑的结构系统，与教育对象素质塑造的完整性、接受能力的渐进性相适应，依据一定社会的客观要求和受教育者的个性心理、思想实际、知识水平、接受能力，确定实施教育内容的广度、深度、进度和强度，它立足于人的思想实际，有的放矢，又根据人的认知规律，循序渐进。其总体要求是根据变化了的社会经济、政治、文化生活的实际，以思想政治教育目标和任务为导向，根据时代要求、教育对象的特点和人的思想品德发生发展规律，从思想理论层面、价值观念层面、文化心理层面和社会规范层面，科学地设计思想政治教育内容，即以"有理想、有道德、有文化、有纪律"为根本目标，遵循人性、公民性、职业性、民族性和阶级性的社会整合目标和个体发展轨迹，实施心理教育、法纪教育、道德教育、思想教育和政治教育。在这个立体综合体系中，反映了对教育对象的层次要求。在此基础上，按照人的全面发展的要求整合教育内容，构建出如日常性内容——系统性内容——时政性内容、基础性内容——主导性内容——拓展性内容相统一的立体综合的内容结构体系。这样的内容结构体系既具有纵向顺序性、对应性，又具有横向交互性、融合性，从而组成科学的教育目标、多层次教育规格和系统的教育内容。

上述思想政治教育内容之间的关系相互渗透、相互影响、互为前提，在一定程度上反映了思想政治教育内容构建的基本规律。思想政治教育内容只有从整体出发，保持现实针对性和内在逻辑性，保持层次之间的动态联系，才能发挥整体效益。我们要重视研究思想政治教育内容之间的关系，科学构建思想政治教育的内容结构体系，以增强思想政治教育的系统性、现实性和针对性，使之更加适应社会发展的趋势和人的全面发展的要求。

三、思想政治教育内容实现路径

（一）准备与分层：思想政治教育内容的筹措

思想政治教育内容是思想政治教育内容实现的筹备阶段，是路径的起点。大体上，思想政治教育内容是以整体的形式存在于社会的各个阶层之中，但由于不同阶层的思想政治教育主体的眼界、格局不同，其所承担的任务也存在差异，因而，思想政治教育内容亦是以多层次形态存在的。根据各个阶层任务的不同，将思想政治教育内容分为顶层、中层、基层等三个层次。

1. 顶层思想政治教育内容

思想政治教育是国家管理的主要途径，顶层设计于思想政治教育而言，起着方向引领的作用。顶层思想政治教育内容是国家意义上的思想政治教育内容。顶层思想政治教育内容不是具体性的内容规定，更不是空洞的内容说教，而是从原则、方针、政策的高度对思想政治教育内容进行规定，是从国家层面的高度为具体的思想政治教育内容提供建构框架。

2. 中层思想政治教育内容

顶层思想政治教育内容属于国家层面的内容，而中层思想政治教育内容介于顶层思想政治教育内容和基层思想政治教育内容之间，属于社会层面的思想政治教育内容。如果说顶层思想政治教育内容提供了原则性的框架，那么，中层思想政治教育内容则提供了可操作性的"施工方案"。中层思想政治教育内容在顶层思想政治教育内容提供的原则性框架的基础上，进一步提供了具体践行的准则、评估的标准等，为思想政治教育内容实现提供了社会性的舞台。从组织机构上看，省市的宣传部门担负着思想宣传的重任。相对于国家层面的思想政治教育内容的统一性，中层思想政治教育内容更为复杂。顶层思想政治教育内容在自上而下传达、传播到社会层面的过程中，将会受到来自社会各个领域的力量的影响，促使中层思想政治教育内容发生变化甚至失真。这对于中层思想政治教育内容而言是一个挑战。

3. 基层思想政治教育内容

基层既可以指向个体，也可以指向群体（单位或者团体）。基层思想政治教育内容既可以是个体具备的政治思想、道德观念，也可以是单位所承载的政治思想、道德观念。基层思想政治教育内容与生活息息相关，不论是政治思想，还是道德观念，都直接在具体的行为方式、生活观念等方面得到反映。相较于顶层思想政治教育内容和中层思想政治教育内容，基层思想政治教育内容具备明确的规定性，更为具体地规定了思想政治教育的基本内容，包括抽象的理论观点（政治内容）、生动的思想观念（思想内容、道德内容）、具体的心理观念（健康、消费等）。总之，基层思想政治教育内容与日常生活、工作、学习保持高度的相关性，能够直接得到践行，能够以客观的评估标准进行评价。

（二）前提与要求：人的思想结构的考察

通过顶层、中层、基层思想政治教育内容的筹措，下一步就是进入人的思想。人的思想对于思想政治教育内容实现路径的考察有着前提性的规定。人的思想是思想政治教育内容的落脚点，思想政治教育内容终归是要进入到人的思想，成为人的观念。那么，思想政治教育内容是如何成为人的思想观念的？这就有必要考察人的思想的内部结构。尽管人的思想是一个整体，是一个不可分割的统一体，但是通过对人的思想的向内、向外考察，人的思想呈现出三个层次的样态。

1. 思想

对于人的思想而言，思想是本体性存在。人之所以为人，就是因为人有思想。思想是依附于人而存在，但也具备相对的独立性。思想自成体系，以知识的形态客观存在。在思想政治教育之中，思想以思想政治教育理论的形态而存在，而在思想政治教育之外，思想以理论概念的形式存在。客观存在的思想，被人所吸纳、接受、认可，成为人的思想，思想被赋予了主观性。由此，思想主要分为主观、客观两个层次，主观的思想是随着人的变化而变化，客观的思想以知识的形态而保存着。不论主观与客观，思想的内容都是存在的。目前，学界一直在争论思想政治教育的本质是什么，进而区分出政治思想、道德观念，并将之作为思想的内容。思想政治教育中的思想内容是分层次的，不同层次主体拥有着不同层次的思想。

2. 思想与人

思想是依附于人而存在的，不同的人有不同的思想，离开特定的人谈思想就变成了"抽象的思想"，就失去了思想政治教育的针对性，客观的思想一旦进入人，就获得了"血肉"，转化成人的主观思想。在新的主观思想与原有的主观思想融合的过程之中，伴随着人的观察、思考，得到持续性的补充、丰富、发展。思想政治教育中的思想有两个主体：一是思想政治教育实施者，二是思想政治教育对象，前者的主体是统治阶级或一定政权主体的代表，而后者的主体是"自然人"，两者有各自相应的背景、眼界、格局，在思想政治教育活动中构成复杂的思想组合。由此，思想与人是相互依存的，思想与人的结合共同促成了人的思想的形成，人的思想内在地存在于人的头脑之中，主观地调节和影响着思想政治教育内容的实现程度。

3. 人的思想与社会环境

考察人的思想，除了向内观察以外，还有就是向外观察，即联系社会环境（时代、社会、阶级、行业、职业、团体、家庭等）对人的思想的影响，力求全面地认识人的思想。人的思想包括个体思想和群体思想，它们都生长、生活于社会环境之中，与社会环境发生相互联系、相互作用。可见，人的思想具备社会性。社会的变化会影响人的思想，人的思想的整体移易会促进社会意识的变革。具体到个体，通过家庭、学校、单位等中介接收来自社会的影响，与此同时，个体会寻求群体的"保护"，借助群体的力量回应社会。在思想政治教育内容的实现过程中，人的思想除了被动接受思想政治教育内容的输入之外，还会主动接收来自社会环境的多方面的影响，以此提升自身思想的完满度。人的思想与社会环境之间的互动关系，保证了思想——人的思想——社会环境之间的横向联动，也为思想政治教育内容进入人的思想提供了社会性条件。

（三）过程与目标：思想政治教育内容的实现

在了解了思想政治教育内容的筹措、人的思想结构之后，思想政治教育内容实现的过程就进入到我们的视野。从外部理论转化成思想政治教育内容，再进入人的思想，进而成为人的观念，这是思想政治教育内容实现的基本路径。在这一路径上，不同层次的外部理论经过层层转化形成思想政治教育内容，呈现出内容的多层次特征，可见，思想政治教育内容是外生的。人的思想也是多层次的，从思想到人的思想再到社会环境，人的思想与社会环境是密切互动的。不论是思想政治教育内容，还是人的思想，两者有一个共同的特征，那就是由外而内的路向。从思想政治教育内容进入人的思想，这也证明了思想政治教育内容实现路径也是有层次的，是由外到内的，而不是由内到外的。

1. 外部理论转化为思想政治教育内容

外部理论是思想政治教育内容实现路径的起始点，包括了国家层面的顶层设计理念、社会层面的中层管理理论、基层层面的具体实施理论，更为具体的则是国家的方针政策和指导思想、社会管理评估标准、基层实施细则等。外部理论是比较庞杂的，转化成思想政治教育内容，还需要思想政治教育理论工作者的筛选、转译。思想政治教育内容包括了顶层思想政治教育内容、中层思想政治教育内容、基层思想政治教育内容等三个层面的内容，其共同包含了政治内容、思想内容、道德内容和其他内容。思想政治教育理论工作者根据国家思想政治教育内容的需求、社会意识需求综合考虑，并以一定的思想政治教育理论框架整理、筛选外部理论，将之归入不同层面、不同类型的思想政治教育内容之中。当然，纯粹的外部理论的搬移，乃是内容的堆叠，久而久之，造成思想政治教育内容实现路径的堵塞，对于思想政治教育内容是无意义的。面对庞杂无序的类思想政治教育内容，思想政治教育理论工作者需要进行一定程度的转译。将类思想政治教育内容转译成思想政治教育内容是一项巨大的工程，需要理论工作者的耐心、细心、恒心。

2. 思想政治教育内容进入人的思想

层次性是思想政治教育内容与人的思想的共同特征。从时间先在性的角度看待思想政治教育内容实现路径，思想政治教育内容与人的思想是存在先后顺序的。从整体准备上，思想政治教育内容与人的思想是同时准备好的，而在具体的过程中，思想政治教育内容先在于人的思想，思想政治教育内容承载着人的思想的内容，人的思想扮演着接受者的角色，接收来自思想政治教育内容的输入。实质上，思想政治教育内容进入人的思想是一个不断接受的过程。思想政治教育学科理论要求与宣传系统的主张经过转化成为思想政治教育内容，即是客观存在的思想，与此同时，与人、社会发生互动，进入人的思想。在这里，思想政治教育内容经过思想——人的思想——社会互动，最终进入人的思想，这是一个层层递进的过程。但是，需要注意的是，人是思想政治教育的主体，是思想政治教育内容筹备的主体。在思想政治教育内容进入人的思想的过程之中，要高度重视人的主体性的作用。人的主观能动性对于思想政治教育内容进入人的思想的程度有着很大的影响。人若从主观上拒绝，那么思想政治教育内容的输入是低效的。同时，思想政治教育内容的传播程度、理解程度也影响着思想政治教育内容进入人的思想的效度。若思想政治教育内容的传播能力欠缺、理解难度较高，那么它辐射、影响人的思想的能力也是微乎其微的。

3. 思想政治教育内容成为人的观念

思想政治教育内容进入人的思想是一个被动接受的过程，那么思想政治教育内容成为人的观念则是一种内化的过程，暗含思想政治教育内容由外到内的实现过程，符合思想政治教育以人为中心的主张，达到了思想政治教育内容实现的理想阶段。首先，思想政治教育内容成为人的观念是一个内嵌的过程。思想政治教育内容成为人的观念，不是让思想政治教育内容取代人的原有观念，而是将思想政治教育内容的新主张内在地嵌入到人的思想观念之中，成为人的思想观念的一部分。其次，思想政治教育内容成为人的观念是一个潜移默化的过程。潜意识深藏于人的表层意识之下，一般情况下是不会显露出来的，根据弗洛伊德等人的研究，人的思想在很大程度上受到人的潜意识的影响。思想政治教育内容转变成人的观念，就需要符合人的潜意识的需求，这就产生出了新的研究内容，即思想政治教育与潜意识的关系。最后，思想政治教育内容成为人的观念是一个不断认可的过程。认可是人接纳外部理论成为自身内在观念的必要过程。思想政治教育内容成为人的观念也是需要认可的过程，这一过程更像是一种仪式，思想政治教育内容被人的主观思想认可，内化为人的观念，进一步为外化于行做好了准备。从外部理论到思想政治教育内容，到人的思想，再到人的观念，思想政治教育内容实现路径是一个循序渐进的过程，是层面与层次相互交叠、深化的过程，需要思想政治教育理论工作者不断深入挖掘。

四、思想政治教育内容建构的时代性

"时代"是人类生存和活动的时间标尺，是对社会历史运动特定时态的确认，人的活动及其结果无不打上时代的烙印，即具有时代性。时代性蕴含着历史发展的新趋势，体现着社会经济政治文化变化的新格局，凝聚着人类文明进步的新信息，展示着社会前进的新风貌。作为思想政治教育过程重要要素的思想政治教育内容，最能敏锐体现和反映时代的特点和面貌。因此，思想政治教育内容的建构要体现时代性，坚持用时代的要求审视思想政治教育内容，用发展的眼光研究思想政治教育内容，用改革的精神建构思想政治教育内容，努力使思想政治教育内容富于时代感、现实性、针对性和亲和力，从而增强思想政治教育的科学性和有效性。

（一）体现思想政治教育内容的时代感

在整个人类历史上，每个特定的时代都有反映这个时代本质特点的思想理论体系。任何真正的思想理论体系，都是时代的产儿，是"被把握在思想中的它的时代"，是自己时代的精神上的精华。每个时代总有属于自己时代的问题。问题就是公开的、无畏的、左右一切个人的时代声音。问题就是时代的口号，是它表现自己精神状态的最实际的呼声。我们处在一个变革的时代和开放的世界中，改革是这个时代最鲜明的特征，改革创新是时代精神的核心，与时俱进是时代精神的特征，在改革开放的时代进程中，各项社会实践活动包括思想政治教育，都要与时俱进。

增强时代感是现代思想政治教育的本质要求，走在时代前列是思想政治教育的生命力之所在，不断赋予思想政治教育以鲜明的时代特征、时代内容和时代风格，是其富有生机

与活力的关键。改革创新、与时俱进是思想政治教育时代感的本质内涵，其实质是思想政治教育的创新发展、科学发展。在新的时代条件、实践水平和科学发展的基础上，思想政治教育的内容总是不断更新和变化的，只有主动地与时代保持同步和协调，研究和回应具有战略性、前瞻性的时代课题，才能真正体现思想政治教育的目的性、实践性和超越性的本质属性。时代需要思想政治教育，思想政治教育更需要敏锐关注时代变化，紧切时代脉搏，深刻把握时代主题，积极顺应时代要求，充分表达时代精神，有效解答时代课题，从而使思想政治教育始终保持与时俱进的品质。这就必然要求把改革创新、与时俱进贯彻落实到思想政治教育过程中，积极面对新形势，研究新情况，解决新问题，着眼于新的实践，进行新的探索，认真研究新的时代条件下思想政治教育内容的特点和规律，努力增强思想政治教育内容的时代感，增强思想政治教育的预见性、主动性和创造性。

丰富的思想政治教育资源既存在于人类社会创造的一切优秀文明成果之中，更存在于日新月异的时代发展和社会进步之中。面对国际背景、经济基础、体制环境、社会条件、传播手段的深刻变化，面对我国社会主义现代化建设和社会发展所出现的新情况，面对教育对象思想实际的新特点，要适应现代社会发展和人的发展需要，从教育对象所处的现实社会存在、社会关系、社会环境中去挖掘教育资源，不断调整、充实、深化、更新思想政治教育的内容，在回答和解决时代课题中形成新的科学的思想理论体系。面对经济全球化的影响，针对我国新时代的特征，要有效地融入全球化、信息化、市场化等时代性内容，使思想政治教育内容建立在牢固的现实基础之上。要根据国际国内政治经济形势的变化，根据教育对象特点的变化，及时对思想政治教育内容体系进行充实和调整，既要继承传统教育内容的精华，又要体现新形势对社会成员素质的新要求，在坚持社会主义主流的前提下，关注和吸纳人类文明的进步思想，用宽阔的世界眼光和开放的全球意识认识、分析和处理问题，学习和吸纳富有时代内涵的新思想、新观念、新知识、新信息、新技术，概括、总结、提炼出新的思想理论观点，丰富和更新思想政治教育的内容体系和话语方式，使教育内容具有先进性和前瞻性，体现时代发展的特征。针对人们对时代热点问题和社会现实矛盾比较关注的特点，我们要拓宽教育领域，从现实中提炼鲜活的教育资源，倡导顺应世界潮流、符合时代要求的现代思想和现代观念，形成富有时代特色的思想政治教育内容，善于运用充满时代气息的思想和精神来教育、说服、感化和激励教育对象，运用新的信息传播方式向受教育者传达新信息，传授新知识，传递新观念，传播新思想，培育和弘扬时代价值观和人格精神，使人的素质中具有更多的现代因子，使思想政治教育内容充满生机与活力，使之富有时代感和可接受性。

(二) 注重思想政治教育内容的现实性

思想政治教育的内容之所以成为受教育者的接受对象，取决于教育内容具有满足社会现实与个体生活需要的属性。因此，注重思想政治教育内容的现实性，要求增强教育内容与教育对象的相关程度，在教育内容中关注现实生活，在教育过程中解决实际问题。

社会存在是观念存在的现实实现，观念存在是社会存在的思想反映。每个人都生活在现实的社会中，不同的时代具有不同的生活内容，受教育者的思想、观念是社会现实影响的产物，社会现实对人具有普遍而深刻的说服力，它不仅潜移默化地影响着人的价值取向和思想道德水准，而且也直接影响和制约着思想政治教育的有效范围。因此，思想政治教育的有效性在很大程度上取决于教育内容能否有效地贴近社会现实和受教育者的思想实际，能否有效地结合受教育者思想发展的特点和规律。教育实践表明，远离社会现实生活的理论内容和话语体系容易给人说教感，使人敬而远之，甚至产生腻烦和逆反，如果思想政治教育的内容脱离社会发展和时代进步的要求，所传授的思想观念缺乏现代气息，陈腐守旧，空洞乏味，人们发现教育内容与现实生活脱节或不相符，就会对教育产生反感和排斥情绪，那么，这样的教育不仅不能起到应有的作用，反而会使他们在面对现实时产生困惑、迷茫，从而导致对教育内容和教育者的不信任感。要改变这种状况，就必须改革创新思想政治教育的内容，注重思想政治教育内容的现实性。思想政治教育内容只有敏锐地、及时地反映活生生的现实社会生活，才能具有理论鲜活力和事实说服力。

任何思想道德总是反映着一定社会历史时期人们之间的特定利益关系，其实质是对利益的调整。人们各种各样的思想问题的产生，既有主观原因，也有客观原因；既有精神方面的原因，又有物质方面的原因；既有思想问题，又有实际问题。人们的思想问题，受教育者的喜怒忧乐情绪起伏，除了一部分与思想意识问题和思想认识问题相关外，都直接或间接地与切身利益联系在一起，在很多情况下都是由实际问题引起的。所谓实际问题，主要是指人们在生产、工作、学习、生活中面临的实际困难和现实矛盾。在思想政治教育中，如果离开对人的实际生活的了解和关心，不注意解决人们的实际困难和现实矛盾，只是单纯地进行思想教育，人们就会口服心不服，或者一时解决而不能持久，也许根本不能解决问题。人的多样化的现实存在决定了人所面对的现实问题的多样性。

在新时代，在我国社会利益格局多元、社会群体多元、社会价值多元的阶段，社会矛盾交织复杂，就业、社会保障、收入分配、教育、医疗、住房、安全生产、社会治安、环境保护等方面关系人民群众切身利益的问题比较突出，社会热点问题和群众关心的焦点问题多。因此，要坚持贴近实际、贴近生活、贴近教育对象的原则，注重人文关怀和心理疏导，尊重人的人格，理解人的处境，关心人的疾苦，注意结合人们在工作、学习、成才、交友、婚恋、求职、就业、健康、生活等方面遇到的现实问题开展教育，解答干部群众关心的理论热点、思想疑点、社会焦点和现实难点问题，既要关注大学生的成材，又要关心大学生的成长，缓解大学生面临的经济困窘、心理困扰、情感困惑、就业困难等现实问题，坚持把解决思想问题与解决实际问题有机结合起来，做到动之以情、晓之以理、示之以行、施之以爱，从思想上关心给人以智慧和觉悟，从生活上关心给人以温暖和实惠，帮助教育对象"思想上解疑、精神上解惑、文化上解渴、心理上解压、生活上解困"，从而在解决实际问题中贯穿思想教育，通过解决现实问题引导群众提高精神境界。

（三）提高思想政治教育内容的针对性

思想政治教育内容针对性的强弱是思想政治教育有效性高低的决定性条件。所谓针对性，即明确的指向性，包括教育对象的指向性和教育内容的指向性。思想政治教育内容的针对性，主要是指针对客观实际，包括针对社会生活实际和教育对象的思想实际。

受教育者思想的形成和发展具有独特而复杂的机制，离不开需要驱动、利益调节、价值参与和实践锤炼，总是按照自己的需要、动机、理想、利益和体验去认识和改造世界。因为一个事物只有当它被判定为同主体的需要和价值目标密切相关的时候，它才被确定为深入观察和加以改造的对象，所以那些能够满足需要、引起兴趣和激发动机的信息更容易引起受教育者的注意和选择。可见，思想政治教育要能够进入受教育者的接受领域，成为主体接受活动的客体对象，就必须与受教育者的接受特性相适应，具有可接受性。实际的教育过程表明，不同层次、不同类型、不同期待的人选择的内容是不一样的，对同一教育内容和方式也会有不同的反应，由此决定了思想政治教育的正效果、零效果和负效果。思想政治教育的正效果，即教育者实施教育后在受教育者中产生了积极作用，出现了积极的行动或潜在的积极因素；思想政治教育的零效果，即教育者的教育没有被受教育者所接受；思想政治教育的负效果，即教育者实施教育后，不仅没有产生积极作用，反而使受教育者产生不满、反感、抵触、对立的情绪和心理。对于当前的思想政治教育，我们可以做出这样的估价：一方面，思想政治教育取得了很大的进步，科学性、实效性不断增强。另一方面，由于受客观和主观、实践和理论诸方面的影响，思想政治教育不同程度地存在针对性弱、体验性浅、感受性假等"失效"现象。

改革开放以来，我国社会生活的状况和社会成员的思想发生了复杂而深刻的变化，给思想政治教育带来了大量新情况、新问题。特别是随着所有制形式、分配形式以及人们生活方式从单一性转向多样化，教育对象的思想意识呈现出多层次性和复杂性；随着科学文化水平的提高，社会主义民主法治建设的推进，人们的民主平等意识不断增强，追求在思考中明辨是非、接受真理；随着物质生活的改善和生活节奏的加快，人们特别是青少年对文化生活和社会活动提出了新的要求，各种文化生活和社会活动成为影响人们思想观念的重要载体；随着大众传播媒体的现代化，社会开放度和人际交往范围的不断扩大，影响人们思想观念形成的因素和渠道空前增多。这些变化中，尤其值得关注的是人们的认知方式和价值取向出现了许多新特点。就认知方式来说，人们普遍注重自己的亲眼所见、亲耳所闻、亲自感受、亲身体验，不愿听信空话、大话，也不大注重理论学习和理性思维，喜欢"跟着感觉走"，信奉一个"实"字，表现为人生理想趋于实际，价值标准注重实用，个人幸福追求实在，行为选择偏重实惠。就价值取向来说，人们普遍注重个性、个人发展、个人权益、个人成就、个人幸福，变得重感性、轻理性，重眼前、轻长远，重物质、轻精神，重利害、轻是非，重物质富裕而轻精神提升，重感官享乐而轻人文情趣，重工具理性而轻价值理性，甚至表现为对物质生活和个人需要的过分看重，对精神生活和公益事业的相对冷淡。总之，新的时代全面刷新着人与社会、人与自然、人与人的关系，人们的世界观、人生观、价值观、道德观等基本观念，对社会本质和生存质量的理解，对个人与社会、权利与义务相互关系的看法，都发生了深刻的变化。这些新的变化，既有其历史必然性，又有其时代进步性。总的来看，本质和主流的成分是思想进步。但也应看到，在社会大变革时期，由于社会矛盾纷繁复杂、变幻多端，人们思想上的矛盾也明显突出了，困惑、迷茫、失衡和疑虑、顾虑、忧虑、焦虑心理比较严重，甚至导致理想信念的淡漠和人生坐标的偏移。对此，思想政治教育需要做大量的教育、引导、解惑、释疑工作，需要提高教育的针对性。

增强思想政治教育内容的针对性，就是要正确认识社会的新变化，科学把握受教育者思想的新特点，深入研究不同社会群体和不同生活环境下的人们的思想状况及其变化规律，把握不同时期、不同领域人们的思想活动脉搏，从教育对象的切身利益出发，关注真实的思想问题和实际问题，做到尊重人、理解人、关心人、爱护人。要适应形势变化的需要，及时对思想政治教育内容体系进行充实和调整，注意增加一些具有教育对象个人特殊性、能有效缓解其思想矛盾、心理冲突、情感困惑等问题的相关内容，解答他们迫切需要解答的问题，做到思人所想、答人所问、解人所疑、释人所惑，从而指导和引导其现实生活，使思想政治教育既解决方向原则问题，又解决个人现实问题，既有原则高度，又有教育力度。当然，我们所说的针对性，不是那种就事论事、头痛医头、脚痛医脚式的"针对性"，而是着眼于系统性、完整性的前提下进行教育，那种表面形式上的针对性，实质是不牢靠的。在思想理论与现实的互动关系上，从总体上看，思想理论在两种情况下会变成与人类生活无关的东西。当思想理论置人类社会的特定现实于不顾，只在纯观念中构造人类的未来时，它便成了空泛的幻想。……当思想理论完全屈从于现实、成为现实的奴仆时，它便成了社会存在中不具现实性的僵化部分的投影。这对于我们科学把握思想政治教育内容建构的时代性不无启发。

（四）增强思想政治教育内容的亲和力

亲和即亲切、和悦。思想政治教育亲和力是思想政治教育实践活动对教育对象所具有的亲近、吸引、融合的倾向或特征，是教育对象对思想政治教育实践活动产生的和谐感、亲近感、趋同感，是一种感染、凝聚、吸引、感召的力量。思想政治教育亲和力有层次之分，即表现为内在亲和力与外在亲和力两个层次，是内在亲和力与外在亲和力的辩证统一。思想政治教育的内在亲和力就是真理的力量，即思想政治教育内容的真理性所具有的内在的感召力，思想政治教育的外在亲和力就是教育者人格的魅力、教育的艺术及教育过程的和谐状态等。思想政治教育内容的亲和力，是思想政治教育内容与受教育者的互动关系和融合状态，是思想政治教育内容对于受教育者所产生的吸引力、感召力和说服力。思想政治教育内容要在贴近教育对象、注重知识含量、创新话语体系等方面增强亲和力。

在贴近教育对象上增强思想政治教育内容的亲和力。只有贴近教育对象内在要求的教育内容，才能为受教育者所亲近和接受。在教育对象的内在要求中，主体尊严是高层次的精神追求，具有纯粹的精神价值力量。贴近教育对象，就是要突出受教育者在思想政治教育中的主体地位，信任、尊重、理解教育对象，培养和发展受教育者的主体意识和主动精神，尊重受教育者的尊严、权利、价值和个性发展；贴近教育对象，就是要贴近教育对象的现实思想和现实生活，面对面，心贴心，实打实，给予受教育者更多的关注和关心，更多的关怀和关爱，关注教育对象的生存与发展的状态和境遇，关注教育对象的心理需求和心理感受，关注教育对象的个性发展和价值实现，以真心关怀人，以真意激励人，以真情感化人，以真爱滋润人；贴近教育对象，就是要善于运用时代的眼光认识教育对象，从社会现实出发，用利益诉求、民主平等、复杂多元、正面积极的眼光看待教育对象，顺应受教育者渴求关爱、期望鼓励、学习新知、表现自我的成长需要，采用平和的心态、平等的口吻、平凡的事例和平实的风格，因势利导，顺势而为，使思想政治教育更加贴近受教育者的生活，切近受教育者的思想，亲近受教育者的心灵，以增强思想政治教育的亲和力。

第二节　思想政治教育的特点和规律

在新时代，必须抓住重要战略机遇期，贯彻新发展理念，走全面、协调、可持续的发展之路。在这个过程中，关键是要把人教育好，极大地提高整个中华民族的思想道德素质和科学文化素质。因此，要不断加强和改进思想政治教育，充分发挥我们党重视思想政治教育的优良传统和政治优势。为了做好新时代的思想政治教育工作，就必须从新的实际情况出发，把握思想政治教育的新特点，揭示思想政治教育的新规律。

一、思想政治教育的特点

（一）思想政治教育具有鲜明的政治性

1. 提倡全球道德并不排斥和否定道德的阶级性

固然全球问题日益增多，需要各国加强合作，共同关注，也应提倡普世伦理和全球道德，但这并不排斥道德的阶级性一面。在阶级社会里，道德归根到底是从经济利益、阶级利益引申出来的，道德和道德教育的阶级性是显而易见的。道德除具有阶级性外，当然也具有全人类性的一面，这主要是千百年来形成的公共生活准则、社会公德。恩格斯早就指出，无产阶级道德中包含了最多的、最长久的、道德的全人类因素。在阶级社会里，道德的阶级性是绝对的、起主导作用的，道德的共同性、全人类性是相对的、受阶级性制约的。

2. 经济全球化并不等于可能带来政治制度趋同化、文化同质化

当今世界，经济全球化是科学技术和生产发展的客观趋势。总的来看，它是一种历史进步的潮流。事实上，经济全球化不仅不会消灭世界政治多极化、文化多样化，而且还会为世界多极化发展创造条件——世界的统一性是多样性的统一。在共产主义实现之前，"全人类共同文化价值观"论，只相当于抽象的普遍性。而这种抽象的普遍性的价值观，在现实历史条件下并不存在。

在这样的国内外形势下，我们的思想政治教育绝不能忘记自己的政治性。占统治地位的思想不过是占统治地位的物质关系在观念上的表现。我们的指导思想只能是马克思主义。我们的思想政治教育是马克思主义的思想政治教育。加强和改进思想政治工作，最根

本的是坚持和巩固马克思主义在我国的指导地位。要从讲政治的高度认识思想政治教育的重要性，才能使我们的思想政治教育更好地为人民服务、为社会主义服务，促进社会主义的全面进步和每个人的全面发展。

（二）思想政治教育具有很强的渗透性

不论是实体性的思想政治教育（如上理论课、过党团组织生活等），还是寓它性的思想政治教育（如寓教于学、寓教于乐、寓教于管理等），都是一方面渗透着列宁所说的"经济建设的政治经验"，归根到底，是要教育人们"懂得怎样去建设社会主义"。另一方面，又必然要求结合着经济、业务、管理工作一道去做思想政治教育工作。否则，就是脱离实际，就是"空对空"，就是"两张皮"。这样的思想政治教育就没有实效性和生命力，像列宁批评的那样一文不值、"毫无用处"。在革命战争年代，党的思想政治教育固然也要求渗透到各项业务工作中去，但当时的中心任务是夺取政权，是阶级斗争，所以思想政治教育的直接性强，实体性的教育居多。而在社会主义现代化建设年代，由于经济建设、社会发展领域的广阔，思想政治教育需要推动各行各业的发展，对思想政治教育加强渗透性的要求更高了，除了实体性思想政治教育要紧密结合经济建设的实际才会有实效以外，大量的思想政治教育必须也应当渗透到日常的经济、业务、社会生活和各项管理工作过程中去，渗透到专业课教学、社会实践和国民教育全过程中去。思想政治教育只有结合着经济业务工作一道做深做细，才能收到"随风潜入夜，润物细无声"的效果。思想政治教育只有贴近实际、贴近群众、贴近生活，才是有效的思想政治教育，我们要加强的正是这种有效的思想政治教育。唯物辩证法认为，世界万事万物都是相互联系的。社会主义现代化建设事业是一个有机整体，各行各业紧密相连，都通过自己的工作为实现社会主义现代化作贡献。思想政治教育也是这个有机整体的一个组成部分，它的职能是通过自己的工作为各行各业坚持社会主义方向提供思想保证，为各行各业完成建设任务提供精神动力，它的工作必然要紧密结合各行各业的工作，联系各个领域的实际，渗透到各行各业的业务工作过程中去，否则便无法为各行各业提供精神动力和方向保证。坚持思想政治教育的渗透性特点，也是新形势下思想政治教育实现科学化、增强艺术性的要求和体现。

（三）思想政治教育具有显著的民主性和主体性

社会主义市场经济体制的建立，政治文明的发展，科学技术革命日新月异，都促使人们民主意识增强，主体性觉醒。所谓主体性，是指人在认识和改造客观世界的对象性活动中所表现出的独立性、自主性、能动性和创造性。主体性是相对于客体性而言的。马克思说主体是人，也就是说只有人才可能有主体性，成为主体。但并非每一个人在任何时候都是主体，都有主体性。只有当他在认识和改造客观世界中，发挥了自主性、能动性、创造性时，他才真正成为主体，具有了主体性。思想政治教育的本质在一定意义上说在于"接受"，在于唤起对象的主体性，在于促进对象的自我教育。因此，没有接受和自我教育的思想政治教育，便不是真正的思想政治教育，因为它既不可能成为完整的思想政治教育过程，又不可能取得实效、达到思想政治教育目的。在新形势下，民主性、主体性成为思想政治教育突出的新特点。当然，民主性是相对于集中性、纪律性而言，主体性是相对于客体性而言，两者都是相辅相成、辩证统一的，都不应将其割裂、绝对化。过去，我们一度只讲集中、统一，只讲客体性、做"驯服工具"，这是片面的，教训十分深刻。现在，我们讲民主性、主体性，不能又走向另一种片面性。要看到，离开客体性只讲主体性，是虚假的主体性，而离开主体间的互动，离开群体，孤立强调个人主体性，则是单子式的主体性。这就必然走向非理性，走向主体性的异化。可见，会当主体的人，也势必会当客体；当不好客体的人，也不会当好主体。个体主体性的发展是有限度的，而不是无限度的。不论在市场中，还是在网络里，也不论在思想政治教育活动中，还是在集体生活里，极端民主、单子式的主体性、个体主体性的过分张扬，只会走向事物的反面。然而，现代思想政治教育面对的是民主意识增强、主体性空前觉醒的对象，必然要求思想政治教育坚持以人为本，弘扬民主性、主体性不认识民主性特点，不建构主体性思想政治教育模式，便难以适应形势发展的要求。坚持民主性、主体性特点，也是坚持以人为本、树立全面协调可持续的新发展理念的要求和体现。

二、思想政治教育的规律

规律是事物内在的本质关系，规律不能创造和改变，只能发现、把握、利用。但是，人们对规律的认识属于主观对客观的反映活动，而这种认识、反映活动是永无止境的探索过程。对新形势下思想政治教育新规律的揭示，也是对过去认识的一种深化或升华。

（一）主导性与多样性统一规律

在思想文化领域里，多元并存与一元主导是阶级社会存在和发展的普遍规律。面对同时并存的思想现象的多样性，思想政治教育总是以占统治地位的思想体系为指导的。在社会急剧变革时期，多元并存与一元主导的矛盾和冲突往往更为突出，冲突的焦点是指导思想多元化还是一元化的问题。思想道德领域的多元并存现象是一元主导的前提。它主要取决于经济基础，寓于深刻的阶级阶层利益之中。社会上有多少经济所有制、有多少个阶级阶层，便有多少种思想道德，而占主导地位的、起主导作用的总是（也只能是）统治阶级的思想道德。思想现象存在的多元性与指导思想的一元性是不可分割、紧紧相连的。过去，我们一度视多元并存现象为思想禁区，采取不承认、不许提的鸵鸟政策。其实，假如没有多元并存，那么一元主导便失去了依据、前提和针对性，岂不是无的放矢和空穴来风。然而，如果没有一元主导，多元并存使将走向混乱、无序，甚至毁灭。其实，鼓吹指导思想多元化的人，并非不懂或不要指导思想一元化。"醉翁之意不在酒。"他们反对的只是以马克思主义、社会主义思想为指导，而企图以资产阶级思想的一元化指导取而代之。资本主义社会要掩盖其剥削阶级思想体系"一元主导"的实质，称它们的社会是代表全民利益的民主社会。

自觉遵循和坚持思想政治教育的主导性与多样性统一规律，主要是要做好以下工作：

第一，要自觉坚持、巩固马克思主义的指导地位。要把它作为加强和改进思想政治教育的根本来抓，要把它提高到共产党执政的根本规律的高度来认识。为此，必须重视党的理论建设，不断推进马克思主义基本原理与中国实际的结合，把与时俱进的理论创新作为保持党的先进性、增强创造力的首要任务和决定因素，通过理论创新带动体制创新、科技创新、管理创新及其他各方面的创新。当前要集中优势力量，搞好马克思主义基本理论研究与建设工程。

第二，要把马克思主义理论与思想政治教育学科作为一级学科来建设。马克思主义既然是我们党和国家的根本指导思想，我们又要发扬重视理论建设和思想理论教育的优良传统，那么就应当凭借执政党的地位，通过法定程序，把马克思主义理论与思想政治教育学科的研究和建设放到更加重要的位置上，作出制度性的安排，以保障实施，改变目前存在的淡化政治、把马克思主义思想政治教育边缘化的倾向。

第三，要大大提高领导干部和党务、政工干部的马克思主义理论素养。遵循、坚持主导性规律，党的领导是关键。要使我们各级领导岗位的领导权真正掌握在忠于马克思主义的人手里，就必须大力抓好领导干部的理论教育，切实提高各级党政领导干部、政工干部的马克思主义理论水平。抓理论学习关键又在于抓学风，坚持理论与实际结合，学用一致，用马克思主义武装头脑，而不是装潢门面、武装嘴巴，使干部做到真学、真懂、真信、真用，真正掌握马克思主义的立场、观点、方法，从根本上防止和克服干部队伍中存在的马克思主义理论荒疏现象。

第四，要重视并搞好大学生的思想理论教育。今后我国现代化建设的专门人才，要靠各级各类高等学校培养，党政军各级领导干部也将从具有大学学历的人中选拔。大学生的思想政治素质如何，的确关系到党和国家的前途和命运。

第五，要弘扬主旋律，提倡多样化。在思想文化领域，要正确对待和处理继承与发展、借鉴与创新的问题。集体主义、爱国主义、社会主义的思想，始终是思想文化战线应当高扬的主旋律。但在教育、宣传中又应当提倡运用生动活泼、多种多样的形式去表现科学的思想内容，切忌千篇一律、一个模式。不同性质的思想，都应该依照法律允许其存在和表现。马克思主义与非马克思主义甚至反马克思主义的东西，界限不清。要遵循客观规律，做到主导性与多样性的统一，就必须通过理论联系实际的教育，辨析各种社会思潮，引导人们分清马克思主义与非马克思主义、反马克思主义的界限，而不应当让错误思想自由泛滥。

在继承中华民族的优秀传统文化中，要处理好继承与发展的关系，做到"古为今用"。我们民族的优秀传统文化、传统美德，毫无疑问，都应当加强研究，好好继承、发扬。但要有批判地继承，取其精华，弃其糟粕，古为今用，推陈出新。要反对和防止借口说马克思主义是国外传入的，说它是"舶来品"，因而主张以新儒学作为我们的指导思想的错误倾向。

（二）社会化规律

思想政治教育社会化规律是指思想政治教育既要适应社会发展的要求，又要在主体的共同参与下推动社会的改造和发展，与社会发展趋势保持一致的客观要求。思想政治教育、社会化具有全员化、生活化、大众化、动态化等特点。

遵循和坚持思想政治教育社会化规律意义重大。一是可以避免和克服思想政治教育孤立化倾向。事实上，思想政治教育不仅仅是政工干部的职责，而且是人的存在和发展的重要方式，应当全员参与、齐抓共管，孤军奋战则不可能做好。二是可以避免和克服思想政治教育的封闭、僵化倾向，使其回归社会，回归生活。这样，不仅能防止和克服思想政治教育与各项业务工作"两张皮"、脱离实际的弊端，而且使思想政治教育资源开发有了源头活水，永不枯竭。三是可以使思想政治教育主体转变思想观念和工作模式，在社会实践和交往活动中接触不同的社会思潮，经风雨、见世面，增强判断、选择能力，促进知行合一，适应社会发展变化的需要。在经济全球化和社会信息化的新形势下，思想政治教育遵循社会化规律更显得紧迫和重要。

遵循和坚持思想政治教育社会化规律，要在两条社会化路线上全面贯彻：

第一，由外及内的思想政治教育社会化路线。按照唯物史观的基本原理，社会意识被社会存在所决定又为其服务。思想政治教育当然也是这样，它为社会存在所决定和制约，又为社会存在服务。因此，它必须与社会发展趋势相一致，以社会发展进步要求为根本导向，不断调整思想政治教育的目标与行动，并引导共同参与思想政治教育活动的诸主体适应社会要求，加速自身社会化进程。为此，思想政治教育要引导诸主体深入沸腾的社会经济、政治、文化生活，充分发掘社会生活中丰富的思想政治教育资源，自觉、深刻体验社会进步发展趋势和要求。努力做到思想政治教育全员化，齐抓共管，协调社会各种影响，接受社会检验，渗透到国民教育和社会生活的全过程中去。

第二，由内及外的思想政治教育社会化路线。参与思想政治教育活动的各个个体，绝不是对社会要求单方面的消极适应。由内及外的社会化路线强调各个体充分发挥主体性，在共同参与中通过各主体间的交往活动，不仅相互促进，更好地完成社会化，优化思想政治教育模式和过程，增强思想政治教育实效性，而且辐射到外部环境，促进社会的改造、进步和发展。

思想政治教育社会化的两条路线，深刻地体现了人的思想源于社会又作用于社会的辩证法。只有在这两条路线双向互动的作用下，才能达到人的全面发展与社会全面进步的统一。

（三）主体间多向互动规律

思想政治教育主体间多向互动规律，是指思想政治教育成效如何，主要取决于主体参与思想政治教育活动的广度和各个主体之间多向交往互动的深度。

思想政治教育主体间多向互动规律的深刻性、科学性主要在于：一是强调主体性，有别于传统教育观念、模式单纯把受教育者看作是客体。二是强调多向性，较之过去只看到教育者和受教育者的双向互动又大大前进了，揭示了所有参与思想政治教育活动的相关主体的多向互动，更加符合恩格斯的"历史合力论"原理。三是强调平等性，参与思想政治教育活动多向互动的人，不论是教育者还是受教育者，都是民主平等的关系，揭示了建设社会主义政治文明和社会信息化浪潮背景下教育的特点和要求。四是强调活动性，思想政治教育是活动，主体间多向互动也是活动，思想政治教育就是共同参与的主体间多向互动的自我构建活动，有别于传统观念只把思想政治教育看作是知识的传授和观念的灌输。

遵循和坚持思想政治教育主体间多向互动规律，主要应从以下三个方面努力：

第一，树立活动意识，开发活动资源。唯物史观认为，人们认识世界改造世界的活动，是人类存在和发展的方式，人们在认识和改造客观世界的活动中，也改造着主观世界和主观与客观的关系。据此，包诺维奇提出的"活动——动机"理论、列昂节夫提出的"活动—个性"理论，都从不同角度阐明了活动对于人的思想品德形成发展的决定性作用。我们的思想政治教育主体，应当牢固树立活动意识，把以知识为本位、以学科为本位，转变为以人的成长和全面发展为本位，把停留在单向灌输的认识活动，转变为全面开展认识活动、交往活动和各种实践活动，把只注意教育者的单方面活动，转变为受教育者积极参与的共同活动，把单纯传授结论的灌输式教育，转变为在活动中获得体验，从而自己得出结论的体验式教育。为此，就要千方百计开发思想政治教育活动资源，精心选择活动内容，循序渐进组织开展各种思想政治教育活动。就学校教育而言，不仅要搞好第一课堂教学，在其中渗透德育，解决好学生成长、发展中的共性问题，而且要把第二课堂列入学校整体发展规划和工作计划，作为第一课堂的延伸，主要应通过各种交往活动、实践活动，努力满足学生成长中个性、兴趣、爱好、品德发展的需求。这也是新发展理念指导思想政治教育的要求和体现。

第二，发展主体间的平等交往。包含两个方面：一方面是发展教育者与受教育者间民主平等的互动交往，师生是朋友、同志式的平等关系，教育者实质上是促进者。另一方面，要发展受教育者之间的互动交往。马卡连柯关于通过集体教育每个成员的思想，柯尔伯格关于"公正团体"的试验，实际上都揭示了同龄伙伴群体的交往互动关系对形成每个成员品德的重要作用。集体的风气、舆论，伙伴群体不成文的行为规则和从众心理，都会对每个成员品德形成、发展产生重大影响。所以，教育者不仅要广泛发动和吸引受教育者共同参与到思想政治教育活动中来，而且要引导各个成员充分发挥主体性，在交往互动中形成良好的舆论氛围、集体形象，反过来又熏陶、感染、激励每个成员发展自己的良好品德行为，并逐渐形成习惯。

第三，建构主体性育德模式。现代思想政治教育的目标和任务，在一定意义上说，就是要培养社会生活的主体、具有人文关怀的现实主体。为此，就必须建构主体性思想政治教育模式或主体性育德模式。首先，要转变观念，改革教育方法。克服传统思想政治教育中存在的一些片面观念，如重教育者主体、轻受教育者主体，重思想政治教育的社会价值、轻个体价值，重为社会服务的工具价值、轻完善个性人格和为人的全面发展服务的目的价值等。树立现代思想政治教育的新观念，以民主平等的主体间关系和多向互动为基础，改革思想政治教育的方法，既要尊重教育者的主体地位和主体性，充分发挥教育者的主导作用，更要尊重受教育者的主体地位、发挥受教育者的主体性，变单向灌输为多向交流，变注重权力影响力为注重非权力因素影响力，变重视结论传授为注重良好习惯的养成教育，变封闭式育德为开放式育德，大力提倡和更多地运用互动式、体验式、咨询式、渗透式等新的途径和方法，加强实践环节，以便更多地创设和利用教育情境，有效地激发、提升受教育者接受教育影响的需要和动机，使受教育者的主体作用得到充分发挥。其次，尊重受教育者的成长需要，强化接受的动力机制。在正常的思想政治教育条件下，教育内容能在多大程度上被转化到接受主体的思想品德结构中去，取决于思想政治教育的接受机制，特别是取决于主体接受活动的动力系统。因此，主体性育德模式应以强化接受机制为核心，努力做到教育要求与对象自身需要紧密结合，在保证思想政治教育的社会适应性的同时，更加重视对象的个体适应性，更多地研究和关注对象自身成长的内在需要。只有充分尊重对象的合理需要，才能强化其接受的动力系统，逐步提高需要层次，激活接受机制，使教育要求为对象所理解和吸纳，实现他律向自律的转化。最后，围绕培养、开发对象主体性的目标，促进其个性人格的完善。培养、开发对象的主体性，要在尊重对象的主体地位的基础上，增强对象的主体意识，使他们明确全面发展和健康成才是他们的根本利益，从而努力为现实自我向理想自我迈进而自觉奋斗。同时，要把培养对象的主体能力作为思想政治教育的根本任务和核心目标。培养主体能力是指培养主体完成某种思想政治品德活动所必需的品德判断能力、选择能力和行为能力。受教育者只有具有良好的主体能力，才能适应未来社会经济、政治、文化等的复杂变化，成长为"四有"新人，不断完善自己的人格，成为社会生活的主体。

第三节　思想政治教育的实践性及当代价值

一、思想政治教育实践性的内涵

马克思所说的全部社会生活，是指人类不断进行的各种社会实践活动的总和，包括整个社会物质的和精神的活动。这一论述，第一次科学地揭示了社会和人的本质。在思想政治教育过程中深刻理解并体现这一本质，则是增强思想政治教育实践性的关键。

思想政治教育本身是一项富有实践性的对象性活动，是既改造主观世界又变革客观现实的活动。思想政治教育是以人为对象的活动，而人则是现实的、具体的。人作为实践的主体，是客观存在的，主要表现在：一是人有自己的物质力量——身体的力量，使人能够从事实践活动；二是人有自己的内在力量——精神的力量，使人能够有意识地进行社会实践，因而人是身体力量和精神力量的统一体。不能把人的身体与人的灵魂、人的实践行为与人的实践观念割裂开来来认识人。首先，人的身体力量和精神力量不是凭空产生的，而是在社会实践过程中，由一定社会的经济、政治、文化等客观条件所决定而形成的。其次，人都要担任实际工作，都有自己的生活实际和所处的客观环境，人的思想虽然是一种主观形态的东西，但它产生的基础、发展的动力，只能是实践活动和客观实际。因此，从人的实际出发进行思想政治教育，必须分析人的思想与行为形成、发展、变化的实践基础和客观原因，决不能脱离人的实践活动和客观条件，空洞猜测和空对空地进行思想政治教育。最后，思想政治教育具有塑造、改造人的思想，开发人的潜能，改变人的行为的功能，培养良好的行为习惯，就是改变对象的活动，是主观见之于客观的活动，是特殊的能动性。

思想政治教育是人们为了更好地认识和改造客观世界与主观世界，有目的进行的一项以提高认识水平和改造世界能力的活动。思想政治教育的内容既包括源于实践的理论内容，也包括社会生活的实际内容；学习、运用理论内容，既是为了提高对客观世界的认识水平，更是为了指导实践；在教育过程中，既要坚持教育者与教育对象的互动与共进，更要坚持理论联系实际的原则；随着社会实践的发展，思想政治教育既要研究以新的理论为指导解决实际问题，又要根据新的实践要求探索新经验，创造新内容与新方式。思想政治教育的所有这些要素、环节、过程，都蕴含着实践性，即直接与实践相联系并最终要以实践为基础。因而，实践性是思想政治教育的本质特性。思想政治教育的实践性，就是思想政治教育的现实性和思想政治教育价值实现的实效性，在社会生活中表现为与其他实践活动的结合与渗透，它是思想政治教育显著的本质属性。

二、思想政治教育实践性特点

与其他实践活动形式相比，思想政治教育具有政治性、形而上、渗透性等特点。

(一) 思想政治教育具有政治方向性特点

思想政治教育总是按照特定时代、特定社会占统治地位的阶级、政党的政治要求、社会理想和道德规范，来培养、塑造个体的思想、品德、信念和行为习惯的。古今中外，任何社会的任何国家，其思想政治教育都体现着统治阶级的意志。所有国家的统治阶级，都会充分利用其手中的各种工具，对其社会成员进行有目的、有计划、有组织的教育，力图使社会成员形成符合其阶级意志的思想素质与能力。思想政治教育这一鲜明的特点，不仅体现在这一实践活动的实施者代表着一定的阶级意志，而且使其表达的思想内容也与其他的教育实践形式相区别。与智育侧重于文化科学知识、技能和发展学生智力，体育传授健身的知识技能、增强体质、培养自觉锻炼身体的习惯，美育培育受教育者的美学观点和鉴赏美、创造美的能力，劳动技术教育培养人们在劳动中掌握和运用专门技术的能力不同，思想政治教育是按照一定阶级的要求，把一定的社会政治、思想和道德转化为个体的政治观念、思想意识和道德品质。因此，思想政治教育是在"知"的基础上，主要解决的是

"信"与"不信"和"行"与"不行"的问题。它通过一定的政治与道德机制，使受教育者达到其思想、观念与道德的"信"与"行"的目标要求，产生自觉的"信"与"行"。

（二）思想政治教育具有形而上的特点

思想政治教育是以塑造人的思想政治品德为任务的，这决定了思想政治教育必然广泛地涉及人的精神世界，决定了思想政治教育对作为意义存在物的人的精神家园的关注，突出强调人的精神家园的建设。一方面，精神生产是一定社会形式的意识生产，确切些说，是意识社会形式的生产。人们的想象、思维、精神交往在这里还是人们物质行动的直接产物。表现在某一民族的政治、法律、道德、形而上学等的语言中的精神生产也是这样，那些"发展着自己的物质生产和物质交往的人们，在改变自己的这个现实的同时也改变着自己的思维和思维的产物"。物质生产属于社会存在的领域，精神生产属于社会意识的领域。物质生产生产出主要满足人们物质需要的物质产品，而精神生产生产的是满足人们精神需要的精神产品，表现为教育、科学、文化知识的发展和人们思想、道德水平的提高。另一方面，精神生产反作用于物质生产，对物质生产具有能动作用。思想政治教育也是"一种生产力"，也能改变外界，对人与社会的存在和发展有着强大的反作用。这种改变对人是直接的，对社会与自然的改变是间接的，是人们的精神（包括意识、思维活动和一般心理状态）通过人们的行动，产生对外界事物的推动作用。它要经过两次转化，即受教育者将教育的内容内化为自己的思想观念，首先改变自己，而后再外化为行动改变客观世界。两次转化或改变都具有客观现实性或实践性。

（三）思想政治教育具有渗透性的特点

思想政治素质，就是人的思想素质、政治素质与道德素质的总和，它在人的素质体系中居于核心地位，是一个人的世界观、人生观、价值观的综合表现。从学校各门课程教学来看，思想政治理论课是对学生进行思想政治教育的主渠道、主阵地，其他课程教学也担负着加强学生思想政治教育的责任与义务；就整个社会而言，思想政治教育渗透于生产实践、社会实践与科学实验之中。因此，对受教育者进行思想政治道德素质的培育，不仅仅是思想政治教育工作者的责任，也是社会全体成员应尽的义务。在这个意义上，我们可以说思想政治教育应由全社会成员共同担当，而不能为思想政治教育者独家专营。

三、思想政治教育实践性的发挥

在当代社会，发挥思想政治教育的实践性，非常重要。

一是社会实践发展既多样又快速，不但在现实社会空间的实践向前发展，而且在网络领域的虚拟实践也迅速展开；不但传统的实践方式不断更新，而且现代实践方式也不断涌现。各种实践活动，提供许多新情况，提出许多新问题，需要思想政治教育者去研究、认识和解决。无视和回避当代社会的现实，脱离实际地开展思想政治教育，既脱离时代，又脱离群众。

二是人们的认识能力、思想水平要随实践的发展而提高。不可否认，思想政治教育要强调理论学习、自我修养，提高自身思想道德素质，但理论学习、自我修养、提高素质并不是思想政治教育的最终目的，最终目的还是要把理论运用于实践，推进实践发展，创造社会财富。所谓用进废退，讲的是一条朴实而有用的道理。理论不用则废，教育不实则退。因此，随着当今实践的不断发展，不仅给人们思维提供了越来越广阔的空间，也提出了越来越多需要解决的难题，人们的思想只能在实践所赋予的机遇与挑战的矛盾中发展。发挥思想政治教育的实践性，至少可以从以下两个方面考虑。

一方面，要把社会和人发展的实际需要作为思想政治教育的出发点，把促进社会和人的发展作为思想政治教育的目的，把思想政治教育的认识成果付诸实践。以人为对象的思想政治教育，是随着人类社会的发展而不断发展的。在人类社会早期，因为人类差不多完全受着同他异己地对立着的、不可理解的外部大自然的支配。人类主要活动是维持生存，以人为对象的教育活动处于萌动状态。随着人类改造自然与社会实践活动的发展，人的主观能动性增强，分化出教育，包括思想政治教育，进行传承文化、发展智能、孕育道德的活动。由于古代社会生产力水平低，加上阶级压迫和剥削，绝大多数人没有条件接受专门教育，只能主要从事对自然界的改造，人的发展受到抑制。随着社会的发展，人的主体性不断增强，在人与客观对象的关系中，人越来越具有主导作用。

在当代社会条件下，经济的发展主要依靠知识，知识的发展依靠人才，人才的成长依靠教育，教育主要通过开发人的智能与精神潜能来改变人、提高人，这是当代社会与人的发展的逻辑关系，是普遍存在的事实。因此，当代社会需要人的主体性充分发展和人的能动性最大限度地发挥。思想政治教育就是要用富有时代特征的先进精神文化，用人类的优秀文化塑造、开发、发掘人的内在潜能，增强人的主体性。

另一方面，以思想政治教育的实践性深化对教育的理解。首先，教育要从实际出发。以当前社会的实际、教育对象主体的实际为基本出发点，面向实际提高思想认识，并立足于推进实践发展，在实践中检验思想认识的正确性。脱离现实的实践，思想塑造、改造、提高就会失去基础与动力，就不会有思想的解放、思想的飞跃和创造精神的形成。其次，教育要符合客观规律。这个客观规律既包括社会发展的客观规律，也包括人的发展的客观规律。思想政治教育要取得实效，就必须遵循这两种规律，根据实践的发展趋势、规律来不断更新教育的理念、调整教育的策略。忽视和否定实践性，思想政治教育活动就会成为形式甚至陷于教条主义，不会有针对性与实效性，只会浪费资源并损害思想政治教育的形象。

四、思想政治教育的当代价值形态

（一）思想政治教育的经济价值

首先，从经济基础与上层建筑的关系上来看，生产力归属于经济基础的范畴，而思想政治教育则属于上层建筑的范畴。经济基础决定上层建筑，上层建筑又反作用于经济基础。这是因为在生产力中最活跃的因素就是劳动者，劳动者是指有一定体力和智力以及一定思想意识的人，这是推动生产力发展的决定因素。而思想政治教育的目的在于提高劳动者的思想道德和心理素质，用调动他们劳动的创造性、积极性的办法服务于经济基础。其次，从物质文明与精神文明的关系上来看，经济活动属于物质文明，思想政治教育是精神文明的范畴，是精神文明建设的基本途径和方法之一。思想政治教育正是通过提高人的思想认识，培养责任心和意志力等方法，开掘人的潜能，为物质文明提供了精神动力和智力支持。

（二）思想政治教育的政治价值

思想政治教育的政治价值在思想政治教育的诸种价值中，居于首要地位。这是因为，首先思想政治教育是一定阶级或政治集团，为了实现其政治目标和任务而进行的，也就是说思想政治教育是为政治斗争而服务的。马克思曾经指出"思想的历史除了证明精神生产随着物质生产的改造而改造，还证明了任何一个时代的统治思想始终都不过是统治阶级的思想。"在经济利益上占统治地位的阶级，为了维护本阶级的统治，也必然要建立反映其经济利益和政治利益的思想理论，并进行强有力的思想政治教育，通过思想政治教育来控制思想上层建筑，维护社会政治稳定，发展安定统一的政治局面。其次，思想政治教育正是建设社会主义政治文明的有力保证。现在我国奋斗的目标是建立社会主义现代化的国家，但是社会主义现代化不仅仅是一个孤立的，单纯的经济范畴，而是一个包括经济、政治、文化以及人自身现代化在内的庞大系统工程。所以完善的现代化建设，应当是以经济建设，民主政治建设和精神文明建设协调发展的。建设社会主义政治文明，而思想政治教育是建设社会主义政治文明的有效途径之一。思想政治教育是以政治思想教育为核心与重点的，所谓政治思想教育，就是教育者通过教育活动，把社会所提倡的主导政治思想转化为受教育者个体的政治品德，也就是要使受教育者形成社会所需要的政治品德和政治行为。这是推进社会主义民主进程，保证最广大人民当家作主，完成社会主义政治文明建设目标的有力保证。

(三) 思想政治教育的文化价值

文化有广义和狭义之分。从广义来说，指人类社会历史实践过程中所创造的物质财富和精神财富的总和。从狭义来说，即观念形态的文化。思想政治教育实际上就是一种文化传播与渗透。

当前思想政治教育的主旋律就是要大力弘扬社会主义、爱国主义和集体主义思想，抵制一些与社会主流文化相悖的亚文化入侵，保护社会主流文化的阵地，并将社会主流文化渗透到各种亚文化中去，引导其发展方向，调节社会文化冲突，创建良好的文化吸收、文化融合氛围，进而为促进社会主义文化的发展服务。

第二章 大学生思想政治教育方法的选择与应用

第一节 大学生思想政治教育的主要方法

加强对当代大学生思想政治教育方法的发展研究，能有效促进思想政治教育学科理论的发展，有助于厘清发展中国的思想政治教育方法理论和实践形态在运作过程中遇到的系列问题，有助于提高思想政治教育方法的实效性，同时促进当代思想政治教育方法论的发展。

一、大学生思想政治教育方法基本含义和特点

（一）大学生思想政治教育方法的含义

大学生思想政治教育方法是大学生思想政治教育者在大学生思想政治教育的过程中，为了实现教育目标，传递教育内容，使教育对象形成正确的思想观念和良好的道德品质所采取的各种手段和方式的总和。

大学生思想政治教育方法包括两方面内容：思想方法（即认识方法），工作方法（即实践方法）。在大学生思想政治教育中，人们在认识教育对象时所采取的手段和方式就叫作思想方法。思想方法有诸如用发展的、联系的、全面的观点看问题，具体问题具体分析，从抽象到具体，分析与综合等方法。如我们学习和掌握马克思主义思想方法，最根本的就是要认真学习马克思主义哲学。马克思主义哲学既是世界观，又是方法论，是认识、评价、改造事物的方法，是思想方法。思想方法不同，对理论的理解不同，对形势和任务的认识不同，解决问题的思路不同，所以实践的结果也不同。因此，科学的认识方法是人们实现正确认识，把握事物的本质和规律性，提高思维能力所必不可少的。大学生思想政治教育工作者作为主导者，如何使用正确的思想方法来引导教育对象，是至关重要的。工作方法是指人们在实施大学生思想政治教育的过程中所采取的手段和方式，例如调查研究

方法等。科学的工作方法和思想方法是密切联系的。科学的思想方法是工作方法的前提和基础，没有科学的思想方法就没有科学的工作方法。科学的工作方法是依据对客观事物发展变化规律的正确认识所制定的完成任务的方法。因此，科学的工作方法是把党的路线、方针、政策化为群众实践的桥梁。

大学生思想政治教育方法主要有两个层次：一般方法原理；具体方法应用。一般方法原理是对大学生思想政治教育方法的宏观把握和总体概括，相对抽象和笼统。它反映大学生思想政治教育的一般规律和大学生思想政治教育方法的一般作用机制，概括大学生思想政治教育方法研究和应用的一般原则。具体方法应用是大学生思想政治教育方法的微观认知和特殊表现，针对性和操作性较强，它反映大学生思想政治教育的具体规律和特定大学生思想政治教育方法的具体作用机制，突出特定大学生思想政治教育方法的适应范围和应用条件。大学生思想政治教育的一般方法原理与具体方法应用是相互贯通的。一般方法原理是具体方法应用的逻辑前提，具体方法应用若脱离一般方法原理，就会陷于随意性和盲目性，难以保证其科学性。具体方法应用是一般方法原理的体现和展开，一般方法原理若不转化成具体方法应用，就是游离于实践之上的空洞方法说教，无法显示出实践效果。大学生思想政治教育方法与大学生思想政治教育过程是有机关联的。大学生思想政治教育过程包括思想信息的获取与分析、大学生思想政治教育的决策与实施等环节，这些环节需要运用相应的大学生思想政治教育方法。按照大学生思想政治教育过程的环节展开顺序，将思想信息的获取方法，思想信息的分析方法，大学生思想政治教育的决策方法和大学生思想政治教育的实施方法，以及大学生思想政治教育结果的评估方法予以贯通，便反映了这些方法之间及其与大学生思想政治教育过程的有机关联。

将大学生思想政治教育的思想方法与工作方法密切联系，一般方法原理与具体方法应用相互贯通，大学生思想政治教育方法与大学生思想政治教育过程有机关联，进行贯通研究，形成方法体系，就突破了对大学生思想政治教育方法的罗列性论述，而使之成为大学生思想政治教育方法论，即由"论方法"上升为"方法论"。

（二）大学生思想政治教育方法的主要特点

大学生思想政治教育方法作为社会科学方法论体系的一部分，它具有与其他方法的共性特征，又具有自身独特的个性。主要有以下几个方面。

1. 合目的性

目的是指行为主体根据自身的需要，借助意识、观念的中介作用，预先设想的行为目标和结果。作为观念形态，目的反映了人对客观事物的实践关系。人的实践活动以目的为依据，目的贯穿实践过程的始终。大学生思想政治教育的目的，就是大学生思想政治教育的目标指向或价值取向。大学生思想政治教育的根本目的，就是反映大学生思想政治教育最基础、最本质的愿望和要求，体现一定社会发展的目标，它是大学生思想政治教育的出发点和最终归属，概括而言，就是要提高人们认识世界和改造世界的能力，就是要求大学生思想政治教育对象获得政治方向的正确确立和道德品质的全面提高。大学生思想政治教育方法必须为大学生思想政治教育的目的服务。方法如果能取得良好的教育效果，达到教育目的，就会得到肯定，并加以传承与完善；反之，若不能取得良好的教育效果，未实现教育目的，就会被否认、舍弃。

大学生思想政治教育的合目的性，是指大学生思想政治教育的任务目标与具体内容必须与社会发展和个体发展的正确方向相一致。合目的性要求大学生思想政治教育的任务目标与具体内容，必须以促进社会发展和个体发展辩证统一为基础。只代表了社会发展的正确方向，而不利于促进个体的全面发展；或者只代表了个体发展的意愿，而不适合社会发展方向，这样的大学生思想政治教育任务目标或具体内容，在一定意义上都是不符合目的性的。大学生思想政治教育的目的与要求会随着人类社会的思想道德要求的提高而不断发展，因此，大学生思想政治教育方法也必然会不断变化。

2. 合规律性

运用大学生思想政治教育方法取得成功的前提，是方法符合教育对象思想道德认识形成、发展、转化的规律和大学生思想政治教育规律。任何学科都是建立在对规律的把握基础之上，大学生思想政治教育也不例外。大学生思想政治教育方法的合规律性，就是其"合理性"，是指教育方法必须符合社会发展的基本规律，特别是要符合教育内容、符合教育对象个体成长与思想发展的基本规律。例如因材施教之所以有效，是因为其符合教育内容一定要适应教育对象思想实际的规律；循序渐进方法体现了教育对象思想道德认识形成、发展、转化中所蕴含的量变质变规律。那些无效的或是不当的大学生思想政治教育方法，是由于不符合客观规律所致的。如单向灌输法，由于违背了大学生思想政治教育效果取决于教育者和受教育者双方共同努力的规律，使其在实践中难以有效发挥作用。基于我国现代社会的发展，大学生思想政治教育方法的合规律性，从根本上看，就是要看方法是否符合新发展理念的要求。就是要以人为本，实现经济社会与人的全面、协调、可持续发展。这是党和国家在新时代提出的统领经济社会发展的重大战略思想，也是开展大学生思想政治教育的指南。新发展理念的主体是人，把握人的思想道德形成规律和社会发展规律，改进大学生思想政治教育方法，提高人的思想道德素质，努力促进人的全面发展，是对社会发展主体的塑造，构成推动人的全面发展和国家经济社会的基本要素，成为落实新发展理念的内在要求。

3. 工具性

方法是工具，是手段，是过河的船和桥。这些观点早已深入人心。任何方法都是人们在认识世界和改造世界的过程中，为达到预期目的所采取的手段和方式，是实现主客体之间双向交流和沟通的渠道，因此来说，方法具有工具性。从实践的观点来说，方法是最重要的实践工具。人的任何实践活动，都必须凭借相应的方法才能完成，方法对头，往往事半功倍，方法不对，往往事倍功半，甚至一事无成。从认识论来说，方法又是理论与实践的中介，既有主观性的一面，又有客观性的一面，既受客观规律的制约，又是客观规律的体现。方法作为一种工具，作用于人们处理实践活动面临的问题和具体情况之中，帮助人们实现目标与目的。

大学生思想政治教育方法同样具有工具性。大学生思想政治教育方法是联结教育者和教育对象的纽带和桥梁。教育者与教育对象通过方法这个中介，构成一个有机整体，并且相互依存，在一定条件下能够相互转化。另外，教育者与受教育者也是通过方法这一工具，形成相互影响、相互作用的互动过程，在大学生思想政治教育过程中发挥着各自的主体性作用。

方法的运用必须凭借一定的工具，正是这种工具性本质，使得大学生思想政治教育方法具有应用性与可操作性。方法的应用性、可操作性越强，方法的工具性本质越能得到充分、丰富的发展与运用，越能使科学的理论成功转化成有效的方法。反之，当理论不能成功转化为方法时，理论就只能是一种概念化的存在。大学生思想政治教育方法成功地从科学的理论转化而来，进一步证明了大学生思想政治教育的真理性和科学性，以及教育者运用方法的可能性；如果理论无法转化为方法，或者教育者缺乏将理论转化为方法的能力，大学生思想政治教育就不能产生客观实际的效果，方法就没有获得工具性实质。

大学生思想政治教育方法作为一门工具，包括物质性工具和精神性工具两方面。例如我们可以通过放映具有爱国主义精神的影视片，或是举行升旗仪式，或是参观祖国的风景名胜等进行爱国主义教育，这些影视片、升旗仪式和风景名胜就是作为物质性工具来达到教育目的的。另外，教育者在方法的使用中所运用的语言、逻辑、范式等就属于精神性工具。这两种工具都增强了大学生思想政治教育方法的可操作性，提高了方法的有效性，帮助大学生思想政治教育目的顺利完成。

4. 客观性

客观性是相对于主观性而言的。大学生思想政治教育方法的客观性是指教育对象的特点制约着大学生思想政治教育方法的发生、设计和应用。教育对象的思想状况是复杂各异的，教育者依据教育的目的所采用的方法，必然受到千差万别的教育对象客观状况的制约，教育者选择和使用的教育方法必须符合教育对象的特点和教育发展的规律，必须因人而异、因材施教和有针对性。大学生思想政治教育方法的客观性就是要从教育对象的思想实际出发，做到"一把钥匙开一把锁"。大学生思想政治教育方法的客观性要求教育者积极主动地掌握和研究教育对象的思想特点，及时根据大学生的思想实际对大学生思想政治教育方法进行调整。如果大学生思想政治教育方法离开了客观事物及其发展规律，而采取任意或千篇一律的方法，必然达不到教育者想要达到的目的。

5. 多样性

大学生思想政治教育的目的是使社会成员形成符合一定社会所要求的思想品德，因此大学生思想政治教育的对象是人，"人性"理所当然地成为大学生思想政治教育的基础和归宿。

一是大学生思想政治教育要依据教育对象的不同个性特点，采取多样的方法。大学生思想政治教育方法作用的对象是活生生的人，每一个人都是一个独立的个体，都具有不同的气质、能力和性格，这就要求我们在实施大学生思想政治教育过程中针对不同个性的受教育者，采取灵活多样的大学生思想政治教育方法，"具体对象具体分析"，注重采用个别教育法。针对不同教育对象的不同思想认识问题和不同的心理特点，采用不同方式单独进行教育的方法，也被称作"一把钥匙开一把锁"或是"对症下药，量体裁衣"。

二是大学生思想政治教育要依据教育对象的不同年龄层次，采取相应的方法。在人的成长过程中，不同的年龄段所形成和展现的"人性"是有层次的，具有明显的区别，这就要求我们的大学生思想政治教育也应根据教育对象的年龄差别而采取不同的方法，只有在方法上能与教育对象的这一年龄段的人性特点相契合，才能产生思想共鸣，收到预期的教育效果。人的一生分为五个时期：儿童时期，可塑性极强，因此重在灌输，要以面对面的有声灌输和简单的形象教育为主；少年时期接受力极强，因此要强化教育，除了进行伦理道德规范教育以外，还应培养他们的社会角色观念与义务；青年时期是人格成熟的关键时期，因此应多采取说理教育法、言传身教法等，来激起青少年对知识的渴求和对祖国的热爱；壮年时期，人们由理想主义变为了现实主义，因此单靠简单的理论教育是不足道的，应加上感化教育、实践教育等，特别是要注意教育对象合理欲求的适度满足；老年时期是人生的最后一个阶段，易产生自卑、多疑等情感，因此要以心理健康教育、情感教育为主，体现老年的社会价值。

三是大学生思想政治教育要依据教育对象的不同社会地位采取不同的方法。由于受历史时期、社会生产力发展与社会分工的影响，再加上社会成员素质与能力的限制，每个人在社会上所处的经济、政治地位肯定是不同的，也就是说具有层次性，从而在他们的社会行为与"人性"的展现上就表现出明显的层次性。

由以上分析可以看出，人的个性、层次性、复杂性与可变性决定了大学生思想政治教育方法必然具有多样性。

二、大学生思想政治教育的方法

（一）理论教育法

1. 理论教育法的内涵

通常而言，理论教育法还有两个别的名称，即理论灌输法或理论学习法，是教育者有目的、有计划地向教育对象系统传授思想、政治、道德等理论知识，使他们能够逐步形成科学的世界观、人生观、价值观和道德观的教育方法。运用理论教育法，最重要的就是让教育对象（在高校主要是大学生）树立科学的正确的理论，能够让教育对象在马克思主义的正确指引下，对于党的路线方针政策有一个全面的了解，从而使个人的思想不断充实，不断提高。

当前来看，理论教育的方法仍然适用。进入 21 世纪，一方面，人们正处于信息网络化、经济全球化的浪潮之中，面临着大量西方文化思潮和价值观念的冲击；另一方面，由于我国实行以公有制为主体、多种经济成分并存共同发展的经济体制，人们开始有了不同的奋斗目标和利益追求、不同的人生观和价值观。在这种情况下，人们要保持清醒的头脑，正确认识和分析复杂的社会现象，不断提高思想道德修养和精神境界，更需要用科学的理论来武装自己的头脑。与此同时，随着社会进步和人类实践的发展，科学理论也在与时俱进，马克思主义特别是中国化的马克思主义理论体系正在不断发展和不断创新，因而人们对科学理论的掌握也需要不断进行，思想政治教育中的理论教育也需要长期坚持、常抓不懈。

2. 理论教育法的种类

（1）理论学习法

理论学习法主要是了解、掌握并运用马克思主义的原理和观点，理论学习是阅读文字的一种主要方式，主要是通过读书籍、报刊、网络文本进行的。读书活动是引导人们自己学习、思考、运用的一种自我教育方式。在大学生思想政治教育方面，读书活动所涉及的内容是很多的，有政治理论、历史知识、法律知识、伦理道德、人生修养等，这些内容要同思想实际、工作实际相结合。

（2）讲授讲解法

讲授也叫讲解，是大学生思想政治工作者通过讲授和讲解向大学生传授思想政治的理论知识，也是使用最多、应用最广的一种理论教育方法。其具体方式有讲述和讲解两种。

讲授讲解法，是摆事实，讲道理，以理服人的方法。"理论只要说服人，就能掌握群众；而理论只要彻底，就能说服人。所谓彻底，就是抓住事物的根本。"说理是大学生思想政治教育的基本方法，是打开大学生心灵的钥匙，讲授讲解尤其要说理充分透彻。讲授讲解教育法是语言灌输的一种主要方式，它主要运用于系统的马克思主义理论教育、理论学习辅导和党的路线、方针与政策的解释、宣传。

大学生思想政治教育工作者在运用讲解法时需要注意以下方面：首先，讲解的内容要正确，理论、概念应具有科学性，讲述的事实同结论要保持一致。其次，讲解既要全面、系统，同时要抓住重点，突破难点。最后，讲解要采取启发式，循序渐进地进行引导，防止填鸭式和注入式，要特别注意大学生的学习效果。

（3）宣传教育法

宣传教育法是指运用大众传播媒介向大学生传播正确理论和先进思想的方法，既有理论的阐述与辅导，也有典型的学习、运用示范。

专题讲座法是思想政治教育者就某个专门的思想政治问题作系统的讲述，从而使大学生对这一问题产生系统的思想认识。专题讲座法可以系统地阐述某个政治道德问题，专题讲座的专题，大多是选择大学生关心的思想政治热点问题，通过听专题报告或讲座，使大学生获得对这一问题的系统正确的认识。专题讲座法是大学生思想政治教育中经常运用的一种形式，一般分两个阶段进行，先是由讲座人就专题作系统讲授，然后留适当的时间与大学生作双向的思想交流，当场回答大学生提出的问题。

在电子媒介中，网络是最具现代特色的传播方式，它信息量大、及时，视野最为开阔，并且能够做到声、光、图、文并行，既能对人进行外部引导，又能促发人的内部引导，其对人们的吸引力和影响力已经超越电影电视。实际上，网络由于其独有的广泛性和虚拟性使得人们可以在网上的交流更加自由，可以说网络为社会舆论提供了一个新的平台和环境，对于整个社会的走向和发展起着很重要的影响。

（4）专题报告法

专题报告是指就理论学习中的某些重大或重要问题所作的学术研究或辅导理解的专题讲解，专题报告具有形式灵活，不受时间、地点限制的特点，并能及时传播最新理论动态和理论研究成果，起到提高认识、开阔视野、活跃思想的作用。专题报告应注意内容要新颖，体会宜深刻，不可空谈泛论；形式要灵活，重要问题可做系列报告，但应力戒冗长拖沓；报告还应充分考虑教育对象原有的思想水平和接受能力。

（5）个别谈心法

个别谈心法也叫谈话法，是教育者采用交谈的方式，引导教育对象运用事实、经验和政治理论、道德原则，分析和解决思想问题和现实问题的方法。这种在个别交谈中进行的教育方法，不仅能够彼此沟通思想、交流感情、增强信赖，从而解除教育对象的思想顾虑，把思想脉搏搞清楚，而且易于集中教育对象的注意力，启发教育对象开展积极主动的思维活动和思想斗争，增强教育针对性，提升教育效果。实施个别谈心法需要注意以下三个方面：一是谈话要富有感情，善于同教育对象交朋友；二是根据外界环境的状况和教育对象思想实际选择合适的谈心时机；三是注意掌握谈心的合理程序，导入、转接、正题和结束，在不同阶段处理好相应任务，从而使谈心顺利有效地进行；四是对于谈心中了解到的情况，如果是对方要求"保密"而又必须在一定组织范围内加以解决的问题，应严格组织纪律，不得任意扩大传播范围。

（二）实践教育法

实践教育法是思想政治教育主体，有目的、有计划地组织教育对象参加各种有益的实践活动，引导其在实践中学习和培养优良品德和行为习惯的方法，是一种让教育对象在"做"的过程中，获得正确认识、深刻体验、提高各种能力、养成良好习惯的教育方法。

1. 实践教育法的特点

人存在和发展的本质就在于实践，即认识世界和改造世界，所以，思想品德教育中的实践教育法的基本特点，从根本上体现了人存在和发展的本质。具体来说，其特点在于以下两点。

一是改造客观世界与改造主观世界有机结合。实践教育法使受教育者把改造客观世界与改造主观世界有机结合起来。社会实践使受教育者以直接的形式参与社会的各类实践活动。一方面推动着社会的进步与发展，另一方面使受教育者在实践中得到锻炼，形成社会发展所需要的思想观念、政治观点和道德规范。

二是普遍性与能动性有机结合。实践教育法把普遍性与能动性有机结合起来。一方面，在我们的现实生活中，实践活动是最基本的活动，是人类生存和发展的前途。人作为实践的主体，在这之中必然得到锻炼，这体现了实践教育法的普遍性。另一方面，在实践活动中，人具有能动性。这种能动性在意识的指导下能够指导人们主动参与思想政治教育，提高认识的积极性和自觉性。

2. 实践教育法的主要形式

实践教育法的实质是人的个性思想品质社会化的过程。随着社会的发展，实践教育也在不断拓展其社会领域，不断扩展其实施范围，不断丰富其具体实施方式。当前，这些具体方式主要有以下几种。

一是劳动教育法。就是让受教育者从事一定量和一定程度的生产劳动，使之在劳动过程中树立正确的劳动观念，并培养热爱劳动、亲近劳动人民的感情。新中国成立初期对知识分子的思想政治教育是劳动教育法的实施最典型的例子。在社会主义条件下，人人都需要思想改造，知识分子更是如此。当时对知识分子思想改造的主要途径，是引导知识分子与生产实践相结合，与工农相结合，在结合的过程中确立正确的政治立场和思想观念，磨炼意志和作风，以利于为社会做出更大贡献。

二是社会考察法。社会考察法是思想政治教育常用的一种教育方法，与理论教育法不同，社会考察法是社会问题、社会现象的分析，帮助受教育者提高自己的思想认识。社会考察法要求受教育者要对将要分析的社会现象有一定的认识，在分析的过程中受教育者要提出自己的看法与疑问，从而使受教育者能够更加深刻地理解所分析的社会事件，提高人们的分辨能力。社会考察的范围非常广泛，可以通过各种形式来实现，比如参加爱国主义教育展览、长征精神教育展览、参观革命故地和名胜古迹等。让受教育者参加实践考察的目的是让他们通过自己的观察与分析得到最直观的认识，提高他们分析问题和解决问题的能力。因此，在现代思想政治教育中，在对教育者进行理论基础教育的同时，也要重视思想政治教育实践教育的作用，只有将两者进行有机的结合，双管齐下，才能更高效地提高受教育者的思想政治素质。在思想政治教育中实施社会考察法有以下几个步骤：第一步，深入社会观察。要了解实际情况，就应当首先了解某一社会现象或问题的存在方式和状况，这要求受教育者一定要自己动手、动脑去接触社会，认识社会，虚心请教，以获得客观而丰富的第一手资料。这类考察方式一般适用于对国内国际的重大事件或社会重大问题的分析研究。第二步，参与社会体察。如果说社会观察是受教育者作为客观第三方，那么参与社会体察也就是受教育者完全参与到所考察的对象的活动之中去，作为考察对象中的一部分去亲身体验。亲身体验得来的经验材料较之观察得来的经验材料更深刻，当然也更富有感情色彩，这类考察方式一般适用于对某阶层的工作、生活状况的考察。第三步，联系社会调查。通过设计调查问卷，调查问题，确定调查对象，安排专门的时间进行问卷填写或采访的方式，获得第一手资料，这是目前最常采用的调查方式，适用于考察某一社会群体对某类问题的看法或观点、社会热点问题的考察等。

三是服务体验法。服务体验法也叫社会服务法，就是通过让受教育者运用自身具备的知识和技能等素质，尽全力为社会提供服务，以帮助人们解决在实际的生活、工作和学习上的问题，在向社会奉献自身力量的同时，获得社会对自身道德、责任的教育。服务体验法的具体方式是多种多样的。站在不同的角度划分一般会有不同的划分类型。按服务的方式划分有着眼于讲文明树新风开展的志愿服务活动，有着眼于扶危济困开展的志愿服务活动，有着眼于大型社会活动顺利进行开展的志愿服务等；按服务的内容划分有生产服务、生活服务、信息服务等；按服务的主体划分有党员志愿者、红十字志愿者、青年志愿者、社区志愿者等。如青年志愿者进社区，开展环境整治、家电维修、交通疏导、医疗保健、法制宣传等公益服务活动。

（三）自我教育法

1. 自我修养

所谓自我修养，是指人们根据自我的条件，在多个方面注意提高自身的认识，注重自己的行为，从而树立的一种形象。任何人的修养水平都不是凭空得来的，只有在长期的社会实践中不断反省、反思才能实现。

反省是一种对自我过失或弱点的正视与内插，在反省过程中人们会将自己言行的得失进行认真的思考，从而看出自己的长处，认识自己的短处，反省是人们自我提高的一个重要途径。反省可以让人越来越强大，对自身弱点的弥补本身就是一种进步，而这种进步堆积起来可以形成质变，起到提高人们素质的作用。

反思是指人们对自己的行为和言论在一定指导理论或思想框架的指导下进行系统总结和理性认知的过程。科学反思首先要增强自己的认识，使自己成为思想和行为的观察者、分析者，并在实际行动当中进行行为的改造。

2. 自我管理

通常而言，自我管理可以可分为个体自我管理和群体自我管理。个体自我管理是个人按照一定的规章制度调控和控制自己的言行。个体自我管理比较好理解，这里对群体自我管理做简单的说明。群体通常有正式群体和非正式群体两类，其中的成员按照一定的规章制度互相制约、互相督促、共同遵守一定的规范，抵制、批评违反规范的言行，这样的行为就是群体管理。

（四）激励教育法

"激励"一词含有激发动机、鼓励行为、形成动力的意思。所谓思想政治教育中的激励方法，是指思想政治教育者依据受教育者的不同需要，施以相应的激励手段，以达到调动受教育者潜能的方法。

激励通常包括物质激励和精神激励两种类型。所谓物质激励，就是给予物质方面的奖励，包括颁发奖金、奖品和实物；所谓精神激励，就是给予各种荣誉或表扬，包括发给奖状、奖牌和授予各种荣誉称号等。物质激励和精神激励互为补充，相辅相成，缺一不可。

激励教育方法的依据是以人的需要作为客观依据的。所谓需要，是指人们在社会生活中必要的事、物在头脑中的反映，以及由此而产生的欲望和要求，它通常以愿望、意向、兴趣、物质等形式表现出来。它是人的思想和行为的基本动力。激励教育方法即通过着眼于人的"内在短缺"和"外在目标"来研究对人的激励。由此可见，"需要"不仅对人的驱动力很大，而且是人的一种客观的心理反应。

1. 激励教育法的种类

在大学生思想政治教育中，由于人们的不同需要以及"内在短缺"和"外在目标"的矛盾，实施激励方法的形式也是多种多样的。

（1）情感激励

情感激励就是通过多形式、多渠道，触及受教育者的内心世界，培养健康情感，提高理性认识的一种方法。在现实生活中，感情对人的认识活动有着极大的影响，它为做好思想政治教育创造了重要条件。要充分利用感情的力量，寓理于情，使人们放下对思想政治教育"说教"的"戒心"，在毫无觉察的情况下，让思想政治教育潜移默化地渗透到人们的心中。

（2）物质激励

物质激励就是对为国家和社会有重大贡献的人们，给以包括颁发奖金和奖品在内的实物奖励。在现实生活中，物质激励有着深厚的社会基础。实行必要的、恰当的物质激励，是调节人们行为、调动人们积极性最重要的手段之一。在思想政治教育中应用物质激励的方式，不仅是必要的，而且是可行的。

（3）表扬激励

表扬激励就是充分肯定受教育者正确的思想和行为，鼓励其巩固和发展优良品行的方法。表扬激励符合思想政治教育的目标，同时，它直接满足了人的精神需求，因而也符合人们的心理特点。思想政治教育者在实施表扬的时候，也要进行广泛的社会宣传，以在更大的范围内激发人们的热情，增强人们的责任感。

（4）榜样激励

榜样激励就是运用有影响的先进事迹和优秀的品德激励、感染、影响受教育者的方法。从唯物辩证法的角度讲，榜样激励的方法是符合事物发展不平衡规律的；从社会心理学的角度讲，榜样激励的方法是符合人的模仿心理和学习心理的。因此，在思想政治教育的过程中，教育者运用正面典型事迹进行教育，对于提高人们的认识、培养道德情感、坚定道德意志、规范道德行为，具有强有力的感染力和说服力。

（5）目标激励

人的需要只有指向某种特定目标时，才能变成行为的动机；而人的需要一旦转化为动机，就会形成一种促使自己发奋的内在力量。目标是影响人的行为的重要因素，因此，目标激励是思想政治激励教育法的形式之一。但是在大学生思想政治教育过程中，引导人们设置目标时，要注意两个方面的问题。一是合理性。这种合理性包括：目标要有一定的难度，但经过努力又是可以实现的；把个人目标与社会和国家的目标有机结合起来，一方面个人目标不能损害社会和国家的目标，另一方面个人目标也能够得以实现。二是期望性。根据行为科学的"期望理论"，人的需要是有目标的，但当目标还没有实现的时候，这种需要还只是一种期望，而期望本身就是调动人的积极性的力量。"期望理论"认为，目标效值和期望概率越大，激励力量也就越大，其公式为：激励力量＝效值×期望概率。由此可见，目标既不能过高，也不能过低，否则就会失去激励的作用。

此外，兴趣激励也是一种重要的激励方式。兴趣往往是推动人们求知的一种力量，人们对自己感兴趣的事物，总是力求认识它、研究它。在思想政治教育中，只要激发起受教育者的兴趣，就能收到事半功倍的效果。

就激励方式而言，还可以举出很多种，上述几种激励方式是常用的方式，它们是互相联系、互相渗透的。思想政治教育者在实施激励教育的过程中，总体上既要有利益的关怀、情感的熏陶，又要有思想的共鸣、道德的感化；同时还要因时制宜、因事制宜、因人制宜、因地制宜，采用适当的激励方式，从而真正做到联之以利，晓之以理，动之以情。

2. 激励教育法有效性的保障

在大学生思想政治教育中运用激励教育方法的时候，只有注重以下几个方面的问题，才能保障它的有效性。

（1）把握激励的时机

"时机"是时间和机会的有机组合，在人们的各项活动中起着关键作用。同样，大学生思想政治教育中激励时间与机会的把握，对教育的效果起着至关重要的作用。比如，客观环境、大学生的求助心理及其程度、学生的某种满足及其程度等方面的具体情况，都是教育者在学生思想政治教育激励中所要把握的时间与机会。

（2）注重激励的渗透性

激励的渗透性是指在大学生思想政治教育中尽量扩大激励效果的范围。在大学生思想政治教育的激励教育中，往往根据不同情况采取不同的方式。但是在采取这种方式的时候，不仅要考虑它的直观效果，还要把它的效果渗透到大学生的学习、生活以及日常行为中，更要注重它的长期内化效果。

（3）注重激励的感染性

一般来说，大学生思想政治教育激励方式的感染性，包括两个方面：其一是在大学生思想政治教育中，要利用感情的力量，寓理于情，使大学生在不知不觉中乐于接受教育；其二是在大学生思想政治教育中，通过对个人或群体的激励，使更多的人受到感染。因此，在实际工作中，要把这两个方面有机结合起来，从而在整个社会内逐步使人们自然地、潜移默化地接受各种正确的思想观念和行为规范。

第二节　大学生思想政治教育的创新方法

在大学生思想政治教育过程中，在运用一些基本的方法来达到教育效果之外，还有一些特殊的思想政治教育方法可以采用和借鉴。

一、心理咨询法

（一）心理咨询法的内涵

心理咨询法是近年来高校新兴的思想政治教育方法，不仅解决心理问题还帮助人们解决思想问题。具体来说，心理咨询法是指在思想政治教育中运用有关心理科学的理论和方法，通过语言、文字等媒介，给咨询对象以帮助、启发和教育，以使其认识、情感和态度有所变化，解决其在学习、工作、生活中出现的心理问题，解除咨询对象的心理问题，来维护和增进他们的心理健康，促进思想提高，实现潜能开发的过程，从而保持思想的进步和身心的健康，更好地适应环境和发展人格。

心理咨询的对象不是患者，不同于医院的专业性心理治疗，主要是心理咨询专业人员针对大学生存在的思想问题、心理失衡、情感问题和学习困惑，依据心理学的专业知识，给予疏导解惑。心理咨询是基于科学的一种教育手段，其进行不可能像一般的谈话那样随便，必须遵循一定的步骤、通过一定的环节才能逐步达到了解并引导受教育者的目的。心理咨询一般分为掌握材料、分析咨询、引导帮助和检查巩固四个步骤。心理咨询方法作为大学生思想政治教育方法的一种，在高等学校越来越受重视，主要原因在于随着大学扩招，学生就业压力越来越大，导致不少学生对社会、对人生、对事业产生严重的焦虑感，进而产生迷茫情绪。

(二) 心理咨询的主要形式

1. 心理疏导

心理疏导就是教育者与受教育者在建立良好关系的基础上，围绕心理问题，相互理解、沟通、引导，达到消除心理障碍，促进身心健康的一种方式。运用这一方式，教育者要从关心、爱护尊重受教育者出发，细心了解受教育者的心理状况与心理问题，与受教育者共同分析心理障碍的形成过程及其产生的根源，并激励受教育者战胜心理障碍的勇气。

运用心理疏导方法，要合理利用和掌握如下要点：一是教育者要与教育对象和谐相处，在轻松、愉快、幽默的氛围中完成心理疏导。二是要科学地对咨询者的心理问题进行分析，帮其理清问题产生的根源，并从中寻找解决心理问题的方法。三是要充分尊重教育对象在交流中的主体地位，调动和激发他们的积极性，并帮助他们树立战胜困难的信心。四是培养教育对象自我认知、自我分析、自我改善的能力，帮助他们建立起科学自我提升途径。

2. 交友谈心

交友谈心就是通过帮助教育对象建立良好的人际交往关系来排解他们心中的郁闷与不快，让他们在彼此的交流中找回自己正常的生活、工作和学习的轨迹。这一方法要求教育者必须要真正关心教育对象，赢得他们的信任，并在此基础之上帮助受教育者逐渐走出误区。

二、冲突缓解法

(一) 冲突缓解法的内涵

冲突缓解法就是针对人们的思想矛盾激化所产生的冲突，通过建立健全制约机制和宣泄渠道，缓解冲突产生的矛盾和条件，减少和削弱冲突导致的震荡和破坏而采取的一种方法。人在社会中生存，不可能不发生冲突，如个体与环境的冲突，个体之间的分歧和误解。尤其大学生是一个激情飞扬的群体，性格中也不同程度地存在着急躁、冲动的因素，容易被环境影响，情绪容易激动，与人相处时不可避免地会出现矛盾。同时，由于社会现象纷繁复杂，青年人关注热情高但辨析能力较弱，容易引起情绪上的激动和浮躁。还有学习中竞争压力加大，就业前景不是很乐观，导致情绪上的不平衡，等等。在大学生思想教育中，冲突缓解法是迅速缓解矛盾，防止矛盾升级、局面恶化的重要方法，是稳定大学团结和谐的教育局面、保证大学正常良好的教育秩序的必要条件。

（二）冲突缓解法的注意事项

1. 要理顺对立情绪

情绪具有冲动性的特点，如果一部分人的要求得不到满足、感到不被尊重、声誉受到损害，这一特点就更加突出。如果不进行正确的有效的引导，这种情绪状态可能促使人在冲动之时做出非理性的举动。所以，理顺对立情绪，消除产生对立情绪的诱因，应该是缓解矛盾的首要对策。

2. 要恰当疏通利导

要创造各种条件，使学生能够将自己的意见、看法以及心里的话讲出来，通过正常的宣泄途径来缓和矛盾。在弄明白学生的问题的基础上因势利导，是疏导矛盾的非常重要的一步。这里要注意的是"疏"与"导"的关系。有的人认为，只要敞开心扉，畅所欲言，疏导的目的就达到了。其实不是这样，疏是为了正确有效地导，导是疏的目的所在。疏而不导，显然只是用了疏导的手段，而没有抓住疏导的根本。

3. 要增进交流和沟通

日常生活中许多矛盾的产生是由于正常的交流和沟通不够充足造成的。在这种情况下就容易产生误会，久而久之，积怨会越来越深，矛盾冲突也就在所难免。思想政治教育要充分创造机会，让师生之间、生生之间、管理者与学生之间多一点沟通、对话、交流，很多矛盾就可以得到有效的化解和排遣，从而也就避免了矛盾的积累，从根本上减少了冲突的发生。

三、预防教育法

（一）预防教育法的内涵

预防教育法是针对大学生可能或将要发生的思想问题与行为偏向，事先进行教育，以防止思想问题与行为偏向发生，或者将思想问题与行为偏向制止、消灭在萌芽状态的方法。它是大学生思想政治教育中经常采用的方法。大学生思想政治教育中的不少教育都是预防教育。

（二）预防教育法的主要形式

1. 普遍预防

普遍预防就是根据客观情况的重大变化，针对大多数学生可能出现的思想问题，事先进行教育，避免思想问题大面积产生的预防。一般是在社会发生转折，体制进行转变，政策开始调整，舆论发生变化，社会和学校出现重大事件，以及大学生的学习、日常生活发生大的变化的时候。例如，新生的大学适应、学生宿舍的调整、夏天禁止学生到江河游泳、通货膨胀与物价上涨，等等，容易引发大学生带共性的思想认识问题，这些情况的出现往往会使大学生提出许多问题，产生思想认识上的种种矛盾和困惑。这时，如果能及时针对刚刚出现的问题和可能发生的问题进行解释、引导、教育，把大学生的思想、议论导向正确的方向，就能避免大面积思想问题的产生。因而，普遍预防是十分重要的，运用得好，它能保证学校的安定团结和平稳发展，避免不必要的曲折和损失。进行普遍预防，要关心大学生的利益，掌握他们的心理，坚持正面引导，注意化解矛盾，努力避免思想积怨和矛盾激化。

2. 重点预防

重点预防就是对突出的人和事以及关键时期可能出现的问题，及时进行事先教育所进行的预防。在大学生中，不同院系、年级、班级、寝食的情况是不同的。大学生个体的年龄、经历、性格、爱好、学习、生活以及经济情况、家庭情况也是不同的，这些不同会导致大学生思想状况的不同，教育者要善于根据客观环境和大学生的思想行为表现情况进行分析，判断可能发生的问题。筛选出关键的人、关键的事和关键的岗位，有重点地把教育工作做在前面。

四、典型教育法

（一）典型教育法的内涵

典型教育法是指在思想政治教育中运用具有代表性的人物或事件对教育对象进行引导和教育的方法。从哲学的角度，典型是在一定的时期或一定范围具有相当程度影响的人物和事件，它能代表一类或一般事物的典型特征和本质、发展趋势或发展规律的个人或个案；典型示范教育就是通过典型教育使其吸收先进典型的有益成分，并对照自己的不足，吸取经验和教训，消除自己的不良思想和行为，提高自己的思想政治素质。

（二）典型教育法的种类

1. 正面典型教育法

正面典型是社会生活之中经常可以看到的典型，是能够体现或代表先进，具有示范和榜样作用的典型，又称先进典型、进步典型。运用正面典型教育法时应注意以下几点。

第一，要善于发现和推广具有时代感和代表性的典型。先进典型常常产生于我们身边的日常工作、学习和生活之中，需要去发现和识别。典型的选择要具有广泛的群众基础：既要树立全国性的榜样，又要树立不同类型、不同层次、不同行业的榜样，更要善于发现和树立本地区、本行业、本单位的典型。

第二，要注意对典型的培养和教育，以关心爱护的态度对待典型。

第三，要注意对典型事迹的宣传实事求是以及典型的真实性和局限性。所以对典型的宣传、推广要实事求是，注意分寸、留有余地，决不能言过其实、任意拔高。

第四，要教育大学生尊重典型，正确对待典型。任何先进典型都来自群众，尽管他们有超出普通人的一面，但并非也不可能是"完人"。只有全社会都来扶持典型、学习典型，典型之花才能常开不败。

2. 反面典型教育法

反面典型就是落后的或反动的典型，利用反面教员和反面教材开展思想政治教育，就是通过揭露或批评其错误或反动的观点，给人以教训，使人引以为戒，或使人认清其反动实质，与此同时，宣传正确和进步的观点。从我们思想政治教育的历史来看，注意利用反面教材、反面教员开展思想政治教育是思想政治教育的一条基本经验。总之，利用反面教材、教员开展思想政治教育，目的是把非马克思主义和反马克思主义的东西摆在大家面前，让大家分清其本质，从而接受锻炼，增强辨别和选择的能力。

五、比较教育法

比较教育法，是教育者通过对两种或多种不同事物的异同和特点进行分析、比较、鉴别，做出正确的判断和结论，从而提高大学生思想认识水平的教育方法。

（一）比较教育法的主要形式

1. 纵向比较

纵向比较也就是从时间上把事物的过去和现在加以比较，通过帮助大学生了解事物的变化和发展，加深大学生对事物的了解和认识，从而帮助大学生得出正确的结论。

2. 横向比较

横向比较就是在空间上把有一定联系的不同事物加以比较，帮助大学生了解其异同，加深大学生对不同事物本质的理解。例如，把改革开放前和改革开放后人民生活水平的状况进行比较，把自己的过去和现在进行比较，这是纵向比较；把我国东部地区、中部地区和西部地区改革开放后的发展状况进行比较，把自己和他人进行比较，就是横向比较。

（二）比较教育法的具体操作

1. 坚持可比性原则

俗话说："不怕不识货，只怕货比货"，其中的"货"是指同种货、同种商品、同种事物，它们具有共同的属性，或表示时间的，或表示数量的，或表示质量或性质的，等等。如一吨的骆驼与五寸的铅笔，两个不同数量级的举重运动员的成绩，两个国情不相似的国家等进行横比，都是缺乏可比性的。缺乏可比性的比较，其结论是站不住脚的，甚至可能是谬误。只有在同一条件、同一标准、同一比较分析单位下，才能把具有可比性的事物进行比较，才能区分真假优劣善恶美丑，得出正确结论，发挥教育作用。

2. 坚持本质比较

比较，不仅要从现象上比较，而且要深入事物的内部进行本质比较。坚持本质比较，可以区分事物之间的本质区别，获得事物的真理性认识。这在大学生思想政治教育中尤为重要。

3. 坚持多项指标比较

多项指标比较，是指由两个以上、互相区别而不能互相替代的指标进行比较。多项指标比较，具有两个特点，其一，它克服了片面性，具有全面性。其二，它能综合反映比较对象的整体概貌，具有综合性和整体性。一句话，通过多项指标比较，能使大学生获得对考察对象的整体性的认识。运用多项指标比较，要注意指标的选择，也就是说所选定的各指标，既要互相独立，又要全面客观地反映事物，即具有客观性和科学性。

4. 借助多样化的比较形式

比较的形式应多种多样，不仅要借助于说理，而且可以采用数据、图表、图画、照片、视频、音频等各种直观形象的方式，增加比较的效果。

六、感染熏陶法

（一）感染熏陶法的内涵

感染熏陶法，指思想政治教育者充分利用教育情境和社会环境，对大学生进行思想政治上的感染和熏陶的方法。感染熏陶法是渗透原则的重要体现，具有非强制性、隐蔽性，能够寓理于情，以情感人，能使大学生在不知不觉中受到教育。

（二）感染教育法的主要形式

1. 艺术熏陶法

艺术熏陶法是指借助于影视、文学、舞蹈、音乐、美术等艺术手段，开展相关思想政治教育活动，使大学生从中受到感染熏陶。艺术感染法把大学生思想政治教育贯穿在直观形象、生动具体、感染力强的文化娱乐活动之中，融思想性、艺术性于一体，富于潜移默化的作用，为大学生所喜闻乐见，有利于增强思想政治教育的吸引力，扩大思想政治教育的覆盖面。

运用艺术熏陶法，教育者要注意加强自身修养，善于选择和利用环境中的积极因素，消除不良因素，创设良好的教育环境，并且与说理等其他方法结合使用，充分发挥它的思想政治教育效果。

2. 榜样教育法

榜样教育法是指以先进人物的先进事迹为模范，通过树立先进典型，教育人们提高思想政治觉悟的一种方法。榜样教育法把抽象的说理变为通过活生生的人物和事迹来进行思想政治教育，激起大学生思想感情上的共鸣，引导大学生去学习和仿效，具有激励大学生奋发向上的功能，易于为大学生所接受，因此，历来是大学生思想政治教育的主要方法之一。

榜样教育法主要包括两个方面：一是教育者以自己为榜样，以自身的理想信念、道德品质、态度作风、学识成就来感染大学生。二是运用录像、电影等多媒体形式宣传先进典型，组织学生听英模事迹的报告等，使大学生在这种创设的情境中受到感染熏陶。

运用榜样教育法，一要善于发现典型，树立榜样，实事求是地宣传典型事迹。模范人物是在工作、学习和生活中产生的，因此要经常深入实际，调查研究，及时挖掘提炼，让大学生感到先进典型与他们一样是有血有肉的人，就是他们中间的一分子，从而产生亲和力和仿效心。二要正确引导。学习先进，重在学习其精神，不能不顾时间、地点、条件单纯地模仿其行为，而是要与自己的实际结合起来，并按自身的特点创新发展。

第三节 大学生思想政治教育方法的选择应用

做任何工作都有一定的方法。方法问题是弄清楚工作怎么做的问题。方法在人们认识和改造世界过程中具有重要的意义和作用，选择正确的工作方法是做好工作的重要条件，在工作中能取得事半功倍的效果。要想取得预期的工作效果，就必须重视工作方法的研究。同样如此，大学生思想政治工作要取得良好的效果，也应该要有正确的工作方法。

一、大学生思想政治教育方法的选择依据

在开展大学生思想政治教育过程中，选择合适的思想政治教育方法尤其重要，是有效实现教育目标的思路。在对教育对象进行认真的分析和探索的基础上，选择合适的教育方法，可以较好地实现大学生思想政治教育的效果，从而有效地提升大学生思想政治教育的针对性。

(一) 大学生思想政治教育的教育目标与任务

目标任务的完成需要方法的妥当运用，方法是完成任务的工具和手段，受到目标任务的制约。在对大学生进行思想政治教育过程中，教育目标和任务需要依靠一定的教育方法来实现，教育方法是为教育目标任务服务的。根据大学生思想政治教育的目标任务来选择教育方法，才能够保证教育目标任务的实现。

大学生思想政治教育的目标与任务是在实施大学生思想政治教育过程中所期望达到的结果，它是一个具有整体性的体系，具有多样性、层次性和系统性的特点。目标与任务是大学生思想政治教育内容体系确立的出发点和归宿，而方法则是完成大学生思想政治教育目标的手段，是依据思想政治教育目标的要求加以选择和设计的。如果离开了目标和任务这一主要依据，思想政治教育方法的选择也就没有了生命力。

（二）当前大学生的具体特点

思想政治教育目标的实现要紧密结合教育对象的具体情况和不同特点，有针对性地选择教育方法。选择合适的教育方法，会直接影响思想政治教育活动的实施效果。大学生是思想政治教育的接受者，如果大学生思想政治教育方法在选择和设计过程中能充分考虑大学生的现实特点，满足其实际需求，那么在教育实施过程中就易于被接受，容易产生效果。大学生思想政治教育对象有个体和群体之分，不同年级、不同层次的学生群体所适应的思想政治教育方法各不相同，同一个学生群体中不同成长经历、不同家庭环境、不同个性特点的个体适应的教育方法也存在差异。在对大学生进行思想政治教育过程中，还要考虑学生在思想观念和道德水平方面的不同。

（三）教育中的实际问题

实效性是大学生选择思想政治教育方法所参考的依据。只有大学生思想政治教育方法选择合理，运用正确并具有较强的针对性，才能够避免思想政治教育主客体在实践活动中的盲目性，使其能够自觉地根据要求来完善自己的实际行动。大学生面临的实际问题往往决定了如何具体实施思想政治教育。如果教育者能够深刻分析引发学生实际问题的原因，针对问题的性质、程度和影响因素进行具体分析，选择合理的教育方法，那么解决学生的实际问题，提高学生的思想认识就会变得相对容易。

二、大学生思想政治教育方法的实施要求

（一）针对性

在开展思想政治教育过程中，不同的教育方法应用到同一个教育对象所产生的效果是不一样的，不同的教育内容、教育目标、教育对象所需要采取的教育方法也是不一致的。针对大学生面临的实际问题，如果教育方法得当，就会产生很好的教育效果；如果教育方法不得当，有可能会劳而无功甚至会产生不良影响。因此，在实施大学生思想政治教育方法的过程中，要从实际出发，针对不同的教育目标、教育内容、教育对象选择有针对性的教育方法，做到有的放矢。

针对性就要求大学生思想政治教育者在教育活动中要充分把握教育目标和教育内容，掌握不同教育对象的特点，理解不同教育方法的使用范围和具体特点，保证教育方法切实符合要求，进而保证教育效果的实现。针对性的实质是教育方法的实施要遵循大学生思想

政治教育的客观规律，要坚持实事求是的原则。

（二）实效性

这里所讲的实效性，是指思想政治教育方法在实践中的可操作性。长期的思想政治教育证明，只有在实践中可行的教育方法，才能产生良好的效果。坚持思想政治教育方法的实效性，要求思想政治教育者在实施教育的过程中，根据实际情况，既要运用已经被实践证明是正确的方法，也要勇于探索，创新方法。

（三）综合性

当前社会，大学生的思想状况复杂多变，影响大学生思想波动的因素也比较多，大学生思想政治教育面临的情况也是错综复杂。解决学生面临的思想问题，单靠一种方法有时候很难取得好的效果。只有将多种教育方法综合运用，才能保证教育目标的实现。综合性就是指大学生思想政治教育的实施者在进行思想政治教育的过程中，要综合分析大学生面临的实际问题，结合大学生的具体特点，综合分析大学生思想问题的原因，充分掌握教育环境的特点，选择多种教育方法，并形成最佳组合，发挥多种教育方法的整体作用。

综合性应用大学生思想政治教育方法，就是不同的教育方法在思想政治教育过程中发挥各自作用，协调一致，最终产生综合效果。不同教育方法具有各自的特点，大学生面临的具体问题也不尽相同。大学生思想政治教育者要根据具体的任务、对象和条件来选择具体的方式。

（四）创新性

我国当前正在进行的改革开放，是一场深刻的社会变革。变革带来社会环境的变化，人们的思想观念和思维方式也会随之发生巨大的变化。随着校园环境的不断改善，网络文化的普及，大学生的思想观念和道德也出现了新的问题。大学生思想政治教育面临的环境发生了深刻的变化，大学生本身的思想状况也呈现出新的特点，在此基础上，大学生思想政治教育方法也需要根据实际情况进行相应的改进与创新。如果无视历史条件的变化，把特定历史条件下产生的具体方法绝对化，拒绝研究新情况，就会导致思想教育方法僵化，在新的历史条件下就会被淘汰。

大学生思想政治教育方法的创新性要求大学生思想政治教育者在开展教育活动时，要紧密联系大学生的实际情况，依靠先进技术，探索新的解决思路和解决途径。大学生思想政治教育方法在创新的同时，要继承中华民族传统文化的优秀传统，在继承中创新；又要善于借鉴国外先进的教育方法，开拓创新思路。同时，创新方法要充分依靠网络先进技术，适应信息时代的新要求。

三、大学生思想政治教育方法的现代发展

随着我国社会主义市场经济的发展和改革开放的深入，大学生思想政治教育方法必然随着时代的进步和科技的发展而不断地融合和创新。大学生思想政治教育方法更加注重理论的系统化，教育双方的平等交流，以及教育技术手段的现代化。具体体现在以下几个方面。

（一）大学生思想政治教育方法理论日益体系化

随着大学生思想政治教育学科的发展，大学生思想政治教育方法理论研究取得了很大的进步，并逐渐体系化。

1. 大学生思想政治教育方法理论体系化的含义

所谓大学生思想政治教育方法理论体系化，是大学生思想政治教育研究者为了推动思想政治教育方法理论的科学化，依据不同研究视角和逻辑框架建构出了系统化的思想政治教育方法理论体系。这也是大学生思想政治教育方法论发展和理论研究的深入和表征。

2. 大学生思想政治教育方法理论日益体系化的依据

（1）大学生思想政治教育方法论学科发展的需要

大学生思想政治教育方法论经过多年的建设和发展，不仅研究成果比较丰硕，理论比较系统，并日益成熟。但在过去，人们主要是依据哲学方法指导和对实践经验的总结，提炼出了一系列思想政治教育方法。所以，尽管许多方法不自觉地运用在大学生思想政治教育中，并取得了很好的效果，但体系化不强，并不利于大学生思想政治教育方法的传播和推广。大学生思想政治教育方法的体系化发展，就是借助科学的理论支撑，使之系统化，这对方法本身的发展和运用有着不可低估的作用，更有利于大学生思想政治教育方法论学科的发展和完善。

（2）大学生思想政治教育方法论理论研究深入的需要

大学生思想政治教育方法理论日益体系化是思想政治教育方法理论研究深入的表现。因为任何一个学科的发展，都有赖于其理论体系的完善和发展。思想政治教育本身还是一门年轻的学科，其理论体系和内容还需要不断地探索和完善。过去，大学生思想政治教育方法理论比较注重具体方法的研究而忽视理论体系的完善，这是其理论本身发展的制约。

（3）积极回应大学生思想政治教育实践发展

大学生思想政治教育方法理论日益体系化，是对鲜活的大学生思想政治教育实践活动的积极回应。因为随着时代的变迁和社会的发展，大学生思想政治教育的实践活动日新月异，不仅教育任务和内容不断变化，教育对象的思想日益活跃、需求多样；而且大学生思想政治教育载体、环境也是变化万千，都需要大学生思想政治教育新方法相适应。所以，大学生思想政治教育方法理论体系化是实践提出的新要求。这就要求研究者一方面要加大对原有思想政治教育方法的继承和创新，使之适应新的实践需要；另一方面，更要从鲜活的实践中，总结、提炼、归类出新的大学生思想政治教育方法，使之体系化以指导实践，并在实践中不断推陈出新。

3. 大学生思想政治教育方法理论日益体系化的要求

（1）加大对现有理论体系的深入研究

经过多年发展，大学生思想政治教育方法理论已经取得了较大的成绩，形成了一批有影响的专著和教材。为此，在加强大学生思想政治教育方法理论体系化研究时，需要对现有成果进行规范化的研究，以厘清大学生思想政治教育方法理论的相关概念和范畴，确立和稳定一批属于大学生思想政治教育方法论范围的范畴体系，推动现有框架体系的完善和发展。

（2）拓展大学生思想政治教育方法理论体系化研究的思路

虽然学者们对大学生思想政治教育方法理论体系提出了不同的构想，包括以认识论为基础建构的方法理论体系、以过程的矛盾为基础建构的方法理论体系、以系统论为基础建构的方法理论体系、以"战略制导"为核心的方法理论体系等，都是有益的探索。但研究者还需进一步拓展研究思路。一是从传统思想政治教育中吸取养料，从我国古代思想政治教育方法和中国共产党创立和发展过程中的方法理论中吸取养料。二是借鉴国外思想政治教育和道德教育的理论和方法，丰富和完善其理论体系。三是借鉴现代科学方法论和其他学科的理论，建构新的理论体系。

（3）立足于大学生思想政治教育实践发展提出的新要求

大学生思想政治教育方法理论体系化的研究，要立足于当今时代的思想政治教育实践活动发展所提出的新要求，当今社会的突发性事件、社会危机事件等具有突然性、复杂性和危害性的特点，给社会造成极大的影响，给大学生思想政治教育带来新的极大挑战，如何采取合理方法预防和解决这些事件，是当今大学生思想政治教育方法论研究的盲点之一，也是未来大学生思想政治教育方法论研究的重要趋势；思想政治教育载体的新发展，网络的兴起和发展，其信息的丰富性、快捷性、活动的虚拟性，给大学生思想政治教育也带来巨大的挑战，网络思想政治教育方法论也亟待开发；还有思想政治教育方式的拓展，如心理咨询工作模式、社会工作模式等的引入，也需要进行系统性、学科性研究，使其尽快学科化等。

（二）由单向灌输向双向交流转变

由单向灌输向双向交流转变，不仅是时代和教育对象发展变化的要求，也是大学生思想政治教育方法的必然走向。

1. 由单向灌输向双向交流转变的含义

所谓从单向灌输向双向交流转变，是指教育者为了实现思想政治教育的目标和要求，从过去以教育者为主导，系统地向受教育者传授思想政治教育的内容转变为与受教育者进行平等交流，共同讨论的教育方式。在大学生思想政治教育中，灌输是传统大学生思想政治教育的主要方法。其本质是进行系统的思想理论教育和宣传。其主要方法是教育者根据大学生的接受理解能力进行宣传、讲解、解惑、答疑等。它对于激发人们的斗志，鼓舞革命的士气，提高人们的思想觉悟曾经发挥了重要作用。但随着时代的变迁，单向灌输逐步向讨论、交谈、咨询等双向交流方式转变。

2. 由单向灌输向双向交流转变的依据

（1）单向灌输容易与受教育者的实践和发展需要相分离，造成效果不佳

单向灌输容易使得灌输内容与受教育者的实践和发展需要分离，严重影响教育的效果。单向灌输的优势在于可以通过教育者确定灌输内容，明确主导社会的要求，引导受教育者向正确的方向发展。但也容易造成教育者单方面选择的灌输内容与受教育者自身需要分离甚至脱离的状况。因为教育者选择确立的灌输内容是社会需要的精英化的要求，而受教育者由于自身条件和发展是不平衡的，其需要也丰富多样，教育者与受教育者之间缺少沟通与融合，容易造成灌输内容与受教育者的实践和需要的脱离，严重影响了受教育者对灌输内容的认同和接受。

（2）单向灌输过分注重教育者的支配地位，使受教育者的主观能动性难以发挥

单向灌输是教育者占支配和决定地位的教育活动，教育者支配着灌输的目的和内容，又决定着灌输的手段和形式，客观上形成了教育者输出，受教育者接收的模式。在这种模式的运作下，大学生思想政治教育者在规定的时间内（如高校的思想政治理论课和学生周会）在向受教育者输入大量系统的知识信息的同时，也将其置于了被动接收的地位，使之成为接收教育者输入知识理论或观念要求的"容器"，使受教育者的主体地位得不到应有

的尊重，其主观能动性难以发挥。

（3）由单向灌输向双向交流转变是教育对象发展和时代变化的必然要求

在我国，随着市场经济的发展和对外开放的扩大，教育对象思想活动的独立性、选择性、多变性、差异性明显增强，其主体地位和权利需要得到进一步尊重和保护，使其在大学生思想政治教育中的积极性、主动性和创造性得以充分调动。因而，传统的以教育者为主体的单向灌输方法不仅会引起受教育者的极大反感，更严重地挫伤了受教育者的学习兴趣和积极性，致使教育者不得不关注受教育者的主体地位，从传统的单向灌输向双向交流转变，通过教育者与受教育者之间平等地讨论、交谈、对话等，加强双方的思想交流和信息沟通，加深双方的情感融合，增进双方的互信和理解，使教育者发挥引领作用，促使受教育者主动接受教育。同时，随着社会物质财富的快速发展和科技的发展，为教育者与教育对象之间互动提供了便利的物质条件和技术条件，使其双方的沟通和交流更加便捷和密切。如在网络思想政治教育中，教育者和受教育者之间通过电子邮件、QQ聊天以及微信等，不仅实现了双方的交流和沟通，而且极大地提高了双方沟通和互动的频率和效率，增强了思想政治教育的有效性。所以，从单向灌输向双向交流转变不仅是教育对象变化发展的需要，也是时代发展的要求。这就需要思想政治教育理论工作者和实际工作者，自觉地从单向灌输向双向交流转变，提高思想政治教育的实效。

3．由单向灌输向双向交流转变的要求

（1）充分发挥受教育者的主观能动性

在思想政治教育方法由单向灌输向双向交流转变的过程中，需要受教育者积极发挥自身的主观能动性。即努力发挥受教育者的积极性、主动性、创造性，增强双方互动交流，提升教育效果。

（2）转变观念，使受教育者的主体地位得到凸显

由单向灌输向双向交流转变，需要教育者积极转变观念。虽然单向灌输曾经在过去人们自主意识不强、理论水平不高、信息不灵通的情况下发挥了巨大的作用。但如今，因受教育者的自主意识、平等意识的增强，受教育者的主体地位越来越凸显出来，他们不再愿意被动地接受教育，而是主动地参与到教育活动中，积极寻求与教育者之间进行平等对话、交流沟通的渠道。这就需要教育者积极地转变观念，不再"包办""独揽"，而是要加强对话和引导，使受教育者的主体地位得以真正地凸显，进一步促进思想政治教育的方法由单向灌输向双向交流转变。

（3）不断创新教育方法

由于传统的思想政治教育方法比较注重教育者的主导性，这就要求在由单向灌输向双

向交流转变的过程中，不断创新思想政治教育方法。这种创新主要包括三种形态：一是继承创新。就是赋予原有思想政治教育方法新的时代内涵。如理论教育法就可以根据新的历史条件，采取生动活泼的教育形式，促进双向交流。二是实践创新。就是在实践中根据新的思想政治教育手段和条件的变化，创造新的大学生思想政治教育方法，促进双向交流。如网络思想政治教育方法。三是借鉴创新。大学生思想政治教育方法也需要借鉴其他学科理论或者借鉴古今中外的思想政治教育方法进行创新，促进其从单向灌输向双向交流转变。

（三）从传统手段向现代化信息技术转变

随着现代信息社会的发展，大学生思想政治教育的手段日益从传统手段转向现代化信息技术的运用。虽然传统大学生思想政治教育手段仍然发挥着重要的作用，但从传统手段转向现代化信息技术的运用，是时代发展不可逆转的潮流。

1. 从传统手段向现代化信息技术转变的含义

从传统手段向现代化信息技术转变，是指在大学生思想政治教育中，大学生思想政治教育手段由原来的面对面的教育到现代的电视、网络、多媒体技术的综合运用。过去，大学生思想政治教育主要是通过教育者与受教育者之间的口授面传。现在，随着现代信息技术的发展，电视、网络和多媒体技术的发展和运用，大学生思想政治教育的手段也由传统向现代信息技术转变，这是大学生思想政治教育方法发展的潮流和方向。

2. 从传统手段向现代信息技术转变的依据

（1）现代信息技术的运用是大学生思想政治教育实现教育方式转变的必然要求

现代信息技术发展的实质是对信息认识、信息处理和信息传播方式的变革，它带来的不仅仅是一种科学技术上的进步，而且是社会的全面信息化的进化，这种进化导致了生产方式、生活方式、认识方式上极为深刻的变革。这给大学生思想政治教育也带来了前所未有的教育方式、教育手段的现代化和信息化，极大地推动了大学生思想政治教育方法的创新。

（2）现代信息技术革命为大学生思想政治教育手段的转变提供了先进的技术条件

进入 21 世纪，信息技术革命以前所未有的速度向前发展，包括多媒体技术、信息高速公路、虚拟网络技术等为主要标志的新技术革命，将人们推进了一个全新的信息系统复杂而综合的世界图景，这为思想政治教育提供了先进的技术条件和现代化的手段，尤其是网络的快速发展，使思想政治教育的手段更新准备了先进的技术条件。

（3）从传统手段向现代信息技术转变，极大地提高了教育效果

传统的大学生思想政治教育手段因历史条件的限制，大多以语言和原始形态的手段如粉笔、黑板为媒介，其科技含量较低，效率不高，面对现代的教育对象和浩如烟海的信息社会，其效果越来越难如人意。而面对发达的现代信息技术条件下，多媒体技术、网络技术、诸多教学软件和专家系统被大量地运用到大学生思想政治教育的日常教育和理论教学中，对于提高受教育者的兴趣，开发多元智力，提高大学生思想政治教育效果，是传统手段所不及的。

3. 从传统手段向现代化信息技术转变的要求

（1）教育手段要综合化

从传统手段向现代化信息技术的转变，不仅要注意教育方式的现代化和反馈的快速化，更要注意教育手段的综合化。因为随着大学生思想政治教育手段和方式的变革，不仅大力推动了大学生思想政治教育方法的现代化发展，也促进了大学生思想政治教育方法的创新和多样化发展。这就要求教育者在选择大学生思想政治教育方法时，要考虑大学生思想政治教育方法的多重组合，尤其要考虑教育手段的综合运用和协调，使教育手段始终为大学生思想政治教育目的和内容服务。切忌"为了形式而形式"，贪图表面的热闹，简单地堆砌或套用现代化的教育手段，而是要紧紧围绕大学生思想政治教育的目的和任务，综合运用传统和现代化的手段。

（2）教育方式要现代化

传统大学生思想政治教育主要是通过理论教育、实践锻炼等方式提高受教育者的思想觉悟和道德水平，教育者和受教育者之间是一种面对面的交流，并需要一定的时间、空间和人力物力作保证；而现代信息技术的发展，为大学生思想政治教育提供的网络、电视传媒、手机短信传递等方式，通过网络视频、电子邮件、QQ、微信聊天等方式进行交流、沟通，使教育者和受教育者之间不再受时空的限制，开展丰富多样的思想政治教育活动，较之传统的思想政治教育方式效率更高、效果更好。为此，教育者需要努力掌握和运用现代信息技术，积极促进教育方式的现代化。

（3）教育反馈要快速化

传统的大学生思想政治教育手段主要是有赖于有形的纸质文件或书籍，通过口授言传的教育活动进行教育，其反馈需要教育者反复观察和搜集信息，才能获取反馈信息；而随着现代信息技术的发展，大学生思想政治教育采用了数字化的现代网络和电视传媒等集思想性、娱乐性、便捷性于一体的现代化手段，教育反馈也更加直接化和快速化了。

第三章 大学生思政教育教学实践

第一节 元认知策略在思政教育上的应用

一、元认知

（一）元认知概念

我们用最简单的方法定义元认知：元认知是反思思想（思想之思想）。作为一种独一无二的思维主要手段，元认知对学生的学习成果有积极影响。学生利用元认知获取知识和技能、加深对学习的理解，最终达到教学目标。当学生使用元认知时，他们开始意识到自己的思维过程，计划并开始监督自己的学习，评估自己进步和努力后的成果。这些行为促使自我意识和自我调节的增长。随后，在不断实践元认知的过程中学生逐渐培养自主学习和终身学习的能力。

当学生使用元认知时，学生思考的目的是对于获取知识的过程中产生的理解和认识理解元认知这种循环思维的最好方式，是把它当作一种包罗万象的构想，它包含了学生使用的众多习惯和行为。

此外，元认知可被用于获取任何学科的知识和技能。因为，学生发展自我意识和自我控制思维过程的本身是超越学习领域的一种思想，它并不局限于任何一个学术领域。

（二）元认知技能

元认知是一个自我监测和自我控制的思维过程。因此，它需要自我意识的提升和元认知思维技能的发展。我们将元认知技能视为特定活动，要求学生在整个学习任务中按顺序展示自己的思想。不仅如此，研究者们认同，学生应该在学习任务的初始阶段进行规划和目标设定，并在后续一系列学习活动中进行自我监控。当学生进行元认知活动时，他们开发出辨别他们知道什么和不知道什么的能力。这项很重要的技能被称为"知识监控"，学生的知识监控能力和学术能力之间存在正相关关系。监测学习能力较强的学员，展现了更高水平的学术成就。

（三）可教的技能

"学习的过程是学会思考的过程"，这一点应是当前思政教师应当把握的重中之重。元认知的这些技能和组成部分恰恰就是优秀普通高等院校学生在任何教育环境中所具有的常用思维习惯。教育工作者确认优秀的普通高等院校学生经常会有这些行为。同时，教育工作者也认识到，不是所有普通高等院校学生都能自然而然地使用元认知技能。元认知技能是可以被教授的。教育工作者设计了许多有效的教学策略和课堂活动促进学生的元认知学习。

二、元认知策略

（一）元认知策略概念

元认知策略是以元认知理论为主要依据应对问题的一种方法，是学习者凭借规划、跟踪与衡量的方式对自己认知的调整完善，涉及事前规划、注意的选择、监督和衡量自己等策略，是有效规划、监督和调节学习活动的参照物，其关键作用是提高学习效果。思政元认知策略指学生按元认知知识，用元认知策略干预思政课程构建的学习活动，在思政课程学习目标下，选择合理学习方法，设计学习环节和规划系统学习活动的心脑操作活动。其主反应在内部心理活动及自主学习与目标导向上。因此，思政元认知策略既是学生学习思政课程效果的衡量尺度，又是培养学生学习兴趣和能力的科学因素。

（二）元认知策略的内涵

元认知策略是学习策略其中之一，元认知概念的界定须以学习策略概念的澄清为基础，学习策略内涵与外延的界定也有助于元认知策略的理解、把握和实践运用。通过对国外心理学研究者和国内学者关于学习策略研究的理论成果的深入钻研和比较分析，学习策略是学习者以特定学习目标为出发点，在学习过程中根据不同的学习情境进行有效学习的方法、技巧、规则及其整个学习活动的心理调节和控制的过程。因而，学习策略是基于一定的学习目的和目标的达成与实现，既包括学习者外在使用的学习方法、规则，也包含学习者内在的自我调节和控制的动态生成过程。

元认知策略、认知策略和学习策略三者之间的关系在现代西方心理学研究中存在分歧和差异，以学界具有代表性的麦卡尔对三者关系的梳理和对学习策略的划分为依据，他们赞成学习策略包含认知策略、元认知策略和资源管理策略。

元认知理论的破与立对其他领域产生深刻影响，元认知策略作为一种学习策略，在课程与教学领域内引起广泛关注和深入研究，为课程与教学的改进与完善提供新视角，具有重大价值。

三、思政课元认知策略

结合思政课的根本性质和特点，将元认知策略从教育心理学领域融合至思政课程与教学领域，思政课元认知策略应定义为在思政课学习过程中，学习者具有的关于自己思维活动和学习活动的知识及其实施的控制。准确把握和理解思政课元认知策略须注意以下三点。

第一，思政课元认知策略既包含静态的知识体系，也包含动态的体验、调节、监控过程。学习者在学习思政这一学科时的元认知表现在对自己主动参与这一学习活动的个人主观因素、思政学科各模块内容知识体系以及其他客观影响因素的认识，更为显著而强烈地表现在学习者对自身在学习思政课程知识、培养相关能力、树立正确的"情感态度价值观"的动态体验和调控上。

第二，思政课元认知策略是以思政学科内容为对象，具有鲜明的思政学科特色。课程化的思政是以中国特色社会主义经济、政治、文化生活及其文明建设的支撑性学科知识为基本内容，以对学生公民思政和道德法律素质教育为根本目标，以马克思主义基本观点教育和学生现代社会生活认识与参与能力的培养为核心价值。这一独特的社会主义公民素质教育课程是思政课元认知策略内容的支撑和运用的支柱。

第三，思政课元认知是以生动的思政课堂为载体的，这就要求元认知策略的运用贯穿于学习者学习目标的设定、课前预习准备、课中具体实施、课后复习巩固以及评价反馈的各个阶段和环节，思政课元认知策略的运用具有过程性、阶段性和连续性。

四、元认知策略对思政课的作用

（一）教师方面

在思政教育中，以学生为主体，以教师为主导，元认知策略在思政课中的运用主体是学生，教师在教学过程中同样可以运用元认知策略。教师对整个课堂教学活动的元认知有助于教师对明确教学目标、科学分析教材、把握教学重点难点、规划教学流程、选择教学方法、及时评价与反思，并对教学这一过程进行自主认知、体验、调节和监控。此外，思政课元认知策略的运用有助于教师深入了解学生的思维活动和规律，依据学生进行元认知的客观情况和规律，为激发学生学习的自主性和积极性，在不同教学情境和内容中选择多样的教学方法，并且创新更为科学有效的教学模式和方法，比如自学辅导式教学、合作探讨式教学、体验教学、案例教学、情境陶冶教学、活动教学、整合教学、研究性学习模式等均为契合学生元认知思维规律的思政课新型教学模式和方法。

（二）学生方面

从认知角度看，通过对学生元认知的培养和训练，可以改进和提高学生的学习能力并促进其智力的发展。学习能力是较为宏观的概念，学生在思政课堂中运用元认知策略、提升元认知能力，首先巩固了学生的主体地位，这是学生锻炼学习能力的首要前提。其次，学生在学习思政课程时，对于社会主义经济、政治、文化、马克思主义基本观点和方法等不同的知识体系自主选择并合理运用不同的学习方法和策略，在此基础上加以自我评价和监控，坦然面对并正确引导树立正确的"情感态度价值观"的转变和升华，以此提升其学习能力、智力和潜能。

五、思政课程元认知策略的特点

元认知策略运用于思政课程，基于学科内容的特殊性和学生在学习思政课程时独特的认知规律和特点，与一般意义的元认知策略和其他课程元认知策略相比，其特点和不同之处表现在以下两方面。

（一）思想性

思政课元认知策略运用的特点突出表现为思想性，思政课元认知是为价值认知、价值判断服务，具有鲜明的德智共生性，这是由思政的课程特征决定的。新的历史条件和形势对思政课程的实施提出了更高的要求，须积极推进思政课程由外生型向内生型的转变和建构。新课改后，要求学生在思政课程中进行元认知的最为基本和核心的内容应是马克思主义基本观点和方法，并且与时俱进地充实和调整学习内容，将课程与学生的生活世界相结合，为学生在生活中端正思想态度、树立正确的信仰、做出科学的价值判断和选择服务。同时，对思政课程思想性的强调不能将思政课和德育课画等号，在思政课中的元认知不仅要关注思想道德的指引，还应侧重人文社会科学常识内容。

（二）培养性

思政课元认知策略的运用力图引导学生通过反思来进行价值澄清。这一特点从培养锻炼学生能力的角度出发，体现了思政课元认知的过程是为学生指引正确的价值取向，继而通过实践运用和反思、调整，达成价值学习和社会学习的统一，是一个价值引导——价值判断——价值选择——价值反思——价值澄清的过程。

六、元认知策略在思政教育中的应用策略

（一）教学情境符合元认知策略

情境教学方法的运用已然相当普遍和成熟，众多思政教师积极实践情境教学，创设具体形象的体验学习情境，营造生动活泼的课堂气氛，力图避免单一、僵化、死板的课堂，赋予课堂以生命和活力，但此类情境教学方法的运用在引发学生元认知方面效果不好，质量不高。这类教学情境之所以引发学生元认知效果低下，关键在于忽视和缺失元认知的本质和要素。因而，对原有教学情境和元认知环境加以改造和调整，将已有各类教学情境作为宝贵的课程资源，在元认知策略理论的指导下，科学开发利用，是改善思政课运用元认知策略的首要措施。

（二）思政课堂学习场的营造

"学习场"是指所有事件交织在一起的、具有内在统一性的整体，将学习场这一概念引入思政课堂教学中，则包含了参与教学的人：主体-学生、主导-教师；教学流程涉及的所有事件、信息、要素及其相互关系：教学目标、教学方法、教学情境、课程资源等。在学习场中，任何人与事件都不是孤立的，教师与学生互动配合，教学事件、要素之间相互联系，师生与教学事件、要素互相制约、动态生成。科学有效地营造思政学习场，有助于帮助学生在教师的指导和参与下，创造全新的元认知环境，吸纳客观环境中的有益因子，主动地建构与调整学习活动的系统与脉络，生成新知，不断发展。营造思政课堂学习场，有以下值得关注的特性。

第一，思政课堂中的学习场须以思想性为根本指导，这是区别于其他学科的根本点。思政课从单一的政治教育走向现代公民教育，其根本特性思想性和政治性是建构学习场、创造全新的元认知环境的根本指导和内在特性。思政课中的学习场必然是在思想性和政治性的指导下形成的，便于学生对马克思主义基本立场、观点和方法进行元认知，产生相应

道德、政治情感体验，形成良好的道德法律素质和树立正确的"情感态度价值观"。

第二，思政课堂中的学习场须以必修和选修各模块为内容，与社会主义市场经济生活、民主政治生活、先进文化生活相结合。新课程理念倡导课程向学生的日常实际生活回归，将科学世界与生活世界有机统一。简言之，若该学习场是纯粹的科学知识体系构成，以知识的灌输为唯一目的，只会导致创设出的元认知环境单一而残缺，将原有生动活泼的学习环境异化为传递知识的冰冷机器，是遏制学生思维活力的牢笼，给学生的"学习之舞"带上镣铐，歪曲了新课程理念的本意。

第三，思政课中的学习场的规模可大可小，可以是课程的宏观把握，也可以是微观的情境细节，这根据教师对于不同教学内容、学时长短而决定。但必须强调的是应注重不同学习场之间的内在逻辑性，较为宏观的学习场由若干微观的学习场组成，须保持二者间整体与部分的联系；同时，各微观学习场之间并不是孤立、零散的，注重微观学习场之间的内在顺序性、逻辑统一性是确保学生元认知环境系统性、完整性的诉求。

第四，思政课中的学习场应坚持学生的主体与教师的指导兼容并包。教师与学生任何一方都是不可或缺的要素，在营造学习场过程中，如果忽视、贬低学生的主体地位，则不利于培养学生元认知的自主意识和主观能动性，违背了元认知策略运用的主旨；如果缺乏教师的指导和辅助，则会导致整个过程缺乏方向导航和各方面的监控，过度强调"学生中心论"必然导致无效的元认知环境。

（三）学生自主思考的引导

学生在思政课学习的元认知过程中，为促成元认知活动的顺利跟进，学生明确自身的主体地位，把自己定位为运用元认知策略的主人，树立自主意识是关键第一步。学生在学习思政课程时，应主动地意识到主观自身的存在，清楚明确地知晓自己在思考认知，在情绪体验，并且能加以反思和监控，反问自己学习思维活动的目的、原因、计划、可能产生的后果，这种对于元认知的主体定位的清晰意识有助于学生积极自主地进行元认知活动，相对于消极被动的心理意识事半功倍。

在思政课运用元认知策略过程中，教师发挥着主导作用，学生由于心理发展规律和思维水平的制约，需要教师作为学生元认知的外在因素的指引和启发。教师在教学过程中应尊重学生的主体地位，有意识地培养和强化学生的自我意识，帮助学生制订计划，激励学生在学习活动中积极自主地运用元认知策略。

（四）学生自主能动性的培养和提高

元认知监控是学生在思政课学习过程中运用元认知策略的核心，思政教师在课堂上指引学生进入到学习主体的角色中，自主控制整个元认知过程是关键的第二步。在传统的政治课中，教师是绝对的权威，课堂是教师的"独角戏"和"一言堂"，较多地表现为照本宣科、道德灌输等现象，教师剥夺了学生自主控制的权利，对课堂的各方面全盘操控。在教师强势的外部控制下，学生并不能有效地自我控制学习，也难以有效地激发学生的思维活动。新课程改革后，"以人为本"等理念还原了学生的主体地位，一定程度上克服了传统课程的缺陷，但不可否认的是，由于教学评价机制、教师专业素养、学生心理认知规律普遍性与特殊性等主客观因素的制约，学生在课程学习中的自主性还未得到全面的保证和实现，因而培养和提高学生自主控制的元认知能力相当重要。

（五）学生元认知监控的提高

学生在运用元认知策略时，由于学习任务难易程度不同、客观环境的破坏缺失、自身个人因素等主客观原因的影响，元认知的过程往往遭到中断，是不完整的，可能停留在元认知知识阶段，也可能停留在元认知体验阶段，元认知过程的未完成导致这一策略运用效果低下。学生在元认知时加强自我监控则能确保元认知过程的完整性和高效性，是"个体自我发展和自我实现的根本保证"，学生的自我监控和调节贯穿于整个树立目标、确立方向、制订计划、具体行动和选择使用行动策略的过程。加强学生的元认知监控，完善学习思维过程全方位的调控，不仅能促进学生思政课学习思维、智力智能的进步，更能帮助他们形成积极的情感态度，树立正确的世界观、人生观、价值观，不断实现人格的提升，学会学习的同时学会做人。

（六）思政学科元认知特色的发掘

思政学科类属于人文社会科学学科，其学习有别于理工科类学习，思政课教学须受到该学科的学习规律和学生思想品德形成规律的双重制约，因而元认知策略在思政学科中的运用应以融汇学科特色为核心和根本。思政新课程秉持"立足公民三维素质奠基、谋求卓越发展"的基本理念，以学生思政知识、社会生活参与能力以及思想品德的形成作为出发点和归宿。就知识习得而言，思政学科以帮助学生学习马克思主义基本观点、经济常识、政治常识、哲学常识以及文化常识为目标。学生习得知识有一定的过程和环节，学生通过课堂了解和掌握思政学科的基本知识，形成一定的知识基础和储备，随后学生在课后长期继续学习、更新知识以及在实际生活中运用知识并接受实践的检验，学生便通过对新知识的学习（间接）和实践（直接）两种基本途径对已有知识进行反思、审度和更新，矫正原有知识的错误和偏差，弥补不足和疏漏，形成更为全面科学系统化的知识结构，如此形成关于知识的元认知循环和上升的过程。

第二节 云课堂在思政教育上的应用

一、云课堂教学的内涵

云课堂教学平台是信息化教学的重要形式。研发者以云计算技术和 IPv6 网络技术为研究基础开发出了云课堂教学平台。移动终端成为云课堂教学平台的载体，作用于教师教学与学生日常的学习生活中。云课堂教学具有强大的交互性，也就是说，学生对学习资源可以自由选择和任意阅览，教师通过这样交互性强和资源强大的平台，可以充分展示备课和优化教学设计的优点。并且，云计算技术和 IPv6 网络技术让云教学平台打破了以往传统课堂需要受到时间和地点限制的壁垒，云教学平台的功能和服务都更加多样灵活，建立了一个不受时间和地点限制的空间课堂。传统课堂与线上的云课堂联系起来，形成了线上线下相结合的创新教学模式。云教学平台的技术开发让翻转课堂也开始广泛普及起来，翻转课堂让学生充分利用课余时间在"云课堂教学平台"上对教师安排的教学内容进行学习。如此一来，教师在课上的教学时间可以充分帮助学生深度理解知识，在课下时间教师也可以根据学生的个性和需求来为学生进行针对性辅导教学。有了信息技术的支持，云课堂教学变得更加丰富多变，也变得更加符合用户的需求，增加了用户与平台之间的黏性，也增加了教师与学生之间的交流和互动，有效促进了信息时代下教育的发展。

二、云课堂教学的特征

信息时代教育改革的第一步就是要改变当今教育系统的结构，也就是说，云课堂教学要改变传统教学系统中的四个要素的地位。

(一) 教师角色多元化

教师是具有多元化角色的职业，教师被赋予了很多期望行为，从整体上来说，教师的多元角色包含了教师的实际角色和期待角色。随着信息技术的发展和教育的发展，信息时代下的云课堂教学逐步成为课堂教学不可分割的一部分，成为学生生活、学生个性化学习、教师备课、师生交流的一个必不可少的工具。云课堂教学个性化的学习方式得到了普遍好评，也让教师的角色定义发生了改变，主要表现在以下方面。

首先，人们开始注重加强教师学习指导者和促进者的角色身份。学生在利用云课堂教学平台的教学视频进行自学的过程中，可能会遇到很多的问题需要与教师沟通，这就要求教师要充分发挥学习指导者的角色，利用课下时间对学生进行耐心的指导，加快学生养成自主学习的习惯。云课堂教学具有很强的互动性，教师需要充分运用云课堂教学的这一特性开展合作与探究学习的实践活动，不断激发学生的学习热情，指引学生的学习与合作，促进学生进行个性化学习。

其次，更强调了教师作为线上学习心理辅导者的角色定位。云课堂教学不仅仅只对教师的线上学习角色进行约束，对学生进行心理建设也是教师需要做的工作之一。由此，教师通过云教学课堂多了另一种角色，就是线上学习心理辅导员。学生课程前的预习、课中的练习以及课后的个性化学习都需要教师引导。要想让学生融入这样的虚拟课堂中，就必须要从心理上让学生接受，心理建设变得尤为重要。比如，在云课堂教学中，有些学生对于线上互动的学习方式出现不适应的问题，或者一些学生过于依赖线上的学习方式和交流方式，开始出现社交恐惧心理。

最后，云课堂教学让教师也获得了另一种角色，那就是校外声音的倾听者。云课堂教学让教师不仅能够听到课外学生的反馈，也能听到一些来自校外学生的反馈或心声。所以，教师就获得了这样的新角色，就是校外声音的倾听者，在教师听到这些来自校外学生的反馈或问题时，教师需要及时对学生的心声进行回应，帮助学生有效解决问题是教师义不容辞的责任。这样的共享方式和交流方式，也为学术交流和教育发展提供了良好的土壤。

（二）学生个性化和终身化学习

随着社会的发展，教育者越来越认识到素质教育的重要性，也意识到了每个学生都有不同的认知方式，差异化教学才能让学生获得更好的发展，同时也能够增强他们的创新能力。所以一直以来，教育工作者都在为个性化学习而努力，云课堂教学的出现，则改变了以往教育工作者在这方面探寻上的艰难困境。云课堂教学真正从尊重学生个性化学习的角度出发，多元的服务模式和资源共享以及师生互动，都符合学生喜欢的个性化学习方式。比如，云课堂教学在知识呈现方式上灵活多变，充分适应了不同学生的信息加工习惯，丰富的视频资源增强了学生的学习动机，弹性化的学习步调更适合普通高等院校学生的学习。云课堂教学也有利于学生拓宽学习空间，帮助学生树立终身学习的观念。

（三）教学内容具有丰富性和开放性

云课堂教学通过信息技术让课堂教学变得有趣味性，也让学科知识呈现的方式更加能够满足不同学生的需求，增强了学习个性化的建设。同时，云课堂教学平台的开放性也更加有利于学生的个性化学习。无论本校学生还是其他学校的学生，都可以通过这样的教学平台进行自主学习，更加推进了学科教育的发展。

（四）教学媒体辅助学生线上学习

第一，教学媒体可以辅助学生进行主体性学习。在线下课堂，教师也可以运用云课堂教学平台对学生的学习进行辅助指导，增强学生的参与性。这样就实现了教师无论在线上还是在线下都可以对学生的学习进行辅导。并且在线上辅助学生时，更加有助于学生自我教育意识的激发，提高自己的约束能力，促进个性化学习。

第二，教学媒体为学生提供了多样化的学习体验。学生在云课堂教学中，可以体会到不同于传统课堂中的感受；相较于传统课堂，云课堂广泛获得了学生的喜爱。流畅的界面和美观的设计，都让学生享受到了极佳的用户体验。并且在云平台，只要一搜索，各个学科的各种资料和文献都可以查得到。方便快捷的资源查阅，让学生更加喜欢上自主学习，也更容易让学生在云平台中与其他人进行学习交流和提出自己的观点，更加促进了个性化学习的发展。

第三，在云课堂教学中，教师可以充分利用云平台教学的交互性特征，多多开展分组讨论和虚拟生活情境的实践学习，让学生感受到云平台的现实性，防止学生出现过分依赖线上平台课堂而忽视了线下课堂和实际生活的情况出现。同时，帮助学生正视云课堂教学的作用和意义，让学生正确运用这样的开放平台，避免学生出现一些心理问题，改进学生对云课堂教学的认识。

三、云课堂的作用

云课堂的出现打破了传统的教育方式，不受时空限制，上课方式更加多样化，课堂氛围更加轻松，让学生和教师都可以将书本内容和实际生活联系在一起深入互动，为思政的教育发展做出了很大的贡献。

（一）丰富了教学内容

在我国云课堂实行的现阶段中，云课堂的数字教材成了目前传统教学课堂中的宠儿。在教学课堂改革当中，如何依靠通过云课堂平台和传统课堂相结合，来形成适应学生"需求"且在教学目的和教学内容限度范围内的教学方式是教师一直探索的问题。首先对纸质教材和数字教材的性质和优势，教师就展开了充分的论证。最终得出的结论是，纸质教材是数字教材发展的基础，数字教材则可以在发挥纸质教材作用的基础上促进纸质教材的内容得到更多学生的认可，也可以供学生根据自己的喜好进行个性化学习。数字教材在一定程度上也使学生的书包减轻了。

（二）提高了课堂教学的实效性

在用云课堂进行教学当中，教师可以在课后或者在课中给每位学生发送习题，让学生来作答。每位学生的完成结果都会在教师的客户端有所显现，这样来实时地对学生进行考查，也方便了教师针对学生的难点进行解答。这种方式具备超高的实时性，规避了之前在课堂中学生都反馈很好，但在真正实践操作上却有很大出入的问题，非常有利于教师及时调整教学策略，提高课堂教学效果。

（三）提高师生课堂内外的互动

要想让学生提高云课堂学习的有效性，教师首先必须创新教学方式，让学生充分利用云课堂教学模式与教师进行沟通。教师在了解了学生的需求和心理后，结合教学内容来创新教学方法，让学生得到激励，开始主动努力进行云课堂的学习。在一定程度上来说，云课堂教学也为教师的教学创新提供了很多便利。翻转课堂教学模式就是很成功的一个创新教学模式，教师不妨多多尝试翻转课堂教学模式，并且在教学过程中不断总结经验，创新出更适合自己所教学生的翻转课堂教学模式。翻转课堂教学模式可以从课前、课中到课后实现师生之间的交互，极大地活跃了师生课堂内的互动和课下的交流。其次是云课堂辅导教师团队的建设和组建，云课堂的出现也增加了教师的工作量，所以教师要组建一个专业团队来协调工作，减少个人的工作压力，大家一起协同合作，共同完成好教学任务。团队既能够帮助学生高效、有效地解决问题，促进他们的云课堂学习能力提升，又能够让每位教师的压力都得到缓解，促进教师和学生的双重发展。

（四）激发了学生学习思政的兴趣

在传统课堂中，教师也都会了解到教学效果的好坏与学生的反馈是成正比的。如果在课堂上学生没有对教师的讲述有任何的反馈，那么这节课就是失败的。即使有一定的教学效果，但必定不是普遍对每个学生都产生了共鸣的。尤其当面对如今有着互联网思维的学生，他们更加崇尚自由，更加喜欢新鲜的事物，这样就不能再延续以往刻板的教学方式。云课堂可以充分调动起学生的热情，让学生对思政课开始感兴趣。兴趣是一切学习的开端。并且人本身对于图像的感官更加直接，这也就让云课堂更能吸引学生的注意力。丰富和形象生动的教育资源激发学生强烈的求知欲，从教学生学，到引导学生自主学习，一方面减轻了教师繁重的教学压力，另一方面也让学生更喜欢接受这样的授课方式，可以说是一举两得。

（五）提高了师生合作学习的能力

思政课堂也同其他教学专业课堂一样，始终都要以学生为主体。云课堂的出现也充分帮助教师抓住这一点。云课堂改变了传统的学习模式。传统的教学，教师讲、学生学，这样的教学模式，学生处于被动学习。云课堂则是先让学生来进行自主学习，再让教师加以辅导，大大增强了学生提出问题、分析问题和有效解决问题的能力。而学生先进行学习不代表教师不需要做任何的管理工作。教师需要引导学生提前了解学习内容，组织学生对新的课程进行讨论。云课堂在减轻了教师对复杂知识点教授的难度外，也对教师是否能够多与学生交流，多将精力放在学生身上提出了考验。

四、思政课堂教学引入云课堂的路径

（一）完善学生监督机制，关注学生学习心理

教师要想强化学生云课堂学习能力，首先就要建立起完善的学习评价制度，对学生自主的学习进行考核和监督，促进学生自主学习能力的形成。目前很多普通高等院校的云课堂平台之所以效果不尽如人意，都是因为缺乏评价和监督机制所导致的。学生的自制力不提高，云课堂的作用就不能充分发挥出来，当然也就没有学习效果可言。所以，教师要建立起一个严格而又人性化的监督管理机制。在保证学生进行学习的同时，也能够让学生感受到云课堂平台带来的欢乐，让学生开始真正喜欢加入云课堂平台的自主学习当中。在长期的自主学习当中，学生的自制力就会显著提高。在具体的建立方法上，可以采取为学生建立电子档案考核的方式，将学生的实时学习动态和数据都做详细统计，对学生进行考核，督促学生自律学习。

除建立完善的监督制度外，对学生进行心理教育也非常重要。可针对学生的心理问题进行在线辅导，帮助学生从心理上对云课堂平台产生认同，并且关注学生的心理健康，鼓励学生多向教师进行在线心理咨询，促进学生有良好的心理状态来投入学习中。

（二）提高和培养教师信息化能力

考虑到教师对云课堂的接受程度和接受能力不同，为了教师都能在短时间内掌握云课

堂教学，对整体教师队伍进行云课堂教学培训是最可行的办法。一方面，在培训当中，可以通过专业人员的讲解培养教师的网络技术知识；另一方面，现在对教师的培训都有专业的技术手册，所以教师在培训之后自己也可以通过手册来进行学习。教师在掌握了基本的云课堂操作方法后，可以根据自身的学科来对云课堂的使用进行整合处理，根据自身的学科特点和教学目标来进行教学设计。在教学设计上要做到：第一，选择适合云课堂呈现的教学内容。在云课堂的使用中，教师需要学会通过云课堂的平台来获取丰富的教学资源，再将这些丰富的资源进行整合，制作成PPT或者是视频来方便课堂教学使用。第二，灵活运用云课堂教学形式。在传统的教学课堂中穿插进云课堂的教学形式，促进学科教学目的的快速达成。第三，要通过云课堂对学生的学习进行客观性评价。做到这三点才能让教师在掌握了云平台课堂的教学技术后，运用云平台教学技术增强学生对云课堂的适应能力，帮助学生通过云课堂树立自主学习的观念，并且养成自主学习的习惯。

（三）及时反馈和评价

反馈评价无论是在思政课堂中还是在其他专业课程中，都是十分重要的一环。这是教师教学成果的关键体现，也是对教师工作成绩的一种肯定。而要想将教学工作做到更好就需要教师在反馈当中多注意观察学生的态度，并且在云课堂中收集到的反馈信息都要仔细查看，仔细钻研自己哪里需要改进，哪里做得比较好，做到心中有数。教师要不断改进自己的短处，发扬自己的优点，才能把教学工作做得更好，也能让教学效果更好。教师既要培养学生树立正确思政观念，又要在教学中不断探索、不断提升自己，为普通高等院校思政教育的发展贡献出自己的力量。

云课堂平台中有很多强大的功能，也许有时候会被教师所忽视，但其实这些功能都有很大的作用。比如云课堂的广播、资源推送、分组讨论、在线测试、反馈评价这五大功能相互作用，刚好有效解决了在传统思政教学当中师生之间缺乏交流、互动不够的问题。同时凭借线上的便利，教师可以随时随地对学生反馈的评价进行回复，也可以随时随地对学生的作业或者习题和作品进行评价，让学生和教师之间的距离缩小。教师直接的评价能够促进学生的发展，学生直接的反馈也能让教师明确教学改革的方向。教师更清楚学生心中的难点问题，在讲课时就更具有针对性。而因为教师讲的都是学生想要了解的难点，也就吸引了学生的注意力，二者之间得到了充分的互动，也充分促进了二者的双向发展，有效促进了思政教学课堂的实效性建设。

云课堂的加入，不仅仅是改变了思政教育的教学方法，也促进了思政教育的发展，为思政教育的发展指引了一条明确的方向。云课堂优化了教学主要手段，提高了学生的学习热情，也让教师可以及时接收到课堂反馈加以改进，为加强学生的思想建设提供了一个良好的平台。

（四）绘制思维导图

思维导图对所有教师来说并不陌生。思维导图可以很清楚地看出各个层级之间的逻辑关系，因此很多教师都热衷使用。而思政教育本身知识点繁杂，在每个章节讲完之后，教师都会为学生列出一个清晰的思维导图来帮助学生将知识点捋顺。在传统课堂中，很多学生虽然记下了思维导图，但事实上还是会在一些难点上存在不理解的情况。云课堂则帮助这些学生有效解决了这个难题。学生可以通过云课堂，在手机上查看到自主实践研究思维导图的详细讲解和说明，必要的时候还可以查看详细的语音讲解和视频讲解，这样能够更直观地帮助学生来理解这些问题，也在很大程度上提升了学生对知识结构的构建能力。

与此同时，对于一些探究性较强的教学内容，教师在预习阶段便将学生分成六个小组，由每组成员共同探究，合力在新课前利用手机完成思维导图的构建，并在课堂上将每组的成果通过云课堂技术平台直观地在同一平面上展示出来，让学生自己比较并评判优劣，最后由教师来总结。这样，不仅能够调动学生学习的积极性。而且，通过这种方式的训练，也能够提高学生把握课堂的重点知识和框架脉络的能力。

（五）整合教学资源

云课堂促进了课程改革的加速，也让思政教育的资源不足情况得到了充分的缓解。云课堂海量的授课资源和学习资源让师生都得到了极大便利，也让全国的思政教学资源得到了平衡。同时在思政云课堂上的每个人都是资料的拥有者和贡献者，这样更能让学生感受到自身的价值。而通过云课堂激活学生的思维，调动学生的积极性，让思政课堂动起来就是教师需要做的工作。能否做到让课堂动起来，主要就看教师能不能将这些丰富的资源有效整合起来，将云课堂的作用发挥到最大。良好的整合能让学生学习产生良好的效果，培养学生终身学习的观念，也能让教师更好地达成教学目标。

第三节　慕课在思政教育上的应用

一、"慕课"与传统思政课的比较

新时代思政教育工作要想真正打动学生，将思政课真正上到学生心里去，提高思政课的亲和力、时代感、实效性和学生的获得感，而不仅仅是一种简单的纯理论和说教，就要将思政课与新的教学手段、教学媒介相结合，借助融媒体和移动互联网等学生熟悉的新技术、新方法开展思政课，做到在慕课教学形式下，在不改变思政课育人功能的前提下，从"配方""工艺""包装"上以学生喜爱的方式改进思政课。

（一）区别

1. 时空不同

传统思政课要求到教室来完成一节课的学习，学生和老师采取每周见面的方式进行思政课教学。"思政慕课"采取碎片化的学习方式，有一台电脑或者一部手机就可以完成课程学习，没有传统上课的那种"仪式感"，但是学生可以以自己比较舒服的方式进行学习，地点可以在宿舍里、家里、公交地铁上或者咖啡厅里。

2. 载体不同

传统思政课除了教师某时某刻在某个教室现场讲授，并无什么载体将其固定下来事后重听或者复习。因此，传统思政课如果遇到学生请假缺勤或者期末对一学期中的某一点、某个问题不明白想重新听一遍老师的讲解，则只能找教这门课的老师重复讲解，或者课堂上用录音笔把老师讲课的内容录下来，但这种方式毕竟不甚方便，因此不可持续。

现实中经常出现的情况是，一个问题想再听一遍当时老师怎么讲的，只要学生不好意思问，一般就听不到。"思政慕课"利用技术将每一节思政课固定下来，通过网络可以回放收看、收听，这就极大地方便了学生请假想补课或者课后复习。老师也可以通过回放自己的授课完善自己讲课的不足，不断提升思政课教学水平。

3. 教学主体不同

传统的思政课有着明确的大纲和教案，其假定前提是学生处于一个蒙昧或对相应知识的无知状态，教师以其理论储备向学生灌输、传授、传播理论知识。在教学中，教师以传授为使命，顺带解决学生一些问题。如果学生并不提问，教师也就不知道学生对理论掌握得如何。"慕课"由于技术的引入，教师在线边讲或者边讨论的同时，学生的问题或者疑点就反馈于教师，教师边看各种反馈边安排整个教学过程，有的问题学生特别感兴趣，或者结合当下特别紧密，学生希望多听，教师就可以安排后面的教学进度多讲，有的问题学生可能手里有更好的佐证资料也可以在"慕课"系统上共享，真正做到以学生为主体，改变了思政课教学的"供给侧"，提供学生需要的内容。这种主体的转换也改善了思政教学师生的人际互动。

4. 教学核心不同

传统思政课堂基于思政课的公共课特性和课程本身的政治理论的严肃性，在教学环节中通常是以教师为核心，教师主导教学的过程，以教师讲授为主，即使不乏一些讨论或者小组活动环节，最终落脚点还是理论的阐述。不仅如此，由于课程本身的严肃性，学生上思政课也往往表现得很严肃，也许是因为大班教学人比较多或者对于理论的敬畏，学生参与课堂讨论远不及专业课那么积极。"慕课"依靠技术手段隐去了面对面的"尴尬"，采取边看慕课边在旁边讨论区留言讨论或者弹幕参与讨论的方式，可以使学生在上课的过程中有任何想法都可以畅所欲言，在一定程度上实现了以学生为中心。

5. 培养目标不同

传统的思政课认为，课堂除了传播理论知识、帮助学生树立理想信念和正确的"三观"等，还要提升学生的人格魅力，这种提升是和老师的身教、感化不可分割的。"思政慕课"在理论传授、立德树人等"言传"方面的教育上是丝毫不落后的，但是缺乏一种"身教"的平台。"身教"是需要面对面接触形成的，并不是隔空的电脑、手机或者技术手段能进行的。

6. 评教体系不同

传统思政课的教师评价体系（在一些普通高等院校将其简称为"评教"体系）是单独适用一套标准，既不同于专业课，也不同于外语、体育等其他公共课。其指标既包含教学态度、内容、方法、效果等通行的普通高等院校课程评教标准，又包括课堂教学与社会的热点问题有机结合，注重对学生心理、情感、思想的启迪和引导，有助于学生形成正确的世界观、道德观、价值观等这些独有的标准。"思政慕课"必然要采取与之不同的评教标准，除了评价指标中的一位或多位老师的教学态度、教学内容、教学效果或者教学印象，还要评价"慕课"的制作效果、互动及交互效果、界面是否友好等。

（二）"慕课"与传统网络公开课的比较

"慕课"是不同于传统网络公开课的，虽然这两者有一些相似之处。"慕课"是一个完整的教学过程，是一种与融媒体和"互联网+"融合的教学方式，但是传统课堂的环节慕课丝毫不会缺少。在线进行课程教学的同时，正常教学环节中的课堂讨论、课堂交流互动、课堂问答、课后作业以及测验一个都不会少。"慕课"建立起一套系统完备的学习过程管理、质量监控、成绩评价体系，作业通常采取主观题教师在线评、客观题机评的模式。慕课成绩由上课签到、课堂测试、在线互动、课后作业和期中期末机考测试等组成。

而网络公开课仅仅是录下来上课的一部分实况，以便更多的人在其他时间观看"录像"，其他人再看到的就是"录播"而非"直播"，往往也不具备课堂交流等交互环节和课后作业环节。

二、"慕课"的作用

如前所述，既然"慕课"和传统教学方式不尽相同、各有千秋，近些年中国"慕课"的迅猛发展甚至"慕课"总量居世界第一必然有其客观需求和原因。"思政慕课"在解决师生比、大班授课等长期困扰普通高等院校思政课教学的老大难问题方面的确发挥了独到的作用。

（一）弥补了传统思政课的不足

纵观全国大部分普通高等院校，传统的思政课教学采取的是大班教学授课的形式，四到六个教学班合并在一起，一两百甚至更多学生一起上一节思政课。这种教学通常在大的阶梯教室中进行，一名思政课教师在讲台上卖力讲课，上百学生坐在教室里面听讲，教师要借助扬声器才能将声音传播到每个学生耳朵里面。而往往坐在后排或者边上的学生要看到大屏幕上的课件或者教师的板书则比较费劲，如果大教室侧面没有屏幕，单靠看教室前方黑板旁边的大屏幕往往看不清楚。这种靠扩音才能听清老师讲课，难以看清黑板和大屏幕的上课方式从手段上就造成了师生之间的疏离，给学生以思政课"飞在天上"的感觉。

"慕课"则可以很好地解决这一教学形式的问题。还是以一个年级一两千学生为例，一门思政课通常配有至少四名思政课教师。一个不争的事实是，一个老师同时管理几十个学生的教学效果远比同时管理一两百甚至更多学生的效果好。如果采取小班面授与"慕课"相结合的方式，一部分学生接受思政课教师面对面在小教室里面授教学，由于师生配比更科学，一个老师面对几十个学生，既可以关注到每个学生的课堂反应，也可以正常进行交流、提问等环节，而且开展一些思政课教学环节中的角色扮演、问题研讨、翻转课堂等活动，也可以得心应手地进行。与此同时，另一部分学生在机房或者宿舍电脑前甚至是手机前采取"慕课"远程同步在线直播的形式，每个学生面对屏幕中的老师，可以清楚地看到老师讲课的动作和表情，同时，可以采取创新的师生互动交流的方式，比如学生提问可以采取"弹幕"等视频网站流行的年轻人喜闻乐见的方式，教师或者同时听课的学生可以对"弹幕"提问进行实时解答。在在线"慕课"过程中为了增添其趣味性还可以设置一些小的"关卡"，比如中途弹出一些小题目，或者点击一些课程过程中的积分框增加积分，或者每一节课结束的积分抽奖，等等，并且为了调动学生的积极性，还可以设置一些参与度排名榜之类的各种排行榜。总之。传统思政课课堂教学的这些不足都可以借助融媒体+"慕课"的形式加以改善。"慕课"可以轻而易举地完成讲解、互动、交流、反馈、答疑等环节。

（二）实现了思政课过程考核

课程考核是一门课重要的一个环节，也是一门课教与学状况的一个反馈。课程考核可以加强学生对一门课的重视程度，备考的过程也是对一个学科的知识进行集中梳理的过程。当前思政课改革提倡更加注重过程，从教材体系向教学体系转化。"慕课"可以做到将学生学习这门课的每个环节"留痕"，比如登录出勤都会有所记载，记录学生在某时某刻在线学习这门课，并在其中进行了哪些互动环节，一个学期提交了几次作业和测验。这样考核平时成绩比课堂点名抽查更为科学，点名只是点到学生出勤与否，而"慕课"的过程痕迹化管理不仅使教师了解学生有没有在线出勤，而且了解到整个学习环节。课后作业和测试在"慕课"系统提交既便捷又便于系统自动批阅成绩记入平时成绩，真正实现客观公正的过程考核。而且批阅后的作业可以很迅速的反馈给学生，不像传统思政课期末交了作业师生基本就不再见面，由于一个教师一学期教几百人，作业也很难返回到学生手中的局面。毕竟思政课理论传授和育人才是最终目的，在这个过程中作业的订正其实是至关重要的。

这种过程考核的方式会使学生更加注重学习思政课的整个过程而不仅仅是期末考试这个最终结果，注重过程才会沉浸其中，沉浸其中才有可能真心喜爱、终身受益乃至毕生难忘。

三、"慕课"的新要求

（一）教师方面

从传统课堂到"慕课"教学，从线下几百人的大教室里到互联网或者移动互联网线上，这种时空的转换对于在传统课堂授课若干年的思政课教师来说，必须进行技术的跟进和角色的调整，这就对传统思政课教师提出了新的要求。

首先，思政课教师在备好本职课程的同时，还要掌握好融媒体"慕课"的必须技术。教师不仅要能讲好思政课，还要掌握在线回复学生问题、回应学生讨论、随时发布测验、发布课件以及有关视频、在线布置小组作业并进行跟进指导等手段，这不仅要求教师在镜头前能自如讲课、熟练使用"慕课"软件，还要求教师熟悉一些配套辅助软件的使用，如抖音、视频、剪辑软件等。这种媒介素养的新要求，对于一些 80 后、90 后中青年教师来说，并不太难，但是对于一些不善于使用融媒体的年长教师来说，的确是一个不小的挑战。

其次，思政课教师要处理好"线上"与"线下"教学的关系。虽然"慕课"教学大大弥补了传统思政课课堂教学的不足，但是我们必须始终牢记思政课的育人属性。切忌沉迷于技术的五花八门而忽视内容本身、忽视了思政课本身的育人属性。再新的技术手段，再多的好看、有趣的视频也不能替代理论本身的讲准、讲透。良好的课堂讲授能力，得体的教风、教态，扎实的理论讲授基本功无论何时都是思政课教师立足的根本，在此基础上，实现传统课堂与"慕课"，线下教学与线上教学的互补。

（二）学生方面

普通高等院校四门思政理论课都是在大一、大二，也就是低年级大学生中开展。很多学生本身对学习思政课并没有多大的兴趣，只是迫于考试和学分的要求，不得不学习以求考试通过，他们习惯于政治教师那种盯着学、看着背、反复督促的学习模式。一些学生在教师的不断监管下，高考或者会考政治课也能取得一个较好的成绩。如果在普通高等院校思政课中实施"慕课"教学，就需要学生有较强的自主学习能力，至少具备能够按时登录并观看完课程的自觉性，并且完成课后作业、讨论等环节。这对于国内相当一部分普通高等院校大学生来说，并不是一件容易的事情。他们一开始出于好奇应该可以按时完成课程，但是坚持一学期自主观看、自主完成作业就需要一定的定力或者辅助手段。

（三）课程方面

如果学生本身对思政课并不感兴趣而是迫于老师的督促和签到的压力去课堂，那采取"慕课"的方式就会给学生逃课以可乘之机，他们可以"灵活"到打开"慕课"界面，然后做其他的事情。所以，实施"慕课"教学的前提是要提高思政课的吸引力和学生的获得感，使学生至少是大多数学生认同并愿意上思政课，这样才能保证他们在教室外、屏幕前能够主动的听课并完成学习。这就需要思政课本身的"配方"要更先进，"包装"要更独特，"工艺"要更精湛。更加贴合学生的实际，更有时代感，使学生自主自愿地坐在电脑前参与思政"慕课"的学习，这就对思政课的吸引力提出了更高的要求。

四、"思政慕课"需要解决的困境

（一）应对"马太效应"的办法

以往的思政课，学生在哪所普通高等院校，就上哪所普通高等院校的思政公共必修课，无从选择也不会刻意去对比，就是按部就班一学期上一门思政课，每周固定时间去固定教室见固定的老师，完成课业。引入"思政慕课"后，学生在有网络的电脑上或者移动互联网上观看"慕课"，以及完成一系列和课程有关的作业或者互动行为。近几年融媒体的发展突飞猛进，网络上各种资源数以万计，大数据以我们想象不到的方式又自然而然的作用于每一个"触网"的人。至今，普通高等院校四门思政课都有了知名普通高等院校制作的知名"思政慕课"在线，仅清华大学学堂就有整个四门课的全部内容。那么在学生观看本校"思政慕课"的同时，大数据会在电脑上推送一些全国马克思主义理论或者哲学社会科学顶尖的普通高等院校的相关"慕课"。"慕课"环境下学生可以打破学校学籍的界限，实行全网环境自由对比选择，毕竟我们不可能也不应该阻止学生选择对他们有帮助的课程。这就会形成"马太效应"，名校的"思政慕课"会越来越受欢迎，而普通高等院校的思政教师将原本的课堂教学延伸至线上制作或者直播的慕课就可能不被学生所青睐。

（二）在新教材中体现"思政慕课"的办法

"思政慕课"虽然形式标新，操作起来学生喜欢，符合年轻人的阅读、观看习惯，在极大程度上体现了时代性的特征，但究其本质仍然是思政课而非某个娱乐节目。因此，形式可以大胆创新，但是思政课的育人功能不能改变。必须结合思政课课程改革和教材改革的趋势，做好新教材进"思政慕课"课堂，继而进学生头脑的工作，而不能让学生热热闹闹看了慕课之后，头脑中并没有受到习近平新时代中国特色社会主义思想的武装和洗礼，如何做到新颖有趣、有技术含量，而又使政治教育效果满满，是"思政慕课"需要解决的问题。

（三）解决"言传"与"身教"相结合的办法

"思政慕课"虽然弥补了传统思政课师生比、情感疏离、缺乏过程考评等方面的不足，具有一定的优势，但是存在一个明显的短板，就是由于师生通常是不见面的，尚未解决思政课教师思想教育与言行育人的"身教"问题。"思政慕课"纵然千好万好，但是学生见不到老师，无法接受老师本身"行为示范"的感化，这不得不说是一个缺陷。我们通常评判一个优秀的思政课老师，其不仅仅是将理论讲准讲透，还要以身作则传播正确的"三观"，还要对学生个体予以关注，注重对学生心理、情感、思想的启迪和引导。随着时间的推移，有些可能会被学生遗忘，但是一名好老师的人格启迪是可以铭刻在大学生人格养成过程中。比如，天津师范大学退休的思政课教师王辅成，退休后不遗余力为学生宣讲马克思主义科学理论 1320 余场，听过他宣讲的年轻人说，他讲"三观"，能把人讲哭了，他有一批粉丝，他讲到哪里，他们跟到哪里。这种"讲哭"和跟随，不仅仅是内容撞击学生心灵，也包括教师的人格感染。这种人格育人的"身教"作用，隔着电脑屏或者手机屏幕，"思政慕课"是难以达到的。

五、"思政慕课"的发展路径

（一）充分发挥公共图书馆的作用

"慕课"是互联网+思政课的一种有益探索。什么是"互联网+"？简而言之，就是将互联网和其他传统行业或者传统事物进行有机结合。"思政慕课"就是融媒体互联网时代和主阵地、主旋律的思政课的有机结合。这里面的"+"是加速发展、破旧创新的意思。在融媒体时代，人人有终端，处处可上网，时时有连接，物物可传播。图书馆在融媒体时代起到信息源的作用，应当对接当前"思政慕课"，将图书馆中关乎人类智慧结晶的馆藏资源用于"思政慕课"中。比如：将传统文化诸子百家的馆藏资料用于"思政慕课"中的中华民族传统美德的部分；将抗日战争、解放战争的馆藏资料用于"思政慕课"中弘扬中国革命道德部分；或者将"思政慕课"在线资料、在线课程或者在线课堂中加入相关联的图书馆或者电子图书馆资料链接其中，普通高等院校图书馆在"思政慕课"中发挥的作用是精英教育的模式，主要针对的是普通高等院校大学生的思政课教育；而社会公共图书馆则在"思政慕课"中发挥大众教育的模式，主要针对社会公众或者全民思政教育。

随着科技的发展，数字阅读成为广大公众特别是年轻人最为常用的阅读方式，碎片化的阅读已经成为很多人的阅读习惯。图书馆提供的"慕课"检索平台也必须符合大众这种阅读和检索习惯，毕竟"易检索到"才是坐下来参与"思政慕课"的前提。

（二）创建独具特色的"思政慕课"

基于"慕课"的便捷性和其在促进教育公平中发挥的作用，"慕课"将在未来相当长的时间内继续"热"下去。然而，正如多媒体幻灯片以及 PPT 课件代替传统板书一样，技术手段的运用将弥补传统教学的不足，但是不会完全替代传统的教师讲授。"思政慕课"

也是一样，它可以作为适应新时代，上"活"思政课的一个手段，但不会完全替代思政教师对学生的面对面指导。我们如何做可以避免跟风，切实发挥"思政慕课"的作用，做出"思政慕课"独有的特色呢？

首先，融合而非替代传统的思政课堂教学。"思政慕课"是大学思政课教学手段的一种融时代有益尝试，但并不能等于思政课全部。普通高等院校思政课除了具有理论传播的"教书"属性，还具有承载着思想教育的"育人"属性。这是思政课与其他专业课或者外语、高数类公共课的最大区别。思想教育功能如果离开了面对面交流，效果是会大打折扣的。技术的优势是有目共睹的，但是传统课堂也并非一无是处，否则也不会在我们高等教育发展历程中经久不衰。因此，辩证地将思政传统教学与"思政慕课"融合起来，两种方式实现优势互补，针对每所院校自身的情况，承担起大学生思想教育的使命。

其次，可以用"翻转课堂"的理论改善"思政慕课"，形成"思政慕课+翻转课堂"的模式。传统课堂遵循"先教后学"，先认识后实践的逻辑顺序进行的。翻转课堂遵循"先学后教"的模式，由学生课下自主完成学习并提出问题，课上和老师一起交流、研讨事先发掘的问题，并探寻解决方案。"思政慕课"可以学习翻转课堂的理论，比如一所普通高等院校一个年级的学生采取"思政慕课"的方式完成一门思政课的学习，可以在学生每周在线观看"思政慕课"并且完成在线相关环节的基础上，在期中和期末或者每个月，选取固定的时间，由本门课本校的思政课教师集中采取面对面上课的方式解决这段时间学生在"思政慕课"学习中的问题。其过程不仅仅是答疑解惑，还有理论和相关问题的研讨，这种形式类似于"翻转课堂"。这样，既发挥了"思政慕课"本身的技术优势，解决了师生配比不足的问题，又弥补了师生缺乏面对面"言传身教"的弊端。

第四章 大学思想政治教育的创新

第一节 大学思想政治教育机制的创新

一、高校思想政治教育机制的基本内涵及特征

高校思想政治教育机制创新的基础是对思想政治教育机制概念的科学界定，它为本书的论述提供最基本的理论支点和范围，且清晰地指出论述过程中所包含的主要内容。因此，我们必须首先辨析相关概念，明确高校思想政治教育机制的定义、要素和特征。

（一）高校思想政治教育机制的内涵

1. 高校思想政治教育机制的基本内涵

"机制"最早来自希腊文。原意是指机器的构造和工作的原理，是指机器工作运转过程中的各个零部件之间的相互联系、相互制约及其运转的方式。现在"机制"一词已被广泛使用在自然科学和人文社会科学研究的学术领域。"机制"在一般意义上，是指复杂系统整合之间的相互制约的各个组成部分的结构，连接方式的相互作用，并通过他们之间的总体目标而有序的完成，实现其基本功能的基本方式。可以说"机制"是社会系统运行的各构成要素之间相互联系、相互作用的手段、方式及原理。而本书中的机制，是指在我国现行教育体制下，思想政治教育体系内，相互作用，相互制约的各种要素连接方式体系、管理制度和工作方式等。关于对思想政治教育机制科学界定，许多学者们从不同的角度对教育机制进行了阐述。管理方式说，是根据某一目标的指导，以一定的驱动力，在某些机构的联合协调下，实现思想政治教育工作程序和工作方法的整体优化。制度论，其系统需要一个可行、稳定、规范、可遵循的规则和条例来解决思想政治工作中谁做什么，怎么做，做得怎么样。固有结构理论说，是指思想政治教育机制各组成元素的总和，是有关职能耦合，是有规律的运行的动态过程的某种方式。以上学说，至今尚未形成一个完全普遍

接受的定义。

梳理各种不同的观点，辨明其共性与个性，以便科学地把握思想政治教育机制的内涵。思想政治教育机制是思想政治教育在形成和实施的过程中，由于某种需要而形成的联系和运作方式。在思想政治教育过程中，如果要实现思想政治教育的整体功能和模式，首先应该知晓其运作的基本原则和运行之间的状态，还有思想政治教育系统的各个部分和其他系统之间的交互操作和其他互动程序的原则。可以用以下三个方面概括思想政治教育机制的含义：一是思想政治教育是构成其所有相关因素的总和；二是耦合功能，功能的发挥不仅取决于各要素之间的相互作用衔接，协调运转，而且还取决于各种因素的改善；三是按一定的方式运行一个动态过程的规律。

2. 高校思想政治教育机制构成要素

通过对思想政治教育机制含义的深刻认识，可知高校思想政治教育机制构成要素主要包括：实体性要素与衍生性要素。

第一，实体性要素。主要包括教育主体、接受主体和社会环境。教育主体主要是指担负高校思想政治教育任务的组织和个人；接受主体主要指在校大学生；而社会环境，又分为宏观环境和微观环境。宏观环境是指社会现状，社会政治和经济，社会心理和社会媒体，社会风俗和社会道德等。微观环境主要是指对接受主体直接产生影响的环境，如校园文化等环境。教育主体、接受主体和社会环境是必不可少的，这三个方面又是相对独立，相互影响，相互制约的。思想政治教育功能和效果也是通过这三个基本要素的相互作用下得以实现的。然而，在思想政治教育的职能和效果的实现过程中这三个要素的作用又各不相同。思想政治教育的本质和发展趋势主要是由思想政治教育主体决定的，思想政治教育双主体影响着高校思想政治教育的全过程，思想政治教育的主体决定了思想政治教育的指导思想、内容和方法，并且保证了思想政治教育的先进性和可操作性。但接受主体有时也是被动的，受教育主体和环境的制约，而环境也是人类的社会环境直接受人类的影响，所以思想政治教育过程中最重要的还是人的因素，二者直接影响教育者对高校的思想政治教育决策和管理，是动态反应中的功能和效率形式的思想政治教育。

第二，衍生性要素，主要是指思想政治教育的指导方针和原则、内容和方法以及领导干部的管理工作。例如，思想政治教育运行的力量，是促进思想政治教育自身健康发展的推动力；高校思想政治教育，能实现机制整体运行的目的，取决于不可缺少的基础保证，运行控制的好坏，高校思想政治教育的方式是以服务为经营宗旨的教育，是高校思想政治教育目的完成的有效途径，是最佳的营运模式；思想政治教育方案的运作是提高思想政治教育质量成效的一个重要保证；为了实现高校思想政治教育的效果，设有专门的工作机构及工作人员、有效的规章制度、资金和设备等。

以上要素构成了思想政治教育机制的有机整体，在思想政治教育机制运行中这些所有的元素都是必不可少的，它们相互作用，相互影响。各种元素的地位，以及各要素之间的关系，决定了思想政治教育机制的整体效果。

（二）高校思想政治教育机制的基本特征

特征是事物所具有的特殊或特出之处，要对高校思想政治教育机制进行和创新研究，必须从机制本身的特点开始着手。高校思想政治教育机制基本特征有以下几点：

1. 时代性

思想政治教育系统本身能够主动的不断的进行自我约束，自我调整，自我完善。因此，创新思想政治教育机制是客观情况变化的需要，是人们深化思想认识过程变化的需要，必须经历一个曲折发展过程，这样才能适应新时代需要，为了创新思想政治教育机制，首先，我们必须掌握包含科技含量的思想政治教育的方法；其次，借鉴管理学领域的现代管理理论和科学的经营管理方法，并且大力引进先进的科学技术和教学设备，以适应社会主义市场经济体制的发展，充分发挥教育主体的主观能动性和创造性。

2. 目标性

作为高校思想政治教育机制的目标，不仅确定了高校思想政治教育的发展方向，还充分确定了高校思想政治教育机制操作模式，实现思想政治教育的机制最优化。我们的目标是不仅要确定思想政治教育工作方向，而且为思想政治教育提供了预期的效果。因此，要建立思想政治教育机制，必须进行根本目标的一致性思想政治教育，有了明确的目标，确立的思想政治教育机制才能达到预期的效果，才是行之有效的。

3. 整合性

高校思想政治教育机制是一个非常复杂的系统，无论其在系统内或外部环节的工作，都必须是协调一致的，这样的思想政治教育过程才是一个良好的运行状态，才能实现预期目标。高校思想政治教育机制的整合功能，能够协调的各个部分是相互关联，相辅相成，形成一个巨大的凝聚力，实现整体功能大于部分之和的功能的综合效应。同时，整合性也体现在构成思想政治教育各元素之间的相互制约作用和所扮演的角色之间的平衡作用。在创新机制的过程中，我们一定要运用各种方式，手段和相互制约的各种因素，综合运用各种方法，形成整体力量，以取得更好的教育效果。

4. 全员性

思想政治教育包括了多个子系统，如思想政治教育教师的教育，高校领导干部对教师的思想政治教育工作，政工队伍对学生的教育等。因此，高校思想政治教育机制是一个全员性的，多维式的庞大的系统。关于建立机制的过程中必须把教师、领导干部、辅导员、辅助人员等众多因素全部纳入进来，形成一个全员参与的整体。然而，在思想政治教育过程中，我们必须协调好双主体之间的关系，真正做到个人和家庭之间的互动、个人与学校之间的互动、个人与社会之间的互动，从而实现提高学生成绩，管理好学生，为学生提供优质服务的目标。

5. 渗透性

高校思想政治教育机制的渗透性主要体现在它的各个方面和运行过程可以使思想政治教育内容渗透给接受主体，起到春风化雨润无声的教育作用。马克思曾指出：就个别人来说，他的行动的一切活力，都一定要通过他的头脑，一定要转变为他的愿望和动机，才能使他行动起来。因此，学生的内在需要和现实状况是思想政治教育机制现实基础，可以防止过分夸大个人意识的作用的现实，使思想政治教育的过程和环节的渗透机制的内容，避免简单生硬、虚伪的现象出现。

6. 实践性

思想政治教育机制的实践性，主要反映了思想政治教育机制的目标、要求和措施，应以现实和可行的有针对性的切实可行的操作性。随着高校大学生的实际情况变化而变化，把注意力集中到学生关注的热点和难点上，力争把学生的思想问题与解决学生的实际问题相结合，既讲道理又办实事，这样可以做到以理服人、以情感人，从而提高高校思想政治教育的实际效果。

二、高校思想政治教育机制创新的必要性和可行性

(一) 思想政治教育机制创新的必要性

1. 高校思想政治教育机制创新对高校教育主体的意义

目前，随着高校思想政治教育工作者队伍与管理格局的不断优化，思想政治教育的育人目标能否实现、思想政治教育育人的功能能否得到发挥，关键是要建立一个行之有效的思想政治教育机制。通过思想政治教育机制创新，积极推动思想政治教育者与学生的管理者相结合，把思想政治工作的韧性导向与学校的规章制度结合起来，思想政治教育没有很好地处理好教育与管理的关系，导致思想政治教育与管理的脱节，从而削弱了思想政治教育工作的有效性。

第一，有利于高校思想政治教育队伍建设。如上文所述高校思想政治教育队伍存在着问题。理论课教师素质参差不齐，缺乏优秀中青年学术带头人，都是不争的事实。思想政治教育机制创新，有利于把广大思想政治教育工作者的积极性充分调动起来，让他们真正地感觉到自己工作的重要性。有利于高校的各专业任课教师、行政管理人员及后勤服务工作人员提高责任意识，做到爱岗敬业，为人师表，以良好的思想政治素质和道德风范熏陶和教育学生，在大学校园里真正形成教书育人、管理育人、服务育人的良好氛围。

第二，有利于提高高校思想政治教育效率。要不断创新高校思想政治教育机制，就必须加强高校思想政治教育者与学生会和学生社团的联系，搞好学生调研与预测，对学生的信息反馈情况及时进行分析，从而把握学生的思想动向，及时发现在校学生思想倾向性、苗头性的问题，努力做到超前预测，防患于未然，不断提高思想政治工作的效率，充分发挥思想政治教育者的育人作用。

2. 高校思想政治教育机制创新对高校接受主体的意义

思想政治教育工作是非常重要的，高校学生思想政治教育工作，更是任重而道远。只有坚持实事求是，理论联系实际，从高校的具体实际情况出发，不断地继承和发扬思想政治教育工作的优良传统，创新高校思想政治教育机制，并且积极探索思想政治工作的新思路、新方法、新途径，高校学生思想政治工作就能够实现预期的效果，为目前高等教育的改革、发展奠定良好的基础。另外，思想政治教育机制创新对大学生发展也有着积极的意义。

第一，思想政治教育机制的创新使得学生对思想政治教育理念和目标的认识发生改变。高校思想政治工作关系高校培养什么样的人、如何培养人以及为谁培养人这个根本问题。要坚持把立德树人作为中心环节，把思想政治工作贯穿教育教学全过程，实现全程育人、全方位育人，努力开创我国高等教育事业发展新局面。

第二，高校大学生对思想政治教育的认识随着思想政治教育机制的创新发生了改变。引导高校大学生树立正确的世界观、人生观和价值观，时刻把马克思主义理论记在心中。把改革创新作为时代精神，对当代大学生进行社会主义核心价值观教育，更加有助于大学生坚定政治信仰，增强社会责任感，以此培养出在思想上追求上进的优秀青年。

第三，思想政治教育机制的创新，特别是利用网络进行思想政治教育，来开拓大学生的视野。目前，由于互联网技术的飞速发展影响大学生的身心健康，许多不良信息的迅速传播，导致许多在校大学生不断产生追求物质利益的想法。因此，对高校大学生进行思想政治教育能够引导学生树立正确的人生目标，也能够引导思想政治教育者不断创新思想政治教育的教学方式方法，不断提高思想政治教育的教育效果。一方面，大学生应密切注意品德和道德修养，课堂教学作为思想政治教育的主要教育方式，内容应该更加丰富多彩；另一方面，在高校，思想政治教育队伍素质必须不断地提高，要求思想政治教育工作者要定期地进行深造，使思想政治教育工作者的工作氛围达到最优化。

（二）高校思想政治教育机制创新的可行性

1. 高校思想政治教育机制创新的理论依据

"创新是一个民族进步的灵魂，是一个国家兴旺发达不竭的动力。当今世界的竞争，归根到底，是综合国力的竞争，实质则是知识总量、人才素质和科技质量的竞争。"国家对高校思想政治教育工作的重视为高校思想政治教育机制创新研究提供了政策支持和政治保障，规定了实践准则，并且进行了理论定位。

（1）党和政府对高校思想政治教育的理论指导

加强和改进高校思想政治工作的基本原则是：

①坚持党对高校的领导

落实全面从严治党要求，把党的建设贯穿始终，着力解决突出问题，维护党中央权威、保证党的团结统一，牢牢掌握党对高校的领导权。

②坚持社会主义办学方向

坚持马克思主义指导地位，坚持以人民为中心的发展思想，更好为改革开放和社会主义现代化建设服务、为人民服务。

③坚持全员全过程全方位育人

把思想价值引领贯穿教育教学全过程和各环节，形成教书育人、科研育人、实践育人、管理育人、服务育人、文化育人、组织育人长效机制。

④坚持遵循教育规律、思想政治工作规律、学生成长规律

把握师生思想特点和发展需求，注重理论教育和实践活动相结合、普遍要求和分类指导相结合，提高工作科学化精细化水平。

⑤坚持改革创新

推进理念思路、内容形式、方法手段创新，增强工作时代感和实效性。强调要贴近师生思想实际，以改革创新精神做好高校思想政治工作，建立健全校领导、院（系）领导联系师生、谈心谈话制度，在平等沟通、民主讨论、互动交流中进行思想引导，有的放矢、生动活泼地开展工作，发挥师德楷模、名师大家、学术带头人等的示范引领作用。要加强互联网思想政治工作载体建设，加强学生互动社区、主题教育网站、专业学术网站和"两微一端"建设，运用大学生喜欢的表达方式开展思想政治教育。要强化社会实践育人，提

高实践教学比重，组织师生参加社会实践活动，完善科教融合、校企联合等协同育人模式，加强实践教学基地建设，建立健全国家机关、企事业单位、社会团体接收大学生实习实训制度，开设创新创业教育专门课程，增强军事训练实效，建立健全学雷锋志愿服务制度。要在服务引导中加强思想教育，把解决思想问题与解决实际问题结合起来，做到既讲道理又办实事，加强学生学业就业指导，帮助大学生顺利完成学业，加强人文关怀和心理疏导，促进大学生身心和人格健康发展，加强对家庭经济困难学生的资助工作，积极帮助解决教师的合理诉求。积极发挥共青团、学生会组织和学生社团作用。要健全高校思想政治工作评价体系，研究制定内容全面、指标合理、方法科学的评价体系，推动高校思想政治工作制度化。

（2）高校思想政治教育及其机制创新研究的基础性指导

在高校应该推广这种教学方法，以促进观察，并在交流讲座结束后要组织有关的教师进行研讨。参加学习的思想政治课教师应该积极地对观察对象提出意见和建议，因为这是一个难得的机会，要取他人之长补自己之短。可以通过观察其他人的教学风格、教学技能、教学方法，以改进自己的教学方法，提高自己的教学水平。思想政治教育与教学只有坚持理论与实际教学相结合的原则，才能提高针对性，实效性，只有做到实际的理论和历史实际、社会现实、学生的实际情况结合起来，课堂教学才有说服力和感染力，以便学生真的喜欢思想政治教育，这是学生一生的财富。这样能够促进思想政治教育工作者们不断积累教学经验，提高自己的教学水平。

（3）高校思想政治教育适应巨大变化，进行机制创新研究的全面指导

根据当前思想政治教育面临的新形势、新任务，整体概括了加强和改进思想政治教育的主要任务，明确要求思想政治教育的核心是理想信念主义，重点是爱国主义教育，基础是大学生基本道德规范，目标是促进大学生的全面发展，通过以上的阐述明确了高校思想政治教育的主要任务，全面推进了高校大学生的思想政治教育。中共中央、国务院对思想政治教育的重视、印发文件、召开会议、会议讲话及领导人对思想政治教育机制的思想，构架了高校大学生思想政治教育机制主要方法和实践路径，形成了建立健全高校大学生思想政治教育体制的新思路。

要加强高校党的基层组织建设，创新体制机制，改进工作方式，提高党的基层组织做思想政治工作能力。要做好在高校教师和学生中发展党员工作，加强党员队伍教育管理，使每个师生党员都做到在党爱党、在党言党、在党为党。

2. 高校思想政治教育机制创新的现实基础

近年来，各高校越来越重视思想政治教育，重视培养社会主义事业的优秀建设者和接

班人，不断完善高校思想政治教育机制，并且取得了显著的效果。随着市场经济的快速发展，目前的思想政治教育机制已无法满足高校思想政治教育的需要，所以我们要创新思想政治教育机制，而以往的思想政治教育机制所取得的成果恰好为此提供了现实基础。

（1）发挥党的核心指导作用

共产党承担了思想与政治责任和领导大学生思想政治教育，从而初步形成了思想政治教育管理机制，学校党委把如何培养大学生，如何对大学生进行思想政治教育这一问题放在工作首位，进行理论指导，做出科学规划，加强思想政治教育队伍建设和规范制度等方面入手，同时改进，协调发展。一是理论指导，主要表现在党组织一直坚持以马列主义、毛泽东思想和习近平新时代中国特色社会主义思想为指导，在对高校学生心理状态调查时，真正把握思想政治教育的规律和特点，以发现新的问题，并找到新的方法来解决这个问题。二是科学规划，党委应该把握高校学生的思想政治教育的具体教育方案的科学制定，政治学院应包括在过去的整个教育体系，具体方案教育纳入党委的整体规划。三是加强思想政治教育队伍建设，主要体现在党委必须从学校的师资队伍和政工队伍的整体思想政治素质、工作水平等方面入手，力求在高校形成一支思想政治素质高、业务精湛、工作作风认真的高素质队伍。四是规范制度，党委工作态度要认真，增强服务意识，建立更加完善的工作制度，使思想政治工作更加规范，以确保思想政治教育工作取得更好的效果。

（2）坚持思想政治教育首位

大学教育中的全方位的思想政治教育，对学校教师们在思想上做出明确要求，规定设立育人的全面发展目标，全面启动了教育意识的思想政治教育模式，全面参与全过程的育人理念。因此，教师、管理人员和服务人员对教育的支持已成为思想政治教育主体，明确了他们自己的教育职责。

三、高校思想政治教育机制创新的原则及举措

（一）高校思想政治教育机制创新的原则

思想政治教育的原则反映了思想政治教育活动的客观规律，是思想政治教育机制活动、思想政治教育机制运行必须遵循的基本准则。同时它又是思想政治教育方法的理论依据。思想政治教育机制的运行主要遵循以下几个原则。

1. 整体优化的原则

高校思想政治教育在创新思想政治教育体制中肩负着重要的历史使命。能否完成历史重任，需要切实履行高校思想政治教育的社会职责，那么关键是要形成高校思想政治教育

整体和谐的力量。高校思想政治教育的力量一旦不和谐或分散了，高校思想政治教育的效果就会明显被削弱，反之增强高校思想政治教育形成整体和谐力量，就会大幅度地提高高校思想政治教育的社会效应。过去，高校思想政治教育多半是在封闭的环境里完成的，没有形成较为系统的整体优化的思想以及开放的观念，更多是依靠高校思想政治教育工作者自身的力量进行工作，力量相对薄弱，效果也不尽如人意，有的时候往往因为自身的工作努力程度不够，而被外界误解，使得思想政治教育者的工作往往得不到认可。随着改革开放的深入发展，管理科学的出现和应用，高校思想政治教育的环境发生了变化，并且校内外关系愈来愈密切，高校党委对思想政治教育也越来越重视，同时促进校内外的整合与合作，相对形成了高校思想政治教育的和谐力量。一方面，高校思想政治教育主体注重改善学校内部环境，形成高校思想政治教育的内部育人合力；另一方面，高校思想政治教育还要注重改善外部环境，在党和政府的领导下，不断地把学校育人、社会育人和家庭育人结合起来，形成了外部育人合力。通过高校思想政治教育力量和资源的内外整合，更有效的增强了高校思想政治教育的整体和谐，会使整个高校思想政治教育的社会效应发生较大的变化，从而促进了高校思想政治教育向良好的方向发展。实践证明，高校思想政治教育的整体效应是由高校思想政治教育的合力直接决定的，只有高校思想政治教育合力得到提高，高校的思想政治教育的整体局面才能从根本上发生改变，所以要创新思想政治教育机制首先必须进行整体优化。

2. 科学管理的原则

"管理"从字面上看有"管辖""处理"之意，即对一定范围内的人员及事物进行安排和处理。高校思想政治教育的管理确保了高校思想政治教育功能得到发挥，根本目标和根本任务的实现。因此，要想建立一个行之有效的思想政治教育机制，就必须加强高校思想政治教育的管理，把依法治教和以德治教结合起来，贯彻落实高校各项规章制度。

第一，思想政治教育科学的管理体系。首先是要在党委的统一领导下，做好学校思想政治工作。依据思想政治教育的目标和发展规律，调节思想政治教育系统资源，实现思想政治教育效率的过程，形成全校教职工全员参与，有人抓、有人管、有人做，各尽其责，"抓""管"有序的管理体系。这种管理体系应该以学校的党委领导为核心，去"抓"；两条主线去"管"，即学校党委——学生工作处（校团委）——学院党总支、分团委、学生会——班级和行政一条线（学校校长——教务处——院系——教师——学生）科学化管理；还要建设好三支队伍：主要是指专兼理论课教师、辅导员和后勤保障人员，学生的思想政治教育和管理工作都是由这三支队伍来具体负责实施的；还要落实好思想政治工作得以实施的重要支柱，即六个机构和一个组织。包括思想政治理论教学部、学工处、团委、教务处、保卫处、后勤部门，学生党支部即一个组织。党委是高校思想政治教育管理体系中的领导核心，要深入"抓"；两条主线落实好"管"；避免造成管理的失误，执行能力出现问题，有充分跟进和协调落实的能力；思想政治教育理论教学部和学校党委的基层组织，要引导学生确立正确的人生观、价值观、世界观，积极推动全校的学生思想政治工作。

第二，完善管理的理论体系。虽然在高校的教育管理过程中逐步建立了内容体系、工作体系和管理体系，还必须逐步建立大学生思想政治教育工作的理论体系，以便更好地指导实际工作，实现科学管理学生的思想政治教育工作。在高校，研究学生思想政治教育的课题项目较多，然而作为一个完整的体系，要高度重视下面的三个问题：一是明确大学生的思想政治品德培养目标。目标的确立，才能明确教育的任务。任何育人工作都必须有明确的培养目标，大学生的思想政治品德培养目标确立，要把握根本的目标即培养社会主义合格接班人，还要根据学生的实际情况制定不同的具体培养目标。二是掌握当前高校学生的自身特点，密切关注大学生的心理和思想的变化与发展规律。由于每个学生有着不同生活环境、社会地位、学习条件，这就导致他们在思想和心理上具有差异性。只有认真对待学生的特点和差异，才能做好学生思想政治教育工作。

第三，对大学生思想政治品德进行考评。据大学生思想政治品德的培养目标，确定学生思想政治品德的衡量标准，对他们进行思想政治品德的考评，作为评价高校学生思想政治教育效果和评估学校教育质量的重要评价标准之一，并且把考评结果纳入学生的个人档案。

3. 职责明确的原则

高校思想政治教育工作队伍是加强和改进高校思想政治教育的重要组织保证，承担着思想政治教育的理论传输和思想宣传的重要任务。高校思想政治教育队伍更是我党的路线、方针政策的贯彻者和实施者。他们是思想政治教育的执行者，离开执行者，思想政治教育是无法继续开展的。然而，随着我国市场经济的飞速发展，高校思想政治教育工作队伍的建设受到了较大影响。例如，高校思想政治教育工作队伍不被重视，工作环境相对较差、职责划分不清、工作制度不完善。思想政治理论课教学在大学生思想政治教育中起着重要的作用，他们根据学科和课程的内容、特点，主要负责对大学生进行思想政治理论教育和人文素质教育。高等学校哲学社会科学课程负有思想政治教育的重要职责，其他各门课程都具有育人功能及思想政治教育价值，要为人师表，榜样示范，要以高度负责的态度，率先垂范、言传身教。大学生思想政治教育的骨干力量，辅导员和班主任，他们始终奋斗在大学生思想政治教育工作的第一线。辅导员有针对性地开展思想政治教育活动，班主任负有在思想、学习和生活等方面指导学生的职责，进行直接的思想政治教育，在学习指导与管理中贯穿思想政治教育，以及在实践活动中实施思想政治教育。

4. 协调发展的原则

在高校进行思想政治教育的过程中，遇到矛盾和冲突是常有的事，这就需要协调来解决问题。协调的作用就在于它能够协调思想政治教育主体和接受主体的关系和矛盾，舒缓接受主体的心理状态，协调思想政治教育主体和接受主体之间的物质利益关系，加强其稳定性和团结性，减少不必要的消耗。促使相关部门相互协调，在高校思想政治教育系统管理的过程中形成齐抓共管局面，然而高校思想政治教育系统管理机制首先必须强调党的领导，然后再强调行政负责，还要强调人人有责，对思想政治教育工作抓管有序，和谐一致，最终形成合力。党委要起思想政治教育工作的领导核心作用，大学生思想政治教育工作职能部门是学生工作处，对广大学生进行思想政治教育是它的主要职责之一，高校的思想政治教育管理工作是党政群团的一项重要工作。要想做好大学生思想政治教育工作，除了学生工作部门的努力，学校的其他职能部门也应该从育人这一目的出发进行积极配合，在精神和物质方面都应该给予大力支持，充分发挥高校各职能部门的思想政治教育功能，充分调动全校的教职员工积极性，参与思想政治教育工作。校党政领导要高度重视，深入抓好思想政治教育工作，院党总支书记、教学副院长、政工干部、专业教师、辅导员要参与并落实管理工作。校行政机关工作人员和后勤服务人员也要配合，努力开拓思想政治教育的新局面。与此同时，还应充分调动广大学生积极参与思想政治教育的积极性，学生虽然是被管理的对象，但是要尊重学生的自主权利，他们也是思想政治教育的接受主体，使大学生们意识到在学校自己不仅仅是被管理者，同时他们也是学校的主人，是思想政治教育的主体，这样学校的各项规章制度才能够真正落实，思想政治教育管理的功能才能真正得到发挥，管理育人、全员育人的目标才能够实现。建立良好的高校思想政治教育机制，是顺利进行思想政治教育的有效保证，在思想政治教育机制运行过程中，必须坚持党的领导，发挥学校党委领导及其系统的作用，提高思想政治教育工作队伍的整体素质，制定并不断地完善学校关于思想政治教育的规章制度，只有这样，高校思想政治教育的各个要素的功能才能得到最大的发挥，使整个系统收到最佳的效果。因此，在高校思想政治教育的过程中，思想政治教育的协调功能是不可忽视的。

（二）高校思想政治教育机制的创新举措

我们所处的时代，是一个改革开放的时代，创新是一项开拓性的工作，创新就要不断解放思想、实事求是、与时俱进，必须通过实践来实现，坚持理论与实践的统一，内容与形式的统一。因此，要创新高校学生思想政治教育机制，就必须强化与时俱进与开拓实践意识，做到坚持以马克思主义理论为指导，紧密联系我国社会主义建设的实际，联系高校不断发展的实际，联系学校师生的实际状况，对思想政治教育理论灵活运用，对实际问题进行深入的思考，认识新问题，剖析新问题，提高解决新问题的能力，优化动力机制，完善管理机制，建立思想动态监测机制，营造良好的激励机制，完善保障机制等，从而实现对思想政治教育机制的创新。

1. 优化动力机制

高校思想政治教育机制的运行是一个动态的过程，是通过人为而形成的，因此，一定存在一种动力推动着思想政治教育机制稳定向前发展，这种动力结构主要包含内动力和外动力两个方面。内动力主要是指由诸多要素构成的机制本身，外动力指除思想政治教育机制以外的但对其有一定影响所有力量。思想政治教育机制离不开这些动力因素，否则就会停止运行，甚至瓦解，所以加强思想政治教育工作者的调适作用，不断完善教育主体和接受主体的协调关系，优化动力机制十分必要。

第一，掌握大学生接受思想政治教育的思想基础。学生是思想政治教育的接受主体，接受主体的社会性决定了它必须接受思想政治教育。随着社会实践和科学知识的扩大或加深，连续获得越来越多的人自身的自然生物本能强烈施加限制，继续引导和规范，从而逐渐感染着的思维活动的主要领域的社会性质和行为的生动的色彩和社会意识的合理因素。人的自我价值是个人与社会的关系问题，个人的自我价值只有在社会中才能得到实现，接受思想政治教育成为人格完善的途径，这样才能更好地实现个人的社会价值。因此，思想品德教育是思想政治教育接受主体对自我社会价值实现的内在动力。大学生只有在客观上接受思想政治教育，才能得到社会的认可，才能实现个人的社会价值，这些是确定其自身行为评价的依据。每个人都有自己的理想，都有自己的理想人格追求，都有适应社会要求的美好愿望，这些成为接受思想政治教育的思想基础和心理动力。另外，大学生接受思想政治教育的外在动力是社会主义市场经济环境的需求。某种意义上讲，社会主义市场经济是法制经济，即便是法制经济，也必须有伦理道德的支撑，否则就会发生悲剧。目前，在市场经济的竞争越来越激烈前提下，一个人的道德形象和诚信度已逐渐成为人们衡量竞争力的标准，而当代的大学生们普遍存在自我意识的矛盾，因为理想与现实必定存在一定的差距，所以当他们发现现实生活的方方面面与理想不一致的时候，就会觉得迷茫。总结起来，大学生自我意识的矛盾主要表现为以下几方面：理想中的"我"与现实中的"我"的矛盾；自尊心与虚荣心的矛盾；交往需求与自我封闭的矛盾；追求上进与自我放纵惰性的矛盾等。所以加强思想政治教育的调适作用，对学生及时地引导，这样才能确保提高其人格需要，改变学生的道德观，增强学生的意志力，从而塑造完善的社会所需要的人格。因此，只有掌握社会生活的各项道德规范要求的大学生们才能达到行为上的自律，自觉地接受思想政治教育也是必不可少的，以适应社会经济发展的需要。

第二，不断完善教育主体与接受主体的协调关系。思想政治教育接受过程始终存在着各种矛盾，而矛盾斗争是思想政治教育机制运行的推动力。而教育主体与接受主体之间的矛盾是主要矛盾，不断完善教育主体与接受主体的协调关系，就是实现学生从客体到主体的教育理念的转变，应该倡导的主体性教育培养型。事实上，高校思想政治教育接受过程一方面要靠教育工作者的积极努力来实现的，另一方面是大学生通过主观能动性来实现的，接受思想政治教育是一个逐渐深化、充满矛盾的漫长的过程。人们每次接收到思想政治教育事实信息，都会形成相应的道德烙印。思想政治教育过程是教育主体与接受主体互动交往过程，从施行思想政治教育过程来说，教育者是教育的主体，学生是教育的客体；从受教过程方面来说，学生是接受教育的主体，施教者则是接受的客体，双方的交互影响作用，分别形成互为主客体关系的两个认识活动往复循环，这个过程很一个复杂，既要调动学生的主动性，要深刻的了解，又要开发学生的潜能，做到深层次的吸收，当思想政治教育的内容与接受主体原有的思想信念不一样时，对于部分接受主体来说要放弃原有的个人思想观念，才能接受新的教育内容，形成新的思想观念。教育主体是教育的发动者、定向者，只有努力解决这一矛盾，才能推动思想政治教育机制的良性运行。因此，教育主体为了能够发挥更大的作用，首先必须提高教育主体的自身素质，其次是创造良好的教育环境，是教育主体进行思想政治教育必不可少的客观因素，也是促进接受主体吸收思想政治理论以及形成正确观念的重要因素，所以，通过这些中介作用，使教育主体和接受主体之间的关系越来越密切，相辅相成，促进二者共同进步。

2. 完善管理机制

高校思想政治教育机制的创新的出发点和落脚点，是提高大学生的政治思想品德，为保障高校思想政治教育机制构建起来后有效运行，完善其管理机制是十分重要的。

第一，进一步明确思想政治教育目标管理。管理学认为，目标管理既是基本的管理内容，又是一种管理制度和管理思想。从管理学的角度来分析思想政治教育的目标管理，是指通过目标的制定、分解、落实，使思想政治教育工作者共同参与，从而实现的科学管理形式和方法。作为一种管理思想，强调以目标为核心，建立必要的制度、工作岗位、工作职责、责权分解和绩效考核等。高校思想政治教育的目标具有层次性的特点，在我国，高校思想政治教育的根本目标是提高大学生的思想道德素质，促进其全面发展。在教育实践中，要将高校思想政治教育的根本目标，按不同阶段和不同层次分解成多个子目标，具体问题具体分析，结合大学生的自身特点，制定出多层次的远期规划和近期具体目标体系，把这些目标按照合理的标准有机地联结起来，然后按照从低到高的次序，一级一级、一步一步加以实现。并随着高校的具体实际情况，不断制定思想政治教育工作的各阶段的目标，既要防止过高，又要防止过低，否则目标的权威性就受损。目标的设置应该是对现实综合的、全面的、多指标的反映，其实现是一个动态的过程，遵循阶梯原则机型目标管理，效率就会大幅度提高。

第二，分解考核目标，促进管理的科学化。思想政治教育管理是一种整合思想政治教育资源的活动，需要借助一些具体手段。一是对思想政治教育的考核，把高校思想政治教育长期目标和教学管理综合目标考核体系相结合，把思想政治教育效果的好坏作为评价标准之一；二是要明确思想政治教育岗位责任目标，各尽其责，任务明确、职责清晰，在工作中避免推诿等不良现象发生，并严格按照岗位职责来评价思想政治教育者的工作效果，这样才能确保每位思想政治教育工作者更好地为学生服务；三是要组织考核和评价目标，具体问题合理对待，不能搞"一刀切"，以避免给师生心理上带来消极影响。

第三，明确考评内容，促进管理的制度化。思想政治教育目标的考核和评价，是实行目标管理的重要环节，定期考评，促进管理的制度化。制度化管理意味着标准化、程序化、透明化，制度化管理更加便于师生进行考核，从而促进师生不断改善和提高效绩。目前看，可以客观地反映高校思想政治教育工作的效益，其评价标准应体现在以下几个方面：一是要考核高校思想政治教育工作的领导是否坚强有力，是否能够带领广大思想政治教育者运行思想政治教育机制，能否实现思想政治教育的保证作用，有没有形成了健全的领导体制、工作机制和高素质的专兼职工作队伍，促进了各项教学工作的顺利进行和健康发展。二是看思想政治教育过程是否不断创新，有没有与时俱进，能否解决大学生中出现的各种思想问题。三是看能否巩固思想政治教育的地位，以育人为目标，保证和推动学校的发展和稳定。四是看大学生思想状况，如学风是否端正，责任心是否增强，心理是否健康，是否形成了良好的道德品质。在评价过程中，要做到所有师生员工共同参与，多层面地听取意见，把握评价的准确性。

3. 建立思想动态监测机制

第一，对思想政治教育者的思想实施动态监测。对思想政治教育工作者队伍进行整体把握，可以结合高校人事制度改革，逐步建立起择优上岗的队伍建设机制，建设好一支工作热情高、业务能力强、思想积极进步的思想政治工作队伍，是改进和加强高校思想政治工作的关键，同时保持了思想政治教育队伍充满活力。一是要提高认识，搞好远期规划。下力气规划建设好思想政治教育工作队伍，人事处及组织部门能及时掌握带有倾向性的思想问题，并妥善处理。"建立思想动态监测机制"工作过程中的信息收集，信息传递、信息分析等工作环节，对教师的心理活动规律进行收集探讨和分析，准确把握思想动态。二是强化机制，确立制度。培养和造就一支适应新形势的高校思想政治教育工作队伍，必须逐步形成思想政治工作人员相对稳定、合理分流的良性运行机制。三是要创造条件，提高待遇。有效地改善职工的工作环境，从政策上切实解决好专职思想政治教育工作人员的职称和待遇问题，使他们感受到无比的优越感、自豪感，得到社会的充分尊重。要利用政策的杠杆作用增强吸引力，使思想政治教育工作成为大家重视的工作岗位。

第二，对在校大学生的思想实施动态监测。坚持尊重他人、服务他人、发展他人的思想政治教育优良传统，提升为加强和改进大学生思想政治教育的指导思想，高校思想政治教育工作系统要在大学生中及时收集思想动态信息，分析处理其思想动态，准确地把握潜在的和倾向性的问题，应尽快建立起大学生思想动态预警机制，提高思想动态的预测能力，根据预测结果对可能发生的问题进行超前防范。建立起大学生思想动态预警机制，是各院系应该建立信息上报制度，以确保院系及时掌握学生的最新情况。各级管理部门应成为思想政治教育反馈信息的集散中心，通过对反馈信息的详细分析和研究，能够及时地提出思想政治工作情况报告和对思想政治教育加以调整的建议。班级干部以定期或不定期、定点或不定点等方式汇总信息及时向辅导员或班主任传递，让这部分同学能够顺理成章的把学生的最新情况反映给部门领导。二是高校思想政治教育反馈机制，还可以推动决策机关实施跟踪决策，使决策不断完善。思想政治教育决策关系到思想政治教育的方向，影响着思想政治教育效益。及时发现问题，能够促进上级部门充分掌握工作措施、教育内容、活动方式等多方面的情况，针对出现的问题发出调节指令，以确保思想政治教育决策的实施与顺利进行。在建构反馈机制中必须强调领导部门权威，强调在思想政治教育服从指挥，协调一致，确保思想政治教育的整体战斗力，以应对突发事件和更好地做好日常思想政治教育工作。

4. 营造良好的激励机制

激励机制是指通过一套理性化的制度来反映激励主体与激励客体相互作用的方法。可以通过表扬与批评，奖励与惩罚等形式，运用精神和物质的奖惩手段，以达到鼓励、调动师生员工工作与学习的积极性、创造性。创新思想政治教育工作的激励机制，实质上是战略激励与战术激励相结合的激励方式，针对师生员工等主体的物质和精神的需求，因人、因事、因时实施的激励措施。

在社会大背景下我们既要提倡先进性，弘扬无私奉献的精神，同时也要考虑所有的思想政治教育者的付出，采取适当的物质激励，来激励思想政治教育工作者的积极性和创造性，鼓励他们开拓进取，无私奉献，为学生思想政治教育工作多做贡献。因此，对激励机制的创新，主要有以下几种具体措施：

第一，用奖优惩劣强化激励机制。奖励能满足人们对物质利益的期望和要求。在高校思想政治教育过程中，要利用好奖惩的作用，必须做到以下几点：其一，公正公平，奖惩分明。不论奖励还是惩罚，都要从学校和广大师生的利益出发，而不能为了满足一己私利，而伤害其他思想政治教育者的积极性，应该做到该奖就奖，该罚就罚，奖惩分明。其二，实事求是，奖惩得当。在进行奖惩前一定要深入调查，尽可能做到奖惩准确无误，杜绝弄虚作假。另外，要正确把握奖励的标准和尺度，尽可能地合理划分奖励的级别；要以奖励为主，奖励的人员一定要多于惩罚的人员；尽快地选择适当的奖惩场所，及时地抓住奖惩时机。要时刻牢记奖惩的最终目的是为实现思想政治教育目标服务的。其三，奖惩与个别教育相结合，不能损害合作精神。因为人是社会动物，所以人的任何行为的过程都需要互相合作，高校奖惩体系的构建更应该对合作进行奖励，把个人为合作而做的贡献进行奖励。不仅如此，高校奖优惩劣的机制还应遵循以教育为主的原则，对得到奖励的人要提出新的要求，提醒他要戒骄戒躁，继续努力实现更高的价值；对遭到惩罚的人要热忱关心、耐心说服教育，帮助其找出出现问题的症结，鼓励他克服困难，不要气馁，早日实现自己的人生价值。

第二，坚持物质和精神奖励并重。高校思想政治教育激励机制的作用，从根本上说，是通过利益刺激的手段来实现的。因此，在实施这种机制的过程中，既要注重物质激励，也要注重精神激励。那是因为，只讲物质激励，那样只能满足人的生理需要，在某种程度上可以激发人的工作兴趣和积极性，但容易使人产生唯利是图的不良心理现象；只讲精神激励，虽然可以暂时满足人的心理需要，激发人工作的主动性和创造性，但这样的作用不会持续很长时间。这就要求我们一定要坚持物质激励与精神激励并重，仍应注意奖励个人和奖励集体并重。这样做才能调动个人的工作积极性，才能增强集体的向心力和凝聚力，是集体的力量大于个体力量之和。还应防止对那些多次受到惩罚的人产生偏见，给他们以鼓励，不能让他们错过任何授奖的机会。

第三，先进人物的示范作用。先进人物走在时代前列，代表了时代精神，反映了历史发展的方向，其事迹可以继承和发展，鼓励人们奋发向上。与一般的说服教育相比，榜样、典型的示范性更富有感染性和可接受性。俗话说，耳听为虚，眼见为实。示范教育更形象、更具体、更生动，"榜样的力量是无穷的"。一是充分依靠舆论，发挥先进人物的示范作用。舆论的力量是无法估量的，我们要借助舆论大力弘扬先进人物的事迹，用先进人物的崇高精神，倡导好人好事新风尚，用正确的舆论引导其他人；同时也要把握时机抓住反面典型，起到警示作用，利用舆论进行批评，让违背道德的社会现象曝光，不断净化社会的育人环境。二是重视先进人物的示范作用，高校思想政治教育工作者要以身作则，率先垂范，并言传身教，要有正确的价值观，高尚的道德风尚，用自身的模范行为去熏陶和带动他人，他们用自身的美好形象和个人的人格力量对接受主体进行了潜移默化的思想政治教育，真正提高高校思想政治教育工作的权威性和影响力。

5. 积极推进保障机制

保障机制是为思想政治教育活动提供物质和精神条件的机制，它为思想政治教育工作顺利实施提供有效服务的。随着社会的快速向前发展，高校思想政治教育工作面临的问题越来越复杂，越来越艰巨，这就对思想政治教育的保障机制提出了更高的要求。高校思想政治教育的突出特点虽然是无形的，但是因为它是一个长期的过程，所以必须得到重视。因此，要做好高校思想政治教育工作，就必须坚持继续投入大量的人、财、物，予以切实有效的保证。

第一，要优化思想政治教育队伍结构，建设一支以专职为主的专兼职结合，政治素养高，业务精通的思想政治教育工作队伍。聘用那些自身素质高、喜爱高校思想政治教育工作的资深教师做兼职辅导员，要为这些思想政治教育工作者提供优越的条件，解决他们的实际困难，在政策上保证提高他们的工资收入。另外要稳定骨干，为思想政治教育工作队伍注入新生力量。对于兼职辅导员、"双肩挑"的人员，要积极配合他们搞好其他工作，要充分肯定他们的工作业绩。他们付出的工作量，在一定程度上将要大得多，所以不应该对他们任何一方面的工作打折。打折的做法，会影响他们工作的积极性，不利于高校思想政治教育工作。在能力上，要建设好定期培训、进修、考察等学习提高的保障机制，为高校思想政治教育工作的专兼职人员参加社会实践创造条件，多搞一些社会调查，用丰富的实践经验提高自身综合素质，确保思想政治教育队伍整体素质得到提升，以增强思想政治教育工作能力，使思想政治教育目标早日实现。

第二，保证必要经费的投入，使高校思想政治教育的物质条件得到切实改善。随着经济的发展，人类已进入信息化社会，所以高校思想政治教育不能局限传统的形式，而是需要先进设备和配套设施，改变教育手段，通过多种途径对学生进行思想政治教育。关于高校思想政治教育所需要的经费问题，可以先列入项目，进行预算，看看投入多少，能否切实改变目前落后的教育设施，应该按照学生数量每年确定固定的经费。目前有些学校思想政治教育工作者连电脑都没有，这就可以看出这些学校对思想政治教育工作不够重视。当然，经费的足额投入只是一方面，另外高校如果没有一支素质精良、态度谨慎的工作队伍，思想政治教育的效果也达不到理想的程度。所以，思想政治教育保障机制的这两个方面相辅相成，不可偏废的。

第三，法制保障。在高校，思想政治教育系统保障机制顺利运行，关键在于是否有一套完善的规章制度作保障。事实上，思想政治教育机制的法制保障，主要是通过学校的规章制度对学生行为的肯定和否定体现出来的。从这个层面上来讲，学校领导干部对学校的规章制度的具体操作本身就是思想政治教育运行的过程。因此，高校要做好思想政治教育工作就要特别重视建立健全高校师生学习、生活、工作中的规章制度，通过法制保障机制落实师生的权利义务关系。对学生日常生活提出高标准的要求，加强了良好的校风、学风建设，并且使大学生们养成了健康的心理、行为习惯与高尚道德风尚。法制保障应该贯穿思想政治教育的整个过程，也包括了学校对师生日常行为管理，比如学生的学习、学校的风气、对学生的违纪行为进行处分等各方面。这些关于日常行为管理的规章制度，一方面可以对学生有着正面教育的功能，另一方面对违纪学生的严格处罚可以对其他学生起到警示的作用。

总之，高校的思想政治教育机制是一项复杂的系统工程，它是由教育主体、接受主体、思想政治教育教学目标、思想政治教育教学模式、思想政治教育内容、思想政治教育的环境氛围等多种要素组成，并且高校思想政治教育具有时代性、目标性、整合性、全员性、渗透性和实践性的特征。对于这样一个由多种要素构成的系统工程，我们应该以马克思主义为科学指导，以原来有思想政治教育机制理论为基础，借助现代科学的方法和手段，对目前的高校的思想政治教育进行实地考察和分析，要更加关注思想政治教育机制的运行现状，坚持对思想政治教育机制的整体优化原则、科学管理原则、职责明确原则和协调发展原则等的基础上，创新思想政治教育机制，即优化动力机制、完善管理机制、建立思想动态监测机制、营造良好的激励机制和积极推进保障等机制，以实现思想政治教育的价值。

高校思想政治教育在培养大学生成为社会主义接班人的过程中，起着不可替代的作用。现在高校学生朝气蓬勃、好学上进、视野宽广、开放自信，同时，他们知识体系搭建尚未完成，价值观塑造尚未成形，情感心理尚未成熟，需要加以正确引导。思想政治工作如果老一套，缺乏亲和力与针对性，不能满足学生成长发展需求和期待，就很难取得实效。加强和改进新形势下高校思想政治工作，必须革弊布新，创新方式方法，不断增强针对性、时代感和吸引力。不断完善高校的思想政治教育机制的创新。

第二节　大学思想政治教育载体的发展与创新

一、大学生思想政治教育载体的内涵及发展

(一) 大学生思想政治教育载体的内涵

载体最早作为一个科技词汇出现于化学领域，后来广泛应用于科学技术的各领域，其基本含义可概括为：某些能传递或运载其他物质的物质。随着社会信息化的发展和学科综合化的加强，这个概念被引入社会科学领域，为众多学科所广泛使用，通常被理解为承载知识和信息的形式。这是载体的引申义，也是它在社会科学领域的一般含义，具体到不同的学科，对载体概念内涵的界定及其运用就出现很大的区别。

思想政治教育是指一定的阶级、政党、社会团体用一定的思想观念、政治观点、道德规范，对其成员施加有目的、有计划、有组织的影响，使他们形成符合一定社会、一定阶级所需要的思想品德的实践活动。在这一过程中，教育主客体之间是通过一定形式联系起来的，我们就把这些能承载、传导思想政治教育信息或内容，能为思想政治教育主体所运用和操作，主客体可借此发生互动的形式，称为思想政治教育载体。大学生思想政治教育是思想政治教育的重要领域，通过一定载体进行大学生思想政治教育，是大学生思想政治教育运行过程内在规律的要求。在大学生思想政治教育实践中，教育者都会自觉不自觉地用到某些载体，但并不是每个教育者对载体都有明确认识。这是因为目前对大学生思想政治教育载体的理论研究还比较薄弱，突出地表现为对其内涵的把握不够科学，以及对具体载体的认识模糊，甚至是出现偏差。

作为大学生思想政治教育的载体，必须同时满足下列两个基本条件：

1. 必须能够承载大学生思想政治教育的目的、任务、原则、内容等信息

(1) 载体是能够承载知识和信息的形式

大学生思想政治教育载体作为载体的一种具体表现，它应该是能够承载大学生思想政治教育内容和信息的形式，不承载大学生思想政治教育内容和信息的形式，不能成为大学生思想政治教育载体。例如，开会、办研讨班、大众传播、谈话、管理等形式，只有当它们有了教育者的思想政治教育目的的指向性，蕴涵着大学生思想政治教育的内容和信息以后，才成为大学生思想政治教育的载体。

（2）大学生思想政治教育是人类的一项社会实践活动

有些形式虽然能够承载一定的大学生思想政治教育因素，但是不易于操作、不能为教育主体所控制，也不能看作是大学生思想政治教育载体。例如，社会风气、社会经济状况等也能承载一定的大学生思想政治教育因素，但是它们非常复杂，不易于被大学生思想政治教育主体所掌握，因而不能笼统地被看作是大学生思想政治教育载体。

2. 必须是联系教育主体和教育客体的一种形式

思想政治教育是一个系统，其运行过程是由这一系统的诸多要素相互联系、相互作用构成的，也就是说，是教育者和受教育者在一定的教育目的的指导下，借助于一定的方法、手段相互作用的过程。在这一过程中，要素之间是紧密相连、互相制约、互相依赖的，各要素是通过一定的途径和形式相联结的，载体就是各要素之间的联结点。换言之，思想政治教育的各要素一进入教育过程，就要通过一定的载体相联系；没有载体，思想政治教育过程就不能成为现实的运动过程。社会所要求的思想观念、政治观点和道德规范等大学生思想政治教育信息，只有通过大学生思想政治教育载体承载达到教育客体面前，才能为他们所感知，对他们产生影响，使教育信息发生交流、传播等形式的运动，大学生思想政治教育活动才能够完成。作为联系教育主体和教育客体的一种形式，大学生思想政治教育载体主要表现为两种形式：

（1）表现为综合的教育形式

大学生思想政治教育是一个有目的、有计划、有组织的具体过程，要采取一定的教育形式，这样的教育形式就是大学生思想政治教育载体。例如，大学生思想政治教育可以采取思想政治理论课教学的形式进行，这种形式承载大学生思想政治教育的内容、原则、方法，并且教育主客体可以借此相互作用，它就是大学生思想政治教育的载体。

（2）表现为具体的活动形式

大学生思想政治教育的目的要通过一个一个的教育活动来实现，其过程就表现为大学生思想政治教育的展开、运行、发展的流程，是由教育活动或单独或先后衔接或横向呼应所构成的。例如，大学生思想政治教育可以通过社团活动、创建活动、社会实践等活动进行，这些不同的具体活动就是大学生思想政治教育的载体。当然，载体的这两种表现形式的区分是理论上的、是相对的，更多的情况下，在现实的大学生思想政治教育过程中它们是融为一体的。

总之，只有同时具备上述两个基本特征，才能将其看作是大学生思想政治教育载体，也才能加以恰当地运用，而不能同时满足上述两个条件的，则不能当作是大学生思想政治教育载体。

（二）大学生思想政治教育载体的历史发展

从历史发展来看，20 世纪 90 年代初期应该是我国大学生思想政治教育的一个重要转折点。在这一时期，我们党纠正了忽视大学生思想政治教育的倾向，确立了大学生思想政治教育的首要地位；优化了大学生思想政治教育的渠道和途径，构建了较为完整的大学生思想政治教育网络；拓展了大学生思想政治教育队伍建设的视野，建立了一支高素质的大学生思想政治教育队伍；完善了大学生思想政治教育新的管理体制，初步形成了全员育人的格局。因此，为了便于对大学生思想政治教育载体进行历史的研究，我们可以根据大学生思想政治教育的历史发展，以这个时期为大致分界线将其划分为传统载体和现代载体。大学生思想政治教育的传统载体是指伴随着我国大学生思想政治教育的产生而产生、并在现时期继续发挥教育作用的载体。大学生思想政治教育的现代载体是指随着现代经济社会发展产生的、适应大学生思想政治教育新变化的、具有鲜明时代特征的载体。从一定意义上说，大学生思想政治教育的传统载体和现代载体的划分是相对的，许多传统载体随着形势的发展在不断丰富和完善，赋予了新的时代内涵；而现代载体大都植根于传统载体，只是在原来的情况下状态不显现、作用不明显。但是通过传统载体和现代载体的划分，我们可以清晰的分析大学生思想政治教育载体发展的历史脉络，也为我们研究大学生思想政治教育载体的发展与创新提供一个理论和现实的切入点。

1. 传统载体的主要形式

（1）课堂教学载体

课堂教学在大学生思想政治教育过程中起着十分重要的作用，也是大学生思想政治教育的主渠道和主阵地。当前，在各高校普遍开设的思想政治理论课是加强大学生思想政治教育的主渠道，也理所当然地成为大学生思想政治教育的主要载体。因此，加强思想政治理论课建设，提高教学效果，就成为大学生思想政治教育载体建设的重要环节。思想政治理论课教学经过近年来的实践，在对大学生进行爱国主义、社会主义、集体主义教育，引导学生树立正确的世界观、人生观、价值观等方面发挥了重要作用。在许多高校，思想政治理论课教学愈来愈受到广大师生的普遍重视和欢迎。但毋庸置疑，当前，思想政治理论课教学仍存在许多不容忽视的问题，一定程度上影响了其主渠道作用的发挥。

（2）传媒载体

大学生思想政治教育以传媒为载体，就是教育主体通过各种大众传媒工具，向大学生传输思想政治教育内容，使其在广泛接受社会信息的同时，接受思想政治的教育与熏陶，从而全面提高自己的思想道德素质和科学文化素质。随着信息技术的迅猛发展和社会交往的日益增多，我国的大众传媒有了长足的发展，这为大学生思想政治教育以其为载体提供了科技条件和物质基础。但是，大众传媒所反映的内容及其对人们思想的影响都是复杂的，既有积极上进的一面，也有消极颓废的一面，不同的信息使大众传媒的教育、引导作用可能出现相互抵消、相互干扰的矛盾现象。

（3）谈话载体

谈话是大学生思想政治教育者与一个或几个受教育者进行面对面的交谈，向其传输某种思想和观念，帮助其解决某种思想问题或认识问题的一种教育形式。它可以通过会议、报告、座谈、谈心等形式进行，它把解决思想问题与解决实际问题有机结合，具有实践性、可操纵性和简便易行性。它通过教育者与被教育者的双向交流进行，主要包括集体谈话与个别谈话两种类型，作为大学生思想政治教育最基本、最经常的一种载体形式，到目前为止，还没有一种载体形式可以完全取代它。

（4）典型载体

典型载体是指在大学生思想政治教育工作中，通过树立典型、宣传典型，用先进人物的优秀品德激励、感染、影响受教育者。大学生在社会生活中都在自觉或不自觉地学习、模仿自己心目中的榜样，这对于他们提高道德认识，培养道德情感，坚定道德意志，规范道德行为，确定人生的奋斗方向，具有强有力的感染力和说服力。运用典型载体进行大学生思想政治教育可以给大学生以无穷的精神激励，对大学生的品格向榜样人物的品格转化产生积极影响。

（5）活动载体

活动载体是将大学生思想政治教育的内容寓于各种活动之中，通过开展活动的方法进行大学生思想政治教育活动。活动载体包括社会调查、公益劳动、社会服务、科技服务、勤工助学和挂职锻炼等多种形式载体。以活动为载体，有着其他大学生思想政治教育载体所不及的独到之处：一是使大学生思想政治教育内容为大学生们潜移默化地接受。大学生的心理生理特点表现为热情、好动、善思，组织形式多样的活动，寓教于乐，能够起到事半功倍的效果。二是能较好地实现教育与自我教育的统一。良好的思想道德素质的养成，只有在社会活动中才能完成，这是符合思想道德素质形成发展规律的，通过开展大学生喜闻乐见的活动，可以促进大学生思想政治教育客体的主体化，使受教育者积极主动地接受教育，实现教育与自我教育的有机统一，增强大学生思想政治教育的渗透力，扩大教育面，提高教育实效。

2. 现代载体的主要形式

（1）网络载体

从广义上来讲，网络载体属于传媒载体的范畴。但是，网络作为一种新型的媒体形式，与其他传媒形式有重大的不同，并且利用网络开展大学生思想政治教育是一种全新的教育形式。因此，我们将其作为一种现代载体形式。互联网这一信息载体，如果我们不用马克思主义的思想去占领，它就必然会为别的政治思想所利用，因而大学生思想政治教育工作如果离开网络这一现代化的载体，大学生思想政治教育的时空将会日益缩小，阵地将会日益狭窄。要重视和充分运用信息网络技术，使思想政治工作提高实效性，扩大覆盖面，增强影响力。因此，建设并运用好网络载体，通过网络大力传播与中国特色社会主义建设相一致的思想观念、价值观点、道德规范以及其他先进文化，是新时期大学生思想政治教育的一种重要载体形式。

（2）文化载体

以文化为载体，就是将文化看作一个动态过程，把大学生思想政治教育的内容寓于文化建设之中。一般认为，文化主要由符号和语言、价值观、规范、物质产品等因素构成，其中，价值观及其具体化的规范是文化的核心。与此相吻合，大学生思想政治教育工作的任务正是向受教育者传输符合我国社会发展要求的价值观以及相应的法律、道德规范等，以使受教育者的思想和行为向着社会要求的方向发展。大学生思想政治教育以文化为载体，就是指大学生思想政治教育者充分利用各种文化产品，将大学生思想政治教育的信息和内容寓于文化建设之中，通过文化的宣传以及文化潜移默化的熏陶作用，对受教育者进行影响，以达到提高受教育者的思想道德素质的目的。随着高等教育的发展，文化在大学生思想政治教育中的作用由模糊到凸现，并成为大学生思想政治教育一种重要的现代载体形式。

（3）管理载体

所谓大学生思想政治教育管理载体，就是以各种管理活动为载体，就是将大学生思想政治教育的内容或信息渗透到管理活动之中和各种具体工作中，提高大学生思想政治教育的有效性。大学生思想政治教育管理载体具有广泛性、社会性、渗透性、综合性的特点。大学生思想政治教育之所以将管理作为载体，根本的原因就在于管理载体能加强和优化大学生思想政治教育工作，提高教育的有效性，更好地实现大学生思想政治教育自身的功能。管理与大学生的学习、生活和成长同行，也与他们的思想意识同行。大学生的思想认识问题能够通过管理为教育者所掌握，教育者的教育内容、信息和目的也能及时通过管理传达到教育对象，影响他们的思想道德状况。并且，大学生的很多思想问题来源于管理，有的甚至本身就是管理问题。虽然管理活动的基本内容是协调社会或者组织内部的人力、物力与环境的关系，但其实质是调节人与人之间的关系，调动人遵守良好习惯的积极性，从而达到一定的目标。大学生思想政治教育工作的重要任务也是要理顺人之间的关系，使受教育者达到社会所期望的素质，实现人的全面发展与他人发展的良好互动，实现社会的和谐。长期以来，我们只认识到管理和教育的相辅相成性，而没有做到二者的高度融合。因此，把管理纳入大学生思想政治教育现代载体体系，可以保证管理目标和大学生思想政治教育目的的双重实现，有效解决当前大学生思想政治教育存在的"两张皮"现象，使大学生思想政治教育由"虚"落到"实"处。

（4）心理咨询载体

心理咨询是指以语言、文字为媒介，通过建立良好的人际关系，在心理方面给咨询对象以帮助、教育、启迪的过程。借鉴心理咨询的技巧与方法，能增强大学生思想政治教育的有效性。心理咨询作为大学生思想政治教育的一种新的辅助手段，是大学生思想政治教育的延伸和补充，以其独特的工作角度和作用方式，发挥了一种不可替代的特殊功效。心理咨询遵循平等性、尊重性、保密性的原则，以技巧型的对话方式，在咨询者与咨询对象间营造了一种和谐、融洽、情感协调的心理气氛或条件，并且可能在短时间内，将这种关系达到相当密切的深度。成功的心理咨询，会最终达成感情上的沟通，心理上的共鸣，认知上的共识，思想上的统一。运用心理咨询的理论和方法，能够对大学生的认知、情感和意志过程施加作用。通过对认知因素、认知结构的调整，可以更新大学生的认知角度，扩大认知范围，增强认知力度。通过对情感过程的调节，可以帮助大学生学会疏导和宣泄不良的情绪，保持情绪的成熟和稳定。通过对大学生意志的培养，可以促使大学生挖掘自身潜能，以顽强的意志克服困难和挫折，迎接挑战和适应社会。心理咨询普遍进入大学校园和大学生的内心生活为期不过十年左右的时间，但是它顺应大学生心理成长的需求，受到大学生的热烈欢迎，日益成为大学生思想政治教育一种独特的现代载体形式。

二、大学生思想政治教育载体发展与创新的必要性

经验告诉我们，凡是成功的大学生思想政治教育，总要有成功的载体手段相伴随；凡是收效不大的大学生思想政治教育，其载体不成功则是一个基本的原因。长期以来，我们对大学生思想政治教育内容的研究比较重视，但对大学生思想政治教育载体的探索与创新却注意不够，从而影响到大学生思想政治教育的整体效果。因此，适应经济社会的新发展和大学生群体的新变化，不断发展与创新大学生思想政治教育载体已经是势在必行。

（一）大学生思想政治教育载体发展与创新是时代发展的必然要求

第一，社会主义市场经济体制的建立和完善以及改革开放的深入和扩大，迫切要求大学生思想政治教育载体不断发展与创新。

当前，随着我国社会主义市场经济体制的逐步建立和完善，社会成员思想观念多元化、价值取向多样化日趋明显。在观念多元化的社会，如果没有一个先进的主导意识来统率全局，就会造成人们思想的混乱、道德行为的失范、生活的无序。

同时，随着对外开放的不断扩大，大学生思想政治教育处在一个与国际社会交往频繁、相互影响加深的环境中，各种思想文化相互激荡、碰撞，各种错误理论和思潮加紧了对大学生的争夺。另外，世界范围内不同思想文化的相互激荡，使大学生成长的文化环境变得更加复杂，各种思想文化纷至沓来，它们之间有吸纳又有排斥，有融合又有斗争，有渗透又有抵触。在各种文明的冲突和对话中，人们必定要对自己原有的价值体系做出反思和变革，从而追求某种更具有普遍意义和更为健全的文明价值。在这种情势下，大学生思想政治教育载体如何贴近学生所关心的热点和难点问题，引导大学生深刻认识人类社会发展的规律和必然趋势，逐步树立正确的世界观、人生观和价值观，就成为大学生思想政治教育载体发展与创新的根本任务。

第二，现代科学技术，特别是信息网络技术的发展，迫切要求大学生思想政治教育载体不断发展与创新。

21世纪是一个高度信息化的时代，以信息技术为中心的现代科学技术已深入到社会的各个领域，广泛地影响和改变着人们的社会生活，给人们、特别是大学生的世界观、道德观、价值观以及思维方式带来了全新的冲击与深刻的影响。它不但改变着大学生学习、思维和生活的模式，而且还影响着他们的政治态度、道德风貌和价值取向。

信息网络技术的发展使大学生思想政治教育环境更加复杂。网络时代的交往主要以人机对话或以计算机为中介进行交流，它使部分大学生将自己的思想、感情沉湎于媒介内容之中，对社会现实生活漠不关心，长此以往容易导致人格发展的异化和畸变。

另外，网络打破了教育主体与被教育客体的固定地位，变被动式教育为互动式教育，教育者与被教育者都是网络的主体，他们之间地位平等，不存在上下级的关系及管理与被管理的关系，教育者要尊重并认识受教育者的主体性，在更加平等的环境中共同面对问题；网络对教育者的权威地位产生了冲击，教育者的信息优势和技术优势部分地丧失了，大学生们有可能不选择学校教育所提供的知识或者观念，而是根据自己的需要或兴趣从网络中选择"原始的"、未经指导讲解过的信息，使课堂教育中教育者和受教育者在很大程度上处于一个"信息平台",因而降低了教育者的权威性和影响力。因此,加强对网络环境下大学生思想政治教育载体的发展与创新研究,提高大学生思想政治教育载体的科学性和艺术性,使教育载体经得起实践的检验,在实践中不断得到支持,能够为大学生所接受,从而真正在大学生思想政治教育的实践过程中发挥作用,已经成为大学生思想政治教育载体发展与创新的重要而又紧迫的课题。

(二)大学生思想政治教育载体发展与创新是大学生思想政治教育的科学化内在要求

作为大学生思想政治教育的一个新的研究领域,大学生思想政治教育载体研究在大学生思想政治教育学中占有重要的地位。研究大学生思想政治教育载体,主要是研究大学生思想政治教育载体的理论、本质与属性、发展、形态、运用与开发等方面的内容。但是,从大学生思想政治教育载体研究的现状来看也存在着不少问题:一是起步晚,研究少。二是现有研究观点纷呈,说法标准不一,表现出较强的随意性。三是研究不够全面、深刻、系统。目前的大学生思想政治教育载体研究是一个薄弱环节,显得相当滞后,基本上还处于经验总结阶段,而对于大学生思想政治教育载体的发展与创新研究,特别是传统载体的现代化和新出现载体的科学化、系统化,更为薄弱,这与大学生思想政治教育发展的当今要求和社会发展的要求是极不相称的。因此,系统归纳与总结、深入探究这一理论领域,对于改变大学生思想政治教育载体的研究状况,促进大学生思想政治教育载体的发展与创新,推动大学生思想政治教育实践的发展,既有重要的理论意义,又有重要的现实意义。

载体建设对思想政治建设的重要性,就在于它是一定思想观念的物质化、外化和现实化。载体的建设过程,实质上就是一定大学生思想政治教育的进行过程、加强过程和落实过程。面对纷繁多变的社会生活和素质不断提高的工作对象,大学生思想政治教育载体出现了许多不适应,具体表现为:一是建设理念的滞后性。以人为本是现代教育理念的核心,它理应贯彻于全部的大学生思想政治教育过程,长期以来载体建设的不足就集中表现为贯彻以人为本理念不彻底、不全面、不清晰。主要表现为:教育载体的运用过程重教育主体的积极性,轻教育客体的主动性;重理论灌输,轻行为训练;重理论体系的阐述,轻教育实际问题的研究;重教育者单向"灌输",轻教育主客体的双向交流;重共性、单一教育,轻个性、多样性、层次性教育。二是手段方式的滞后性。先进的教育手段方式是教育作用充分发挥的重要前提。大学生思想政治教育载体作用的充分发挥,也必须依靠自身建设的现代化,只有这样才能增强教育的吸引力、感染力和针对性、时效性。如果大学生思想政治教育载体几十年一贯制,总是一个音调、一副面孔、一种模式,大学生思想政治教育载体就会脱离生活实际，失去新奇感，大学生就会感到是老生常谈，不感兴趣，就会使大学生思想政治教育简单化、生硬化、公式化。特别是随着生产力的发展和科学技术的进步，教育手段、教育方式日益多样化和现代化，大学生思想政治教育载体也必须跟上时代发展的要求，实现自身的科学化和现代化。从目前的情况看，大学生思想政治教育载体建设的现代化水平还滞后于整个教育技术现代化的水平，从而降低了教育总体效果的充分发挥。三是内容覆盖的狭窄性。大学生思想政治教育的对象是"活生生的现实的人"，特别是随着形势的发展变化，大学生思想政治教育的内涵越来越丰富，既有政治方面的要求，又有道德意义上的要求，还有大学生自身身心发展方面的要求；每一个方面的要求，还有不同的教育层次和教育侧重点。因此，大学生思想政治教育的内容是多方面的、多层次的、不断发展变化的。与教育内容的这种多样性相适应，载体也应该丰富多样。原有的载体已经不能涵盖当代大学生思想政治教育的全部内容，呈现出覆盖的有限性、狭窄性：与政治内容相对应的载体多，与大学生自身发展紧密结合的载体少；与高层次道德教育内容对应的载体多，与大学生思想道德水平实际相结合的载体少；与传统的教育组织形式相对应的载体多，与现代教育组织形式相对应的载体少。载体建设的这种不足，一方面导致了大学生思想政治教育的针对性不强，另一方面导致了大学生思想政治教育在许多方面出现了"空白点"，影响了总体的教育效果。

总之，随着形势的发展变化，大学生思想政治教育载体不能再固守传统的模式，而应把时代与科技发展的新理念、新成果、新方法应用到载体建设上来，实现自身的现代化，这是大学生思想政治教育载体发展与创新的出发点。

三、大学生思想政治教育载体发展与创新的主要内容

大学生思想政治教育载体的发展与创新包含传统载体和现代载体的发展与创新两个主要方面，但其侧重点是不一样的。传统载体发展与创新的重点是推陈出新，不断丰富教育内容、不断改进教育形式、不断提高教育的现代化水平；现代载体发展与创新的重点是要不断总结新鲜经验、不断完善教育形式、不断提高教育的系统化、规范化、经常化水平，同时要积极探索新的载体形式，凡是能够准确、有效地表现大学生思想政治教育目的和内容的有效手段、形式，都要大胆借鉴使用。

（一）大学生思想政治教育传统载体的发展与创新

1. 教学载体的发展与创新

高等学校作为培养社会主义建设者和接班人的重要机构，教学活动是其主要工作，将

教学载体作为大学生思想政治教育载体体系的主导是由高等学校的性质、任务和行为特点决定的。教学载体是比较常用和历史比较长的老载体，具体来讲，教学载体主要包括以下形式：一是经常性的教育方式，如课堂教学、形势报告会等。二是主题教育方式，指围绕特定的重大实践和重要议题开展学习教育活动。三是专门教育方式，指针对特定对象组织开展的相对集中的教育活动，如入党积极分子培训班等。

教学活动是学校的主体性活动，它不仅是学生专业知识的培养过程，也是对大学生进行思想政治教育的过程。对于当代大学生思想政治教育而言，首先，"'两课'是大学生思想政治教育的主要渠道和主要阵地"，要探索改革发展与创新思想政治理论课教学，充分发挥其在大学生思想政治教育中的主渠道作用。其次，要挖掘其他所有课程的大学生思想政治教育内容，使学校的全部教学活动都赋予大学生思想政治教育功能。

第一，要发展与创新思想政治理论课教学的内容。从实际情况来看，目前存在思想政治理论课教学内容滞后于社会的急剧发展、脱离学生思想实际的问题，这是导致其实效性不高的基本原因之一。因此，思想政治理论课只有找准与大学生思想实际、成长成才要求、全面素质提高的最佳结合点，才能使教学有的放矢，从而调动学生的学习积极性，使学生学有所思、思有所悟、悟有所得。为此，一是要坚持和贯彻理论联系实际的原则，紧密结合国际局势和时代发展要求，紧密结合我国改革开放和现代化建设实际，紧密结合大学生思想实际，不断解决思想政治理论课"供给"和学生"需求"之间的矛盾。二是要根据思想政治理论课的目标要求和学生思想实际、学科体系和课程结构的科学性要求、学生接受特点、接受心理和接受规律，以学生成长成才需要接受的大学生思想政治教育内容为主体，以理想信念教育为核心，以爱国主义教育为重点，以基本道德规范为基础，构建结构合理、功能互补、相对稳定的课程体系。

第二，要发展与创新富有说服力和感染力的教学方法。长期以来，在思想政治理论课教学过程中，大多沿袭传统的"注入式"教学方法，重教有余，重学不足，灌输有余，启发不足，导致学生在教学中参与程度较低，削弱了学生的主体作用，制约和影响了思想政治理论课的实效性。因此，要根据学生思想政治素质发展和教育的规律，积极推进教学方法的大胆开发与创新，从学生实际出发，不断探索思想政治理论课教学的新招、实招。一是要不断拓展有效的灵活多样的教学方法。提倡启发式、参与式、研究式教学，多用通俗易懂的语言、生动鲜活的事例、新颖活泼的形式，增强教学效果。精心设计和组织教学活动，认真探索专题讲授、案例教学、教师导学、学生自学等方法，针对不同类型、不同阶段大学生的特点以及不同的课程，可采取课堂讲授、课堂讨论、专题讲座、专题演讲、辩论、教学实践等方法，每次上课又留有一定的自由提问时间，师生面对面就重点、难点、焦点、热点问题深入探讨，互相启发，碰撞出思想火花，发展与创新理论和知识。同时，加强实践教学，引导大学生走出校门，加深对理论的理解，提高学生思想政治素质和观察分析社会现象的能力。二是充分运用多媒体和网络技术等现代化教学技术和手段。当代大学生崇尚发展与创新，关注新技术，而且非常希望能够运用新的技术手段来学习知识、运用知识、发展与创新知识。思想政治理论课发展与创新必须符合时代潮流和学生的实际需要，必须积极推进多媒体教学，建立教学互动网站，把课堂延伸到网上，使思想政治理论课教学更加灵活、有效和充满吸引力。三是要改革考查考试方法，引导学生结合实际运用知识。要采取多种方式，综合考核学生对所学内容的理解和实际表现，全面客观反映大学生的马克思主义理论素养和道德品质。要重点考查学生对教学内容的理解、接受和运用的情况，尤其是以马克思主义为指导分析和解决问题的能力。可采用口试、论文答辩、写读书心得和调研报告等方法，可以把期中考试、期末考试相结合，开卷、闭卷相结合，笔试、口试相结合，个人单独答卷、小组集体答卷相结合，等等。不管那种考试，都要避免考"死知识"，而要突出素质和能力的考试。考试方法的发展与创新，一定要保证"进头脑"的导向，而不能导向于学生死记硬背。

第三，要重视形势政策教育。高等学校形势政策教育是高校大学生思想政治教育的重要内容，是提高大学生综合素质、开阔胸怀视野、增强责任感和大局观十分重要的方面。大学生思想活跃，关心国内国际时事。这是我们有效开展形势政策教育的基础。新时代，要根据大学生思想与学业实际，以丰富生动的内容和学生喜闻乐见、灵活多样的方式积极开展形势与政策教育，让大学生及时准确地了解国家大事，使党和国家的方针、政策在大学生中入脑入心。形势政策教育，要注意适合大学生的思想状况和特点，积极探索新方式和新途径，采取灵活多样的教育方式，努力做到系统讲授与形势报告、专题讲座相结合，请进来与走出去相结合，正面教育与学生自我教育相结合。建立高等学校大学生形势报告会制度是个好办法，能让大学生及时准确地了解党和国家的重大事项和重要方针政策。要注重对教育系统特别是大学生先进典型和模范人物事迹的宣传，充分发挥先进典型和模范人物的引导、示范和辐射作用。

2. 传媒载体的发展与创新

传媒载体的发展与创新，首先要坚持政治性原则。舆论宣传是党的喉舌，要在党组织的领导下，遵循党的教育方针，宣传倡导"一元化"的价值观。其次，必须坚持"育人本位"的原则。校园传媒的内容选择必须紧紧围绕学校育人这个中心，使内容始终保持知识性、教育性、趣味性的特点。再次，必须保持受教育者的广泛性原则。在校学生不仅人数众多，而且有年龄之分，男女之别和民族之差，每个人由于成长环境、生活阅历，自身素质、文化基础，个人喜好，接受能力均有差别，因此传媒载体的运用，内容必须认真设计，做到内容丰富，形式多样，为同学喜闻乐见，其实扩大教育覆盖面，提高教育效果。有效地利用传媒载体，要对接受信息的渠道和内容加以选择和规范。因为报刊、广播、电视等大众传媒载体所传播的信息中蕴含大量的国内外实施动态报道和政策法规，导向正确的新闻报道，其内容蕴含各个时代先进人物的典型事迹，蕴含大量的先进文化信息和科学知识，因此，大学生思想政治教育工作者应善于把握正确的导向，对各种内容加以选择，对于贴近大学生思想实际，具有吸引力和感染力的信息要运用各种方法和渠道加以宣传，使大学生在接受新闻信息的同时接受形势政策教育、理想信念教育、爱国主义和民族精神教育。

有效地利用传媒载体，要加强对大学生的媒介素养教育。所谓媒介素养就是指正确地、建设性地享用大众传媒资源完善自我，参与社会进步。主要包括接受利用传媒资源动机、使用媒介资源的方法方式与态度，利用媒介资源的有效程度以及对传媒的批判能力。加强大学生媒介素养，提高大学生对大众传媒本质的认识，增强他们对大众传媒各种信息的辨别与筛选能力。大学生的媒介素养教育的主要内容包括了解传媒的各种基础知识，学会如何使用传媒的技能；学习并提高理解、选择、评估和质疑传媒信息的能力，掌握创造信息和传播信息的知识与技能，利用传媒形态发展自己、服务他人。

3. 谈话载体的发展与创新

谈话是大学生思想政治教育的必不可少的、不可取代的重要载体，运用谈话载体要注意以下几点：第一，要确定谈话重点。目前，高校专职从事大学生思想政治教育的人员都严重不足，因此谈话不可能面面俱到，必须突出重点，做到"六必谈"，即经济困难学生必谈、学生干部必谈、学习基础较差的学生必谈、发生突发事件的学生必谈、单亲家庭的学生必谈、思想心理波动的学生必谈。第二，要注意谈话的艺术。谈话的实质是"谈心"，因此要注意谈话双方的思想和心灵的沟通，聆听他们的心声，用真心呼唤真心，可以从生活小事入手，也可以从学习情况入手，但是一定要了解到学生的真实想法，对学生谈到的一些不愿意别人知道的东西要注意为学生保密。同时，大学生思想政治教育工作少不了要批评学生，但是批评谈话都要有理有据，摆事实，讲道理，让受到批评的学生心服口服，特别注意对犯了错误的学生不能有人格侮辱语言。第三，要注意运用对话形式。对话是教育者与被教育者在特定的环境中，借助有声语言和态势语言等有效手段，各自发表见解，抒发情感，从而达到感召教育对象的一种现实的教育方式，具有双向性、平等性。对话主要以有声语言和态势语言的统一，以对话教育者双方的形象作为对话的传播手段。对话是群言堂，在对话场合，不存在教育者与受教育者谁主谁辅的问题，而是把问题摆到桌面上，交给对话双方共同探讨解决，让大家发表意见，然后择善而从。教育者再根据对话所涉及的主要问题，进行总结，帮助教育者明确是非，通过对话，达到提高教育客体的思想觉悟，实现预定的教育目的。

4. 活动载体的发展与创新

第一，要充分发挥社会实践活动的作用，使其成为与学生的健康成长和成才密切相关的应用性、综合性、导向性的教育载体。道德教育要达到预期的效果，离不开人们的道德实践。道德建设的过程，就是教育与实践相结合的过程，是知行统一的过程。实践育人是大学生思想政治教育的新型育人方式，通过参加主题教育活动，可以使学生进一步坚定理想信念；通过开展"三下乡""进社区"的社会实践，可以让学生感受社会各阶层的生活状况，增强社会责任感；通过科技发展与创新和发明创造，可以提高学生运用知识和发展与创新能力；通过举办艺术节、学术研讨、知识讲座、读书活动、演讲、影视评论、业余党校等形式，辅之以公益劳动、社会调查、社会服务、勤工助学、挂职锻炼等各种社会实践，可以使他们加强对理论知识的理解，深化对自身潜能的认识，在自我教育中锤炼成为对社会、对人民有用的人才。

第二，要充分发挥学生社团活动的作用，使其成为大学生思想政治教育的最有效的活动载体。随着传统的班级概念逐渐淡化，社团组织逐渐成为维持大学生共同兴趣、提高大学生的科学文化素质，加强思想政治工作的有效载体之一。社团活动是培养学生兴趣爱好、扩大求知领域、增加交友范围、丰富内心世界的重要方式；同时学生社团具有自我服务、自我教育、自我管理、自我发展和重要的社会教化功能，其作用和影响力日益扩大，成为大学生思想政治教育重要的一部分。

社团活动载体的发展与创新，一要突出重点，正确引导，把握好社团的发展方向。大学生思想政治教育工作者要从社团登记、社团章程审查到具体活动方式，都要给予必要的指导，并帮助解决一些实际问题。可以建立社团工作指导委员会，配备一些德才兼备的教师担任社团的顾问和指导老师，并要建立一套社团管理条例、规定，把优秀的社团以一定的形式稳定下来。要大力扶持理论学习型社团，热情鼓励学术科技型社团，积极倡导志愿服务型社团，正确引导兴趣爱好型社团，发挥他们的龙头作用，带动学生社团活动的共同发展。二要强化实践，鼓励发展与创新，注重提高社团工作的凝聚功能和教育功能。要克服重娱乐轻教育、重数量轻质量、重形式轻内容的倾向，提高学生社团活动的层次，着眼于提高大学生的思想政治觉悟，拓展大学生的综合素质和技能，倡导文明、健康、科学的生活方式，开展丰富多彩的融知识性、思想性、趣味性于一体的社团活动，达到发展个性、陶冶情操、增进友谊的目的。

（二）大学生思想政治教育现代载体的发展与创新

1. 网络载体的发展与创新

（1）要积极开创网上思想政治教育阵地

互联网具有信息含量大、资源共享性强和速度快、范围广的优势，这种优势，为进一步拓展大学生思想政治教育的领域提供了有利的条件。借助这种优势，我们应当不断增加网络大学生思想政治教育的知识含量和科技含量，使大学生思想政治教育的内容因多媒体技术的承载，打破地域和空间限制，消除大学生思想政治教育的盲区和空白点，从平面走向立体，从静态变为动态，使教育对象在教育内容的不断拓展中受到潜移默化的感染和熏陶，从而实现大学生思想政治教育内容、对象和覆盖面的新拓展。当前的一个重要任务是要坚持把大学生思想政治教育理论与教育实践相结合，积极研究大学生思想政治教育工作的新情况、新特点，创建有吸引力的大学生思想政治教育网站。

（2）要进一步拓展网上的思想政治教育的形式和内容

一是大学生可以发表自己的观点并通过电子函递进行讨论，而思想政治工作者则参与其中，提出自己的正面观点，引导讨论不断深入而最终达到从思想上教育学生的目的。二是在高校大学生思想政治教育网站上建立电子布告系统，把大学生思想政治教育的内容加入其中。我们可以在系统中建立讨论区，大学生用户可在上发表自己的观点、看法，并针对某些问题展开讨论。思想政治工作者可以在此之中表明自己的立场、观点，宣传党的方针政策，解决大学生的思想问题，从而达到大学生思想政治教育的目的。还可以建立聊天室，通过聊天这种方式与大学生交流思想，了解其思想状况，发表正确观点，进行思想教育。三是开展新闻服务，利用网络新闻服务器向广大用户提供针对各种专题互相讨论和交流的服务。思想政治工作者可以通过在新闻专题中发表观点而起到引导作用，使更多的大学生能得到正确的思想指导。四是开设具有交互性、开放式的校领导电子信箱，开展在线交流；及时了解大学生的思想动态和关注的热点问题，有针对性地做好教育引导工作、纠正重大错误信息和批评错误言论等工作；宣传学校改革发展的成就和将要出台的重大改革措施，推进校务公开和决策民主；加强党建和团建工作。五是开展网上专项服务，及时解决实际工作中存在的问题，加强校内舆论引导，纠正错误信息和批评错误言论。

2. 文化载体的发展与创新

（1）要从宏观的德育大环境入手，注重家庭文化、社会文化和学校文化的联系互动

大学生是社会的大学生，大学生离不开社会。大学生思想政治教育活动的主阵地是学

校，但是却离不开社会文化这一大环境。因此，文化载体的发展与创新，不能够只局限于学校文化，也不能把校园文化载体当作不受影响的一块净土，而要立足和着眼于社会文化，注重于实现三者的相互联系和相互协调，保证高校教育环境不会出现空白。

（2）要把校园文化载体建设作为主要内容，发挥环境熏陶的作用

校园是学生学习、生活的场所，这个场所中大学生的言行举止，校园中的花草树木乃至建筑风格等都会对生活其中的大学生产生影响。环境不能决定人，但是可以改变人，道德的养成与提升，离不开客观环境的影响，这种影响主要是间接的、无意识的。校园文化是学校师生员工在长期的工作生活过程中形成的价值观、工作思想、群体意识和行为规范的总和。它一经形成，便常常强烈地表现出调节约束、集体意识功能和教育导向功能。大学校园文化作为一种黏合剂把大学生松散游离的个体凝聚成具有内核的群体，而且作为一种稀释剂，也能冲淡了校园学习的紧张感和枯燥感，也能作为一种填充剂，填补了人才培养模式的欠缺，有利于塑造出个性全面发展的个体。良好的校园文化有利于健全学生的人格，有利于规范学生的言行举止，有利于引导大学生发挥自己在大学生思想政治教育活动中的主体作用。校园文化育人的最显著特点是它的渗透式、陶冶式、隐蔽式的"无意识"教育，它以强有力的感染作用和陶冶作用对大学生的思想道德产生影响，起到内增凝聚力，外增吸引力，强化向心力的积极效应，并且产生的作用具有相对的稳定性与持久性。因此，加强大学生思想政治教育载体建设与发展与创新，必须高度重视校园文化的教育作用。校园文化载体建设与发展与创新首要的是加强校风、教风和学风建设，着力培育民族精神和大学精神。就是要用健康向上的校园文化占领学校的文化阵地，坚决抵制腐朽、消极文化的渗透和影响，创造良好的大学生思想政治教育环境，努力构筑浓郁的文化氛围，使整个校园成为净化大学生的心灵，提高大学生的审美素养，整洁幽雅、文明向上的场所，形成自然的"德育场"。具体来讲，在物质环境建设方面，应追求布局合理、错落有致、整洁大方的建筑风格，增强建筑的文化底蕴，用建筑自身的文化含量陶冶学生的情操，拓宽学生视野；同时，应该让学生主动地参与校园的美化、净化工作。让他们感到自己是环境的主人，在整洁幽雅的环境中养成文明有序的生活习惯。在制度建设方面要追求民主、科学、自由的校园文化氛围，严禁以权谋私，"没有规矩，不成方圆"，只有建立起完整的规章制度、规范师生的行为，才有可能建立良好的校风，保证校园各方面工作的开展与落实。在精神文化方面，应加强校园精神文明建设，加强校风、班风建设，用优良的校风、班风激励大学生，鼓舞大学生。同时，要努力提高学校的社会知名度，树立学校良好的社会形象，使学生以校为荣，增强集体荣誉感与自豪感，形成良好的人缘环境。

（3）要重视发挥地域文化在大学生思想政治教育载体中的重要作用

地域文化是一定地域的大学生们在长期的实践中积累起来的一笔巨大的财富，是地域人们的思想、精神的重要载体。它形式多样、内容丰富，而且都利用自然优势，具有自己的鲜明特色。大学生的思想政治教育问题，实际上是学校、家庭、社会各方面问题的综合反映。而所有这些方面又无不深受地域文化的影响。由于我国是一个历史悠久、幅员辽阔的多民族国家，不同民族、不同的区的语言和生活习惯差异很大，在长期的历史发展中形成了风格各异的地域文化。就地方大学生而言，开展大学生思想政治教育活动时必须高度重视并充分利用地域文化这一得天独厚的载体，把学生喜闻乐见的地方文化作为大学生思想政治教育的重要素材和切入点，充分挖掘和利用地方文化所具有的地方性、典型性、直观性和生动性等优势，排除不当的文化偏见，提高大学生思想政治教育的实效性。

3. 管理载体的发展与创新

（1）要积极倡导规范化管理

规范化管理具有规章明确，原则性强，操作性强，体制健全，机制协调，运行有序的特点。把大学生思想政治教育与规范化管理相结合，要注意以下几点：一是规范化管理要有明显的价值取向和价值观念。经过受教育者一系列活动的"操练"，加上日常管理的反复强化，并在具体执行过程中通过物质的、精神的外界刺激，就会使受教育者逐步养成一种良好的行为倾向和习惯，达到养成的目的。二是规范化管理必须以客观事实为依据，从大学生的思想实际出发，遵循大学生的思想活动发展规律。三是规范化管理必须遵守科学的程序规范和方法规范，严格按照规章制度办事。实践证明，在大学生思想政治教育中，没有完善的管理制度，或不善于运用制度，都会影响工作效果。管理载体与大学生思想政治教育的其他载体相比有更强的规范约束性，就在于它有明确的制度，对受教育者能做什么、不能做什么以及该做什么、不该做什么有明确规定，并能综合运用教育手段、经济手段、行政手段乃至法律手段保证贯彻落实，这恰恰弥补了单纯教育手段的不足。因而，科学化的大学生思想政治教育，要把原则性的目标具体化为可以把握的规格和标准，并确定相应的考核指标体系，形成一套系统、完整的可操作性强的制度。

（2）要积极探索民主化管理

民主化管理是大学生思想政治教育必须坚持的一个基本原则，也是大学生思想政治教育科学化的重要体现。从一定意义上说，现代管理的过程就是沟通、协调的过程，这种沟通包括管理者与被管理者之间的情感、信息、认识的沟通，沟通的目的是达成共识，协调立场、平衡关系，形成统一的意志和步调，共同实现管理目标。这种协调就是调节、说服以化解矛盾，使各种因素、资源达到最佳配置，发挥最大效益。在大学生思想政治教育中，以管理为载体，就是因为管理的这种沟通协调功能正适应大学生思想政治教育的原则和方法。因此，管理载体的沟通协调功能本身就体现了民主精神，也就是说民主管理是现代管理自身的特点所决定的。同时，当代大学生民主、平等、主体观念不断增强，以管理为载体，必须增强大学生对管理的认同，调动大学生主动参与管理、自觉接受管理的自觉性。因此，管理载体的发展与创新必须坚持民主化方向，具体来讲应该注意以下几点：一是在规章制度的制定上，应广泛听取学生的意见和建议，使各项规章制度既能满足学校正常教学生活和思想政治管理的要求，又能贴近学生的愿望。二是应采取多种措施，鼓励学生积极参与管理，建立健全学生的各层面的自律管理队伍，提高学生自我管理、自我教育、自我服务的能力。

　　4. 心理咨询载体的发展与创新

　　（1）要积极采用个别心理辅导，提高对个别对象思想政治教育的有效性

　　个别辅导是指心理咨询人员与来访对象所进行的一对一的交流。它的针对性强，避免了因在日常大学生思想政治教育中注重一般性问题而忽略或照顾不到个别的缺陷。由于我们的教育对象具有不同的个性特征和心理需求，集体教育和团体辅导对每一个特殊的个体并不适宜，必须针对个体的特殊情况，抓住每个个体的思想基础和心理问题对症下药，以此来解决大学生在其生活和学习中遭遇的问题。要积极采用面谈、倾听等技术，传统的大学生思想政治教育是教育者说得比听得多，道理比实例多，批评比认同多，缺少真诚的倾听与共鸣，如果在倾听的基础上加以分析判断，确定教育方案，则会增强大学生思想政治教育的针对性。

　　（2）要开好心理指导课，培养全体学生健全的人格素质

　　如果说心理辅导侧重于解决个性问题，那么开设心理指导课则偏重于解决共性问题，可以认为是一种集体教育与团体辅导。个别心理辅导和团体辅导两者点面结合，相辅相成而形成心理健康教育格局，就能更好地解决心理咨询在高校大学生思想政治教育中的运用问题。学生中带有普遍性心理问题的预防和解决只有通过开设心理指导课，才能提高效率，达到目的，同时也减轻了个别辅导的压力。开设心理指导课，要渗透大学生思想政治教育的内容，容易使学生信服和接受。

　　（3）要积极开展心理测验，建立心理档案，以增强大学生思想政治教育的针对性

　　认识自己，从而调整自己、改善自己、发展自己，这是当代大学生的内在需求，也是大学生思想政治教育的任务之一。教育的任务是为了促进自我教育，而教育和自我教育离不开对人心理的把握。心理测验是对一个人的智力、气质、性格、能力、兴趣、需求、心理健康状况等做出评估的过程。心理测验有助于教育工作者对学生进行更全面的了解，以便使大学生思想政治教育建立在符合学生思想实际的基础上；而建立学生心理档案，是研

究学生心理发展的重要依据。

（4）要利用各种渠道加强心理健康知识的宣传与教育

在高校，除开设大学生心理健康教育方面的必修、选修课程或专题讲座、报告广泛普及心理健康知识外，还可通过广播、电视、计算机网络、校报、校刊、橱窗、板报等宣传媒体，组织开展心理健康宣传周或宣传月等，在校园大力营造关心大学生心理健康，提高学生心理素质的良好氛围。

（5）要加强心理咨询队伍建设

做好大学生心理咨询工作，队伍建设是关键。要通过专、兼结合等多种形式，建设一支以专职教师为骨干，专兼结合、专业互补、相对稳定、素质较高的大学生心理咨询工作队伍。要重视心理咨询专业教师的配置，采取措施鼓励专业心理咨询教师走职业化的道路。要加强心理咨询兼职教师队伍建设，兼职教师可以是从事学生工作的辅导员和班主任，也可以是心理学或哲学社会科学相关学科的专业教师。要关心心理咨询教师的专业进修与培训，不断提高他们从事心理咨询工作所必备的理论水平、专业知识和基本技能。要重视发挥学生辅导员在学生心理健康教育中的重要作用，将心理健康教育的专业知识纳入学生辅导员的岗位培训，掌握与学生沟通、疏导学生心理问题的心理辅导理论和有效方法，提高心理咨询的能力和水平。

四、大学生思想政治教育载体发展与创新的原则

大学生思想政治教育载体发展与创新的原则是在大学生思想政治教育实践中形成和发展起来的，是大学生思想政治教育规律的具体体现。载体发展与创新只有遵循教育规律的客观要求，才能使大学生思想政治教育载体的发展与创新达到预期的目的和效果。大学生思想政治教育实践经验是载体发展与创新的直接依据，载体的发展与创新必须在教育实践中，经过反复的实践检验，根据实践的发展而不断地完善。

（一）以人为本原则

随着改革开放和社会主义市场经济的不断完善，教育主客体的自主意识、平等观念日益增强；思想上、政治上要求有充分的民主权利，人与人之间要求平等，人格上要求相互理解和尊重。"以人为本，尊重人的需要，注重人的全面发展，是人类社会发展进步的必然结果，也就成了新世纪教育的核心理念。"这种客观形势的变化和人们思想观念的转变，要求我们大学生思想政治教育要树立以大学生为本的观念，以尊重大学生、理解大学生、关心大学生为基点，把教育者和受教育者摆在同等的地位上进行平等的思想交流，不断增

强大学生接受教育的主动性，不断提高他们自我教育的意识和能力，使之成为具有自主性、能动性和超越性的道德主体。因此，大学生思想政治教育载体的发展与创新，必须以人为本，切实符合受教育者的思想状况，培育大学生的主体意识，发展大学生的主体能力，塑造大学生的主体人格。首先，载体发展与创新必须激发大学生的道德需求和道德追求的冲动，要以自我认识为切入点，引导大学生分析自身当前的道德水平，设立自己未来所要达到的道德目标，分析自己在成长过程中的道德不足，对自身的真善美、假恶丑的现象做出理性的分析，激活大学生提高道德自我教育能力的需求，以强化其内驱动力。其次，载体发展与创新必须立足于提升大学生的道德需要层次，促使学生将外在的道德要求转化为内在的道德需要，使受教育者不是被动地接受各种道德灌输，盲目地遵从既定的规范，而是积极地、主动地对现有价值体系、行为规范作独立思考、理性批判、自主选择，把社会合理的道德需求转化为自己的自主性、自律性的道德需求，不断地促使学生追求较高的精神境界。

以人为本是载体建设的最重要、最核心的原则。载体发展与创新坚持以人为本要注意以下几点：

1. 体现民主精神

要以民主作风和民主方法建设大学生思想政治教育载体，尊重教育客体的人格和合法权益，尊重他们的兴趣、爱好和个性差异，平等待人，积极营造民主、宽松、和谐的教育情境。

2. 体现疏导方针

载体建设必须积极营造畅所欲言、积极疏通、学会倾听、双向交流的环境，力戒"自说自话""自言自语"，在疏导中暴露问题、解剖问题、解决问题，使受教育者通过自身的艰苦思考和实际操练，得出正确的结论，自我抉择，自我负责。

3. 体现自我教育

所谓自我教育，就是教育者按照大学生思想政治教育的目标要求，主动提高自己的思想意识和道德水平，以及自觉改正自己的错误思想和行为的方法。载体建设要能引导大学生把外在教育要求变成自己的内在的践履性追求，主动接受外界的积极影响，对自己的思想行为进行自我认识、自我调控和自我矫正，以培养自己良好的思想品德，并外化为积极的自觉的行为。

（二）情感性原则

情感通常是指人们对于某种事物是否符合人的需要和愿望而产生的心理体验，情感性原则就是指要把情感作为对教育载体发展与创新的重要领域之一，使教育载体充满情感，通过对教育客体施以感情的教育力量，激起受教育者的感情共鸣，更好地实现教育主客体的良性互动。

众所周知，人都是有感情的，人是知、情、意的统一体，情感本身的发展也是大学生思想政治教育发展目标。感情决定着思考的方向，理性决定着思考的结果。第一，情感能够更有效地协助载体承载大学生思想政治教育的内容和任务目标，并能为大学生思想政治教育者所操作，提高教育效果和过程的良性互动。第二，情感是联系大学生思想政治教育主体和客体的一种重要形式。主客体可借助这种形式发生互动。教育主体和教育客体都是活生生的人，大学生思想政治教育载体在运用过程中必然存在双方的情感交流，师生的情感是相互感染、相互作用的。同时，充满情感的教育载体，能更好地调适教育主客体之间的关系，调动教育客体的积极性，提高大学生思想政治教育过程的效益，从而达到教育客体身心健康的目标。大学生思想政治教育的一个重要任务，也是要理顺人们之间的关系，充分发挥人的积极性，在这一点上，情感和大学生思想政治教育有很高的契合度。

同时，情感性原则是根据新时期大学生思想政治教育的新变化、新特点而提出来的。现代社会，随着人们生活节奏的加快，竞争压力的加大，情感淡化已经成为一种社会现象，这一现象在大学生的思想状况中也得到体现和反映。大学生思想政治教育的首要任务是要培养身心健康的合格建设者和接班人，把情感作为教育载体发展与创新的重要原则，使新的载体更能使教育工作更能体现以人为本的实质，更能体现人文关怀，能使抽象的大学生思想政治教育更加人性化。

（三）可控性原则

载体发展与创新的目的在于运用，再好的载体也只有为教育者所有效控制和运用，才能充分发挥它的效能。大学生思想政治教育载体的发展与创新必须能被教育主体所操作与控制，这是大学生思想政治教育目的性和主体性的突出表现。大学生思想政治教育是一种有目的、有计划、有组织的活动，这就决定了载体的发展与创新必须能为教育主体所把握和操作，能实现大学生思想政治教育的目的，能将教育者的要求转化为教育对象的思想意识和行为习惯，从而成为大学生思想政治教育过程中的一个自觉、自为的要素。如果不能够被教育主体控制，也就是说，在整个载体发展与创新过程中，教育主体应该始终处于主导地位，发挥主导作用。否则，大学生思想政治教育就会流于形式，大学生思想政治教育载体的价值就会消减甚至丧失，从而游离于大学生思想政治教育之外。载体发展与创新的过程实际上就是教育主体对载体的认识不断发展完善的过程，实际上也是教育主体对载体的选择、发展、适应的过程，实质是主体对载体的一种控制和选择。

　　大学生思想政治教育载体是内容与形式、目的与手段的统一，它作为一种工具性的手段是无目的的，但在运用、控制、操纵载体时却会表现出明确的目的性和教育主体的控制性。载体发展与创新不是漫无目的的创造，教育者要根据教育目的和教育途径而进行发展与创新，必须对载体的内容、形式、规模都要适时加以控制，使其与教育目的、教育客体的需求和社会发展的要求相对应。因此，进行载体发展与创新，必须认真研究新形势下和学校深化改革进程中不断出现的新情况、新问题对大学生思想政治教育的影响，不断地充实和完善已有的载体，建立新的载体，细化各项具体的环节，务必使载体的发展与创新与不断发展的新形势与大学生思想政治教育的要求相适应，更好地承载大学生思想政治教育的内容和实现大学生思想政治教育的目的。

　　载体发展与创新必须遵循可控性原则，要求教育者在载体发展与创新过程中，必须精心设计，有效操作。精心设计，就是指载体设计要有内容、有形式，内容要体现教育目的，形式要围绕内容而展开，内容要有感染力，形式要有吸引力。有效操作，就是要通过多种方式运用载体，并对运行情况进行监控和调节。载体作用的充分发挥，一是要有意识、有目的、有计划的运用，在运用过程中发挥其教育效能；二是要有效监控，保证载体运用过程的方向的正确性和过程的顺畅性；三是要适时调节，再好的载体也不是一成不变的，要根据情况的发展变化，对载体进行完善、补充或调整；四是要加强管理，要对载体的组织者、运用者、参与者进行教育和引导，使之能围绕教育目的、按照预选设计进行活动，不能放任自流，听之任之，影响效果、偏离目标。

（四）渗透性原则

　　大学生思想政治教育对载体对人的思想品德、价值观念的影响需要灌输和强制性约束，但是更重要的是靠潜移默化的感染和熏陶，"润物细无声"是大学生思想政治教育最高境界的生动写照。大学生思想政治教育的实质就是把一定的社会的思想观点，政治立场和道德规范内化为受教育对象的个体品德，并使之在社会生活中表现出来。内化的途径及过程一般通过知（认知）、情（情感）、意（意向）、行（行动）等阶段。在每一个阶段，都可以通过渗透大学生思想政治教育内容来进行大学生思想政治教育。

　　遵循渗透性原则的关键是要建立渗透性大学生思想政治教育载体体系。一是各科教学是渗透的主渠道。教学活动是学校的主体活动，也是大学生的主要活动内容，不论思想政治理论课教学还是专业教育，都应有意识地渗透大学生思想政治教育的内容，使学生在接受知识教育的同时得到大学生思想政治教育。二是校园物化环境的建设要渗透大学生思想政治教育内容。任何教育成效都基于逐渐浸润，校舍是大学生主要学习生活的地方。因而要让它不仅要有使用功能，而且要有大学生思想政治教育功能。三是要创设一个和谐的校园人际环境。要让学生在愉悦之中，在信任的情感里充分接受教育的内容；在似是无意却有意，似是无形却有形的情境中培养丰富的道德品质。

（五）系统性原则

系统性原则是由德育过程和受教育者成长过程的复杂性、反复性和不确定性所决定的，大学生思想政治教育活动是一项复杂而不断反复的教育过程，大学生思想政治教育的对象是一个个"立体"、综合的人，人的思想、行为的发展受到多种因素的影响和制约，在这样的对象面前，必须运用多种载体来强化教育效果。大学生思想政治教育载体的系统性主要表现为载体的有机性和统一性，载体系统的诸要素密不可分、相互协调，它体现了教育方式的主从和并列的结合、交替和协调的结合、渗透和融合的结合。大学生全面发展过程中出现的多种矛盾和问题，需要多种教育方式多管齐下的运用，教育载体的创新与选择也往往是一种载体为主、多种载体辅助，"顾此失彼""单打一"的载体选择必然会使教育效果大打折扣。载体系统性所具备的性质和功能，应大于各个载体在孤立状态下所具有的功能。

系统性原则，要求我们必须积极根据德育实践来构建大学生思想政治教育的载体体系：

1. 要根据大学生思想政治教育的内容的不同选用不同的载体

毋庸置疑，教育教学载体是大学生思想政治教育载体体系的主导，但是不同的教学内容也可以采用不同的载体形式。例如，参观爱国主义教育基地可以更直观有效地提高大学生的爱国主义觉悟；参观社会发展成就展览或到知名企业、先进社区、发达城市进行社会调研，可以进一步坚定大学生对中国特色社会主义的信念；进行"三下乡"活动，可以进一步培养大学生的社会责任感；等等。

2. 要根据不同大学生群体的思想特点选用不同的载体

大学生群体的划分标准很多，可以根据学校和专业的不同划分，可以根据经济条件不同划分，可以根据年级高低划分，可以根据政治面貌划分，可以根据身心发展状况划分，等等。不同的群体呈现不同的思想特点，不同的群体也应该有侧重地选用不同的教育载体，只有这样才能提高大学生思想政治教育的针对性。

第五章　大学生职业素养培育

第一节　职业素质构成及职业素质要求

一、职业素质的内涵

由"职业"和"素质"组成的职业素质，简单说是指满足职业生涯需要的一种特定素质。严格意义上说，职业素质是指劳动者从事某种职业所需要的知识技能基础，通过教育、劳动实践和自我修炼等途径形成和发展的在职业活动中发挥重要作用的内在基本品质，主要表现在职业兴趣、职业能力、职业个性及职业情绪等方面。对于应届毕业生而言，其显性素质方面还不错，但在隐性素质方面由于缺乏实践经验，也是很多毕业生有意无意忽略的东西，因此比较欠缺，这也是很多用人单位不愿意招聘应届毕业生的原因之一。

影响和制约职业素质的因素很多，主要包括：受教育程度、实践经验、社会环境、工作经历以及自身的一些基本情况。一般说来，劳动者能否顺利就业并取得成就，在很大程度上取决于其本人的职业素质。职业素质越高的人，获得成功的机会就越多。

由于职业是人生意义和价值的根本之所在，职业生涯既是人生历程中的主体部分，又是最具价值的部分。因此，职业素质是素质的主体和核心，它囊括了素质的各个类型，只是侧重点不同而已。职业素质是人才选用的第一标准，是职场制胜、事业成功的第一法宝。

二、职业素质的特征

职业素质是劳动者在一定的生理和心理条件的基础上，通过教育培训、职业实践和自我修养等途径而形成和发展起来的、在职业活动中起决定作用的、内在的、相对稳定的基本品质。因此，职业素质具有职业性、稳定性、内在性、整体性和发展性等特征。

（一）职业性

不同的职业，对职业素质要求是不同的。对建筑工人的素质要求，不同于对护士职业的素质要求；对商业服务人员的素质要求，不同于对教师职业的素质要求。

（二）稳定性

一个人的职业素质是经过较长时间的教育培训，以及在长期从业实践锻炼中日积月累形成的。它一旦形成，便具有相对稳定性，在各种不同的场合中显示出较为一致的品格。这种稳定性是从业者做好本职工作的基本条件和保证。

（三）内在性

职业素质是一个人接受知识、技术、技能的教育和培养，并通过实践磨炼后的内化、积淀和升华的结果。从业者在长期的职业活动中，经过自己学习、认识和亲身体验，形成能做什么（知识、技能）、想做什么（自我认识、角色定位）和怎么做（价值取向、态度、信念）的认知，并有意识地内化、积淀和升华，这一心理品质就是职业素质的内在性。

（四）整体性

一个从业者的职业素质是和他整体素质有关的。我们说某某同志职业素质好，不仅指他的思想政治素质、职业道德素质好，而且还包括他的科学文化素质、专业技能素质好，甚至还包括身体心理素质好。一个从业者，虽然思想道德素质好，但如果科学文化素质、专业技能素质差，也不能说这个人整体素质好。相反，一个从业者科学文化素质、专业技能素质都不错，但思想道德素质比较差，同样，我们也不能说这个人整体素质好。所以，职业素质很重要的一个特点就是整体性。

（五）发展性

人的素质是通过教育、自身社会实践和社会影响逐步形成的，具有相对性和稳定性。但是，随着社会经济和科学技术的发展，社会职业和职业岗位也在发展变化，这种变化对从业者提出新的职业素质要求。因此从业者要不断地培养提高自己的素质，以适应社会发展的需要。所以，素质具有发展性。

三、职业素质构成

职业素质是劳动者对社会职业了解与适应能力的一种综合体现，其主要表现在职业兴趣、职业能力、职业个性及职业情况等方面。职业素质的构成包括多个方面，主要包括：思想政治素质、职业道德素质、科学文化素质、职业技能素质、心理健康素质等。

（一）思想政治素质

1. 思想政治素质的构成要素

思想政治素质，是人们从事社会政治活动所必需的基本条件和基本品质，它是一个人的政治立场、政治观念、政治态度、政治信仰、政治鉴别力和政治敏锐性的综合表现。

一个人的思想政治素质与其在社会生活中的位置、政治生活经历关系密切，它是随着个人成长，在长期社会生活实践中逐步形成、发展和成熟的。

2. 思想政治素质的作用

（1）良好的思想政治素质为人才成长奠定了基础

政治方向正确与否是衡量大学生成才的主要标志。只有具有正确的政治立场、政治观点、政治鉴别力、政治敏锐性，才能把握正确的政治方向，才能认清时代赋予自己的历史使命，做出正确合理的政治选择和政治追求。

（2）良好的思想政治素质决定着人才自身成长的发展前途

当一个人具有坚定正确的政治立场、明确的政治观点、敏锐的政治洞察力时，表现为对新生事物、进步力量和历史进步潮流的讴歌和支持，推动历史进步的车轮。相反，错误的政治立场、观点，则体现为对黑恶势力趋炎附势或消极逃避，这种立场和态度，只能使人倒退与落后，成为历史进步的障碍。

（3）良好的思想政治素质是人才成长的保证

具有良好的思想政治素质，就能努力地把社会政治要求内化为自身的政治行为。既能保证有一定专业特长和科技知识为社会服务，也能保证个体自觉遵守和维护社会政治规范。

（4）良好的思想政治素质是人才成长的精神动力

具有良好的思想政治素质的人，通过自己的政治思想，把个人的命运与祖国的命运联系起来，内化成为一种持久永恒的精神追求。良好的思想政治素质作为一种强大的精神动力，使人精力充沛，百折不回，最大限度地发挥人的聪明才智。

3. 良好思想政治素质的塑造

（1）努力学习马克思主义理论

马克思主义正确揭示了客观世界特别是人类社会发展的基本规律，是完备而严密的科学理论体系，是我们正确认识世界的科学世界观和方法论。大学生正处于思想政治素质的形成时期，容易受各种社会思潮的影响，尤其需要先进思想的教育。通过学习马克思主义政治理论课，使学生掌握马克思主义的基本原理、基本观点，并运用这些原理和观点去分析认识各种社会现实问题、抵制各种错误思潮，逐步形成正确的世界观和人生观，培养良好的思想政治素质。

（2）培养强烈的爱国意识

爱国主义是我国每个社会成员必须具备的最起码的思想政治觉悟，它是人们千百年来积淀的对祖国的一种最深厚的感情。这种神圣、深厚的感情集中表现为：对祖国山河、文化、历史、优良传统以及人民的热爱，关心祖国的前途和命运，把个人命运同祖国命运联系在一起；强烈的民族自豪感、自尊心和自信心；为维护祖国的独立、统一、富强而英勇奋斗乃至牺牲的精神。爱国主义是精神生活的重要内容，对人们的思想和行为产生强烈影响，是人们思想政治觉悟走向更高层次的出发点和基础。在当代中国，爱国主义意识集中表现是：争取祖国统一，维护世界和平，走建设有中国特色社会主义道路，实现社会主义现代化的宏伟目标。作为大学生，要把爱国主义情感化为报国之志，奋发努力，勤奋学习，勇攀科学高峰，献身于伟大的社会主义事业。

（3）坚定社会主义信念

信念是人们对某种政治理论、主张、原则等的信服和崇敬，并要努力身体力行的精神状态。当代大学生正处于风华正茂的青年时期，其思想观念、价值体系、政治判断力尚未成熟，正是世界观、人生观形成时期。树立什么样的政治信念，对大学生一生的成长和发展起着决定性的作用。一个大学生如果树立了正确的、坚定的社会主义信念，就能明确前进的方向，使自己的政治追求有一种科学的理性力量，有一股强大的精神动力，就会不断成长和进步。

（4）积极参加各种社会活动

大学生要提高自己的政治素质，不能把自己封闭起来，回避社会现实问题，仅仅作为"旁观者"来对待社会现实是不可能成长起来的。正确的做法应该是关心国内外大事，认真领会和执行党和国家的各项路线、方针、政策，积极参加各项政治活动，关心社会发展的趋势和前途。在学校里可以通过开展社会调查、社会实践，参加或组织形势报告会，参与政治评论等活动，使自己得到锻炼，提高自己明辨是非的能力，使自己在政治上迅速成长起来。

（二）职业道德素质

职业道德是大学生的内在素质，反映了一个人的品德和品质，是大学生的一个"软实力"，是被用人单位十分看重的一种关键素质，也是大学生必须拥有的一种素质。求职择业是一场"优胜劣汰"的竞争，大学生要想在千军万马中突出重围，必须高度重视职业道德素质的培养和锻炼。

1. 职业道德的内涵、作用

（1）职业道德的内涵

所谓职业道德是指在一定的社会经济关系中，从事一定职业的人们在职业活动中应遵循的道德原则、规范以及与之相适应的道德观念、道德情操和道德品质的总和。职业道德是劳动者在职业活动过程中应该遵循的特定的职业理想和行为准则，也体现了本职业对社会所承担的道德责任和道德义务。每一个劳动者都应该自觉遵守和忠实地履行自己应承担的责任和义务，只有这样，社会职业活动才能有正常的秩序，社会才能发展进步。

职业道德包括职业道德规则、职业道德意识和职业道德行为三个层面。职业道德规则是指约定俗成或者明文规定的职业标准和行为准绳，由职业道德原则和职业道德规范组成，两者相互联系、有机结合，共同对人们的职业关系和职业行为起着指导和调节作用。职业道德意识是指社会或个人对职业道德的认识、情感、信念等心理和思想状态，包括职业道德心理和职业道德思想两个方面。职业道德行为是指能以一定的善恶标准进行评价的职业行为，一般包括行业职业道德行为和个体职业道德行为等。

（2）职业道德的作用

职业道德是立业之本，职业道德在调整个人与他人、个人与集体之间的职业道德关系中，有着特殊的积极的社会作用。

第一，职业道德是推动社会发展和进步的重要精神力量。职业道德是社会道德的一个重要组成部分，它是推动社会发展和进步的重要精神力量。社会的经济发展和人类文明进步是需要各行各业分工协作以及全社会的劳动者的努力工作才能完成的。这就说明职业道德分为两个层面：一是社会不同行业不同职业都有自己的职业道德规范，这是静态的；二是要求每个劳动者必须具备一定的职业道德素质，这是动态的。社会任何行业，任何职业都需要从业者具有职业责任感和义务感，具备一定的职业道德水准。

第二，职业道德能够促进劳动者自我完善。职业活动是人类社会生活中最普遍、最基本的活动，一个人的一生有近半时间是在职业生活中度过的。一个人的知识素养、劳动技能、道德品质的提高，离不开职业实践活动。人们从事的任何符合社会规范的职业活动，都是既为社会、为人民服务，也是为了个体的自我完善和全面发展。

第三，职业道德能够促进社会生活的和谐稳定。社会每一种职业，每一项工作都与社会生活相联系，都是社会生活的组成部分。如果从事各种职业的人们都能讲求职业道德，都能够自觉地按照社会职业道德规范的要求去处理各种职业关系，正确行使职业权利，认真履行职业义务，各行各业的从业者都能够普遍遵守职业道德，人们整体社会道德水平就能大大提升。

2. 职业道德的基本内容

由于社会各行各业的职业活动内容和职业特征不同，对职业道德的要求、标准和内容不尽相同，但各种不同职业的职业道德都有着共同的基本内容。

我国职业道德的主要内容是"爱岗敬业、诚实守信、办事公道、服务群众、奉献社会"。

（1）爱岗敬业

爱岗敬业是职业道德的基础，是社会主义职业道德所倡导的首要规范，是对从业者工作态度的一种普遍要求。爱岗就是热爱自己的本职工作，以正确的态度对待自己的工作并勤奋高效地做好本职工作；敬业是指从业者对待工作尽职尽责、兢兢业业的行为。

爱岗和敬业，两者相互联络、相互促进。爱岗是敬业的前提，没有从业人员对自己所从事工作的热爱，就不可能自觉做到忠于职守；敬业是爱岗的升华，只有树立一丝不苟、踏踏实实的工作作风，才能认真履行自己的工作职责，实现自己的职业理想。

（2）诚实守信

诚实守信就是从业者在履行职责时要诚实劳动、讲求信誉。诚实劳动是指在职业活动中应以脚踏实地的态度进行忘我的劳动和工作；讲求信誉是指劳动者在职业活动中遵守承诺、讲究信用，忠实地履行自己承担的职责和义务。

诚实守信是职业道德的精髓，也是一个人做人的基本准则。诚实守信是做人之本，立足之本。对一个人来说，诚实守信既是一种道德品质和道德信念，也是每个公民的道德责任，更是一种崇高的"人格力量"，一种"软实力"。

（3）办事公道

办事公道是指从业人员在处理职业事务、职业活动过程中，要做到客观公正、公平公开，公私分明。一些人认为办事公道这一职业道德只适合领导干部、公职人员，这是对办事公道的一种曲解。办事公道作为职业道德的一项重要内容，是所有从业者都应该具备的。

办事公道，就是做事要讲原则，无论对人对己都要坚持实事求是，出于公心，不挟私欲，严格按道德规范来处事待人。办事公道是社会主义职业道德的重要规范，是市场经济良性运行的有效保证，在市场经济运行中，更应要求所有从业者处事公平、办事公道，这有助于社会文明程度的提高。

（4）服务群众

服务群众是指不管从事何种职业，身处什么岗位或地位，都要一切从人民的利益出发，为广大人民群众竭诚服务。服务群众是社会主义职业道德的核心价值观，也是为公众服务这一职业道德核心在职业生活中的具体化，是每个职业劳动者职业道德的基本规范。服务群众就要"倾听群众呼声，体察群众困难，尊重群众意愿，解除群众忧虑，满足群众需要"。这就要求从业者必须树立服务理念，端正服务态度，改善服务环境，提高服务技能，保证服务质量。

（5）奉献社会

奉献社会是指从业人员要把自己的全部智慧和力量投入到为社会、为集体、为他人的服务之中去。奉献社会是社会主义职业道德的出发点和归宿，也是社会主义职业道德中最高层次的要求，体现了社会主义职业道德的最高目标指向。

3. 大学生职业道德的修养

随着社会主义市场经济体制的建立、健全和人事劳动就业制度改革的深化以及人才市场的日趋完善，我国大学生就业已经进入了"双向选择""自主择业"的崭新时代，大学生不但成为就业过程中的主角，还拥有了选择职业的自主权、主动权，呈现出"海阔凭鱼跃，天高任鸟飞"景象。

加强大学生职业道德修养，用社会主义职业道德来约束和引导大学生就业行为，对提升大学生整体道德素质和水平，为个体完善和全面发展，促进大学生就业具有重大意义。

职业道德修养体现在一个人的世界观、人生观、价值观及择业观上，体现在一个人的日常生活和社会交往上，体现在一个人的一言一行和实际行动上。大学生职业道德素质修养的主要内容如下。

（1）要认真学习和掌握职业道德理论

职业道德的修养是一种自律行为，主要取决于自己的主观努力，高度的自觉性是职业道德修养的一个内在要求和重要特征。而主观努力关键在于"自我学习""自我改造"和"自我锻炼"，也就是学、思、行三个环节。"自我学习"是指大学生通过专门学习，深刻理解社会和职业对自己职业道德的要求，树立职业道德修养标准。"自我改造"是指大学生要对社会职业道德现状进行思索，与自我消极思想做斗争，确立自己的职业道德观念。

"自我锻炼"是指大学生实践自己的职业道德修养，通过实践行动实现自己崇高的职业理想。

（2）要树立诚实守信的职业道德基本准则

诚实守信是做人之本，也是大学生社会立足之本。诚信是大学生全面发展的助推器，只有以诚实守信为重点，加强道德修养、诚心做事、诚实做人、言行一致、表里如一，才能不断提高思想道德素质、科学文化素质和健康素质，实现全面发展。要切实加强诚信教育，不断增强大学生的法律意识和守信意识，使大学生提高守法守规的自觉性，认识到诚实守信的品德是立身之本、做人之道。

（3）要树立敬业、乐业的职业道德意识

市场经济对大学生自身素质提出了更高的要求，没有良好的职业道德素质，难以适应社会发展的需要。大学生思想品德教育中经常提到的，表里如一、言行一致、知行统一，既是大学生思想道德修养的重要原则和方法，也是大学生做人的基本准则。大学生要成功在社会立足，成功立业，就必须树立敬业、乐业的职业道德意识。首先，要树立敬业意识。敬业就是专心致力于工作，我国思想政治家朱熹指出，敬业者，专心致志以事其业也。敬业是一种责任感，是一种认真负责的态度，也是做好本职工作的前提和保障。其次，要树立乐业意识。干一行，爱一行。只有乐业，人才能从职业工作中得到精神享受。人生能从自己职业活动中领略出趣味，生活和生命才有价值和意义。

（4）要培养吃苦耐劳，奉献社会的意识

吃苦耐劳是中华民族的传统美德，也是职业活动的基本要求。甘于吃苦是大学生由学生角色转换的职业角色的重要条件。只有甘于吃苦，才能适应工作，才能"干一行、爱一行、专一行"，才能为社会承认和认可。

4. 加强职业道德修养的方法

加强职业道德修养，除了必须有强烈的愿望和自觉性，积极去实践之外，还应采取一些行之有效的方式方法。我国有五千多年的文明史，道德资源举世无双，伟大的思想家孔子的"博学之，审问之，慎思之，明辨之，笃行之"，就是讲述了道德修养的方法。大学生可以借鉴我国历史上思想家们提出的各种积极有效的道德修养方法，结合当今社会发展的需要和实践经验，努力锤炼个人的职业道德品德。

（1）学思并重的方法

这种方法主要是通过虚心学习，认真思考，从而明辨善恶，学善戒恶，以形成良好的德性。"学思并重"是孔子首倡的一种观点，他认为学与思是修养过程中的两个基本环节，思和学是互相依存的关系，两者相辅相成。他指出"学而不思则罔，思而不学则殆"。只学习却不思考，就会迷茫；只思考却不学习，就会精神疲倦而无所得。孔子关于学思结合的精辟见解，对后来的道德修养理论和实践，产生了深刻的影响。

（2）省察克治的方法

这种方法主要是通过自我反省来发现和找出自己思想和行为中的不良倾向、坏的念头，并加以抑制和克服。所谓"省察"，就是通过反省检查以发现和找出自己思想和行为中的不良倾向，坏的念头、毛病和习惯；所谓"克治"，就是克服和整治，去掉所发现的那些不良倾向，坏的念头、毛病和习惯。

（3）慎独自律的方法

这种方法是指在没有外在监督的情形下坚守自己的道德信念，自觉按照道德要求行事，不因为无人监督而为所欲为。孟子说"君子慎独"，就是说，具有良好道德修养的人，在任何时候都能够严格要求自己，都能够得到大家的称赞。慎独是儒家对个人内心深处比较隐蔽的意识、情绪进行管理和自律的一种修养方法。慎独要求不欺人、不自欺，从外在的言行到内心的思想活动都要自我约束。

（4）积善成德的方法

这种方法是通过不断积累"善行"或"美德"，使之巩固强化，以逐渐凝结成优良的品德。荀子提出了"积善成德，而神明自得"的理论。他认为道德修养并非一日之功，成性成德不可一蹴而就但也不是高不可攀、遥不可及的，关键在于积累和重微。用积善成德、友贤成德、责己成善等道德修养方法，培养自己的社会责任感和爱人乐群的精神是一种积极的方法。

（5）知行统一的方法

这种方法是将提高道德认识与躬行道德实践统一起来，以促进道德要求内化为自己的道德品质，外化为实际的道德行为。想得再好，说的再美，没有实际行动，只是纸上谈兵。作为道德修养方法，知行统一强调道德认识与道德实践二者是辩证统一的关系。一个有道德的人，必须理解行为所应遵循的行为准则，更必须在生活上遵循这些准则而行动，做到知行统一。知行相互为用，共同促进着道德人格的完善。

（三）科学文化素质

1. 科学文化素质是求职立业的必要准备

科学文化素质是从事职业活动的需要，是掌握专业技能的基础。科学文化知识越丰富，对技术、技能形成的指导性越强，就能在实践中少走弯路，减少摸索的时间，提高工作效率。社会发展日新月异，信息时代瞬息万变。为了适应不断变化的新形势对就业者素质和能力的要求，我们只有学习和掌握一定的科学文化知识，为求职立业做好必要的知识准备，才能适应未来的职业要求。

2. 提高科学文化素质的途径

（1）认真上好文化课是提高科学文化素质的基础

现代职业教育是以培养适应社会主义现代化建设所需要的初、中级技术人员和管理人员为目标的，而学习和掌握一定的职业技能必须以一定的科学文化知识为前提，因此，只有认真学好文化基础知识，才能为今后的学习打好基础。

（2）培养自觉学习的习惯是提高科学文化素质的关键

青少年时期是在学校接受教育的黄金时代。学生在教师的指导、帮助、督促下进行系统的学习，逐步掌握了一定的文化知识，然而，要很好地进行学习，关键是要培养自觉学习的习惯；要培养自觉学习的习惯，必须明确学习目的，提高学习自觉性。学习是有目的、有计划和讲究方法的活动，其首要的特征便是学习的目的性。学习无目的或目的不明确，是导致学习困难或厌学的重要因素之一。因此，必须明确学习目的，正确认识学习的社会意义，把学习与社会建设结合在一起，从而形成健康的学习动机，培养正确的学习态度，提高学习的自觉性。

（3）具有科学的学习方法是提高科学文化素质的重要途径

现代社会的重要特征之一就是"知识激增"，科学知识总量每过 3~5 年就会翻一番。即使一个人整天 24 小时不停地学习，也无法穷尽某一学科的知识领域。可见，除勤奋外，科学的方法至关重要。因此，我们应掌握科学合理的学习方法，掌握学习的主动权，逐步提高自己的文化和专业知识素质。

（4）培养自学能力、不断拓宽知识面是提高科学文化素质的重要内容

21 世纪是一个信息技术、生物技术、新材料技术、新能源技术、空间技术和海洋开发技术发展的全新时代，这是迄今为止科技发展和社会发展史上规模最大、发展最快、影响最深的科技革命。由于知识更新加快，在学校所学的知识已远不能适应社会、经济发展的需要，因此，应注意培养自学能力，根据自己工作的需要，在实践中不断学习先进的文化专业知识，拓宽知识面。知识丰富了，可以触类旁通，左右逢源，提高自己的文化专业知识素质，适应形势发展的需要。

（四）专业技术素质

1. 专业技术素质的含义

专业技术素质是指任职者从事某种专门职业所必须具备的智力技能和操作技能。智力

技能是指借助于言语在头脑中进行的智力活动的方式，如阅读、心算、解题、作文等方面的技能；所谓操作技能，又叫动作技能，指书写、打字、演奏乐器、使用生产工具等，主要是借助骨骼、肌肉运动实现的一系列外部动作。动作技能与智力技能统一存在于人的实践活动中，两者既有区别，又有联系，并可相互转化。

掌握专业技术，是就业的基本条件。对大学生来说，如果动手能力不强，只掌握专业理论知识，就等于纸上谈兵，是不能胜任实践工作岗位的。随着市场经济的发展、竞争的进一步激烈，只有理论知识而无实际动手能力的人将被淘汰。

掌握专业技术，也是开发智力、培养能力，在本岗位上做贡献的需要。专业技术的形成不仅是领会、巩固和应用知识的重要条件，而且对于学生智能的发展，特别是职业活动中所需的独立工作能力和创造力的发展，具有极大的促进作用。专业技术在一定程度上决定了就业者在本岗位做出贡献的程度。因此，要使自己能在职业活动中为社会做出更大的贡献，就必须掌握一定的专业技术。

2. 提高专业技术素质的途径

（1）理论联系实际，积极参加实习、实验和社会实践活动

要掌握专业技术技能，一方面应该认真学习专业技术理论知识，做到"应知"；同时，必须加强专业技术技能的训练，做到"应会"；最终，"手脑并用，合二为一"。如何把学到的专业技术理论转化为技能技巧，关键在于理论联系实际，积极参加实习、实验和社会实践等各种实践活动。要多动手、勤操作，不放过任何一次动手机会，将技术理论变成自己的实际动手能力，在实践中锻炼自己，不断提高自己的专业技能，进一步培养生产和工作能力。

（2）勤学苦练，精益求精，向一专多能方向发展

学习和掌握现代科学技术不是一件轻而易举的事情。在科学上没有平坦的大道，只有不畏劳苦沿着陡峭山路攀登的人，才有希望达到光辉的顶点。要掌握高超的技术掌握过硬的本领，必须有谦虚好学、刻苦钻研的精神，必须通过艰苦的劳动，勤学苦练，掌握本专业技能，精益求精，努力向一专多能型方向发展。能否做到这一点，是衡量一个人事业心强弱的重要尺度，也是衡量一个人职业素质高低的重要标志。

（3）取长补短，向一切有经验的人学习

由于科学技术发展迅速，新工艺、新技术层出不穷，更新很快，因此，学习和掌握知识的过程是没有止境的。在刻苦学习的同时，应不断吸收国内外的先进技术和经验，取长补短，不断提高、完善自己。为了做好本职工作，要尊重同行，虚心请教，互相切磋，潜心钻研，使自己成为行业的技术能手，不断攀登技术高峰。

国家国力的强弱，经济发展后劲的大小，越来越取决于劳动者的素质。因此，劳动者的素质是关系到一个国家在未来世界的竞争中立于不败之地的大问题。青年人是祖国的未来，建设富强、民主、文明的社会主义现代化强国的重担历史地落在他们肩上。他们不仅要有丰富的科学文化知识，还应掌握过硬的专业技术技能，以迎接世界技术革命的挑战，在工作岗位上大展身手。

（五）心理健康素质

1. 心理素质与大学生就业

大学生是否具有健康的心理素质，不仅对他们的求职就业有直接影响，而且对大学生的职业发展、人生发展都有着不容忽视的影响作用。充分认识大学生就业心理健康的重要意义，有助于大学生培养良好就业心理、预防不良就业心理、调整就业观念、积极面对就业。

（1）大学生就业心理与大学生的求职择业

就业环节是大学生完成学业后的实践阶段，大学生个人的综合素质、各项能力在这个环节集中展现出来，构成大学生职业素质与职业能力的基本内容。在这个环节，用人单位不仅看重大学生的专业学习水平与实践能力，对大学生的职业道德、职业理念也非常重视、对大学生求职面试中的一言一行都给予关注，这些观念与行为都和大学生的就业心理状况密切相关。

大学生的就业心理健康和求职择业这个人生课题息息相关。健康的就业心理是促进大学生顺利就业和成功就业的保障。健康的就业心理状态下，大学生能够客观地分析个人现实和职业现实，树立科学的人生观和价值观，形成合理的就业观和职业观，更能够经受困难和挫折，在市场竞争中始终勇往直前，积累经验教训，赢得就业机会，获得就业岗位；相反，不良的就业心理状态下，大学生或盲目就业、或犹豫不定、或这山望着那山高、或消极等待机遇出现。

青年大学生要立足社会需求、立足职业发展，充分利用大学期间的理论学习、社会实践、科学研究、实习活动等等，主动培养个人健康的心理素质，积极主动地应对就业问题，迎接社会挑战。

（2）大学生就业心理与大学生的职业发展

就业心理和职业发展互为依托、互为补充。一方面，诸多不良就业心理的形成，多是由于个人定位、职业定位方面的问题而引起的，而这些正是职业发展方面的基础技能。通过职业规划，能够帮助完成个人职业素质的分析、完成社会对应职业的调查和个人职业目标的定位，以此为基础的就业观念的形成就有了更加科学的依据，就能够以良好的心理状态对待就业。

另一方面，拥有健康的就业心理，更是大学生科学规划职业生涯、获得良好职业发展的基础。在进行职业规划阶段，良好的心理状态是完成设计、实施训练的保障，影响到职业规划的实施是否具有主动性、积极性、针对性、科学性，而不良心理状态会造成态度、深度、准确度方面的很多失误。

因此，从大学生活开始之时就要注意健康心理的养成，从职业规划开始之时就要注意健康心理的维护，在职业目标的选择时注意预防和调试不良就业心理，在职业发展的各个阶段都要注意培养和发展健康的就业心理，这样的职业人生才会更加辉煌。

（3）大学生就业心理与大学生的成长成才

就业，这对于大学生的人生发展来讲有着重大意义。这个阶段由于受到"就业"这一事件的刺激，个体在心理和行为上有所波动是正常的，是符合人的心理发展特点的。但是如果忽视健康就业心理的培养与锻炼、忽视不良就业心理的预防与调适，将会由于求职择业和职业发展的失败形成不良心理，加剧心理问题，导致个人心理素质的滑坡，影响个人整体的成长成才。

大学生的成长成才是依托综合素质的发展存在的。就业心理是大学生整体心理素质的重要组成部分之一，也是大学生心理素质在就业问题上的具体体现。就业心理素质是大学生心理素质的有机成分之一，从而成为大学生综合素质的有机组成，成为大学生综合素质在就业过程中的表现途径和表现形式之一。通过这个途径，检验了大学生是否具备良好的心理素质，是否能够拥有良好的工作状态，是否能够胜任职业角色，是否能够为社会创造价值。因此，只有拥有健康的就业心理素质，才能真正地在社会发展与个人发展的有机结合中成长成才。

2. 大学生如何具备良好的就业心理素质

（1）认清就业形势，正视就业现状

只有正视就业压力，大学生才会迫使自己积极行动起来，产生求胜的心理和行动。适度的心理焦虑能够使大学生产生压力，这种压力可以变成动力，它是对大学生自身惰性的进攻，可增强大学生的进取心。但是，如果心理过度焦躁、不安，自己又不能在一定时间内调整这些情绪，这些情绪就会成为心理障碍或者心理疾病，会严重影响大学生主观能动性的发挥，甚至会埋没大学生的潜能，给就业带来额外的困难。

（2）转变就业观念，调适就业心态

观念是行动的先导。大学生要改变错误、狭隘的自我认知和社会认知，加强自我理解与分析能力的培养，以平常心面对就业形势，保持冷静的思维来进行生活中所谓重大的抉择；要孕育真、善、美的感受，持有良好心境，构筑完善情绪情感；要排除诸如不满、愤懑、嫉妒、焦虑、恐惧等负性情感对正常思维、决策的干扰；要打破传统意义上的就业"一锤定终生"的陈旧就业观念，建立新型的就业观，强化择业的自主意识，树立正确的就业观。观念决定行动，大学生要进行心理调适，克服焦虑心理，关键是要转变就业的思想观念。应届毕业生要打破传统的事事求稳、事事求顺的思想，树立市场竞争的观念。市场经济就是竞争经济，我们生活在市场经济社会中，竞争就要伴随自己一生。应届毕业生求职过程就是竞争过程，即使你得到了比较理想的职业，如果缺乏竞争意识，不再继续努力，也还会失去这个工作。有竞争就会有风险，确立竞争意识，不怕风险和挫折，焦虑心理就会得到缓解。面对就业焦虑，进行理性思考是基础，根据情况的变化更新自己的思想观念是关键。

（3）把握就业机会，顺利实现就业

就业是大学生人生发展中的重大转折点，是大学生从"自然人"向"社会人"过渡的重要阶段。大学毕业生择业认知心理是指他们在择业过程中对自己、对职业及其周围社会环境等的认识、了解和择业中对事物的推理与判断。当良好的就业机会到来的时候，大学生若不能很好地把握机会，就会导致就业机会丧失。

我国目前的毕业分配制度，有利于拓宽职业选择面，使大学生求职呈现出多元化的趋势。职业选择自由度越大，职业选择行为的责任越大，择业心理压力也相应增大。把求职的自主权送到学生手中，他们面对变幻莫测的市场经济和各种信息的刺激，反而往往感到无所适从，不由自主地会产生就业的危机感、恐惧感。实施双向选择、自主择业政策以来，总有一部分人暂时找不到工作，这是正常现象，要找到本人求职愿望与市场需求的结合点需要时间。有的同学面对用人单位严格的录用程序，不能放松自己的心态，笔试时感到紧张，等到面试时更加紧张；有的毕业生对自己向往的高待遇岗位，参加竞争的人越多，录用条件越严格，就越失去了被录用的信心；有的学生怕求职困难；有的学生因自己学习成绩不佳而烦恼；有的学生因自己有违纪前科而紧张，等等。所有这些问题都是影响顺利就业的桎梏，需要引起重视并尽快解决。

（六）其他职业素质

职业素质在从业者的职业活动和职业行为中发挥着重要作用，职业素质是一个结构完整的统一体，除了上述几方面外，还包括其他素质。

1. 社会交往和适应素质

社会交往和适应素质主要指从业者所具备的语言表达能力、社会交往能力、社会适应能力和沟通能力等。它是后天培养出的个人能力，是职业素质的核心之一，能侧面反映个人能力。如礼貌用语、文明着装、言行举止都能体现一个人的职业化程度。

2. 学习和创新素质

学习和创新素质主要指从业者所具备的学习能力、信息能力、创新意识、创新精神和创新能力等。学习和创新是个人价值的另一种形式，能体现个人的发展潜力以及对企业的价值。不善于自我学习的人，很容易被社会所淘汰。

3. 创业素质

创业素质主要指从业者所具备的创业意识、创业精神、创业知识与创业能力等。面对日趋严峻的就业形势，大学生只有树立正确的职业理想和择业观念，开发创造性思维，提高多方位的职业转换能力和自主创业能力，才能在社会激烈的竞争中抢占先机。现在全社会都非常重视大学生创业素质的培养，鼓励大学生利用自己的聪明才智自主创业，并为他人提供就业机会。

第二节　大学生职业素质培养的意义和途径

作为大学生，必须考虑如何才能较为顺利地进入职场、如何在职场上站稳脚跟继而在事业上取得成就，也必须考虑个人的职业生涯如何发展、个人的事业如何发展。解决问题的核心就是要客观地认识自我、不断提升自我，要努力地训练和提高自己的职业素质，从而为将来走进职场、立足职场、成就事业打下坚实的基础。

一、大学生职业素质培养的意义

一个人职业素质的高低，关系到他一生的成就。我们面对工作的态度以及在工作中体现的素质和智慧，是取得成就的最关键因素。因此，大学生全面加强职业素质培养与训练意义重大。

（一）职业素质培养是大学生就业创业的必备条件

随着高等教育由精英教育转向大众教育的进程，大学毕业生人数倍增，用人单位对人才需求的标准也水涨船高，这一方面加大了毕业生就业的压力，另一方面又给毕业生提供了难得的机遇和挑战。大学生要想在竞争中取胜，在机遇中奋起，就必须利用在校期间锻炼职业素质，自觉形成优秀的职业道德品质，追求高尚的职业理想，培养热爱本职工作的敬业精神和奉献意识，深刻感受到自己肩负的社会责任和使命，树立正确的就业观念和创业理念，才能立于不败之地。

（二）职业素质培养是大学生事业成功的内在支撑

一个人要赢得职业生涯的发展，除了正确地把握时机，做出恰当的职业选择之外，更重要的是具备良好的职业素质。只有在大学阶段，打下良好的专业基础，锻炼各方面的能力，培养出良好的职业素质，日后才有机会在自己的行业里崭露头角，赢得职位上的晋升、事业上的发展。所以，职业素质培养也是个人事业成功的关键。

（三）职业素质培养是企业赢得市场竞争力的核心

人力资源是形成企业核心能力的重要源泉。随着知识经济时代的到来，员工职业素质对于企业发展的影响作用越来越大。一个企业有没有竞争力，关键在于其产品的质量、设计、价格和服务有没有竞争力。而这一切都受制于企业员工素质的高低。企业招聘具有良好职业素质的大学生，有利于优化企业劳动力素质构成，增强企业的创新能力，培育企业的核心竞争力，赢得竞争优势。

（四）职业素质培养是提高国家全民素质的关键

国家兴旺，民族振兴，匹夫有责。在坚决实施科教兴国和人才强国战略中，加强大学生职业素质培养，有助于提高国民整体的素质，使人口大国发展为人才资源强国。

二、大学生职业素质培养的途径

任何一个高效团队的发展都需要有一批高素质的成员来支撑，这些高素质的成员不仅要具有高技能，还要具备高品德。因此，大学生必须要有多方学习和培养自己的职业素质的意识。

（一）树立职业理想，重视人生价值的实现

职业理想是人生对未来职业的向往和追求。职业不单纯是谋求生存的手段，更是一生所追求的事业，它蕴涵着人生的理想和信念。大学生的职业理想是他们人生职业实现的精

神支柱，是他们成人、成才、成就人生目标的不竭动力。大学生要正确处理国家、社会和个人之间的关系，树立合理的求职期望值，在学业上奋发进取，锲而不舍地按照自己的职业需要充实、完善自我，才能实现未来人生的职业目标。

职业除了谋生的功能外，还具有更为重要的意义，即证明自己的社会存在、实现自我价值。

（二）强化职业意识，养成良好职业习惯

职业意识是对职业活动的认识、评价、情感和态度等心理成分的综合。大学生在进校之前，对所选专业未必有全面的了解，容易存在一定的盲目性；入校后，大学生对未来将要从事的职业也认识不深，容易准备不足。因此，大学生要了解专业的职业内涵，专业的发展前景、社会地位及所需知识技能，知道将来要从事的职业岗位，从而形成初步的职业认识，对未来职业生活产生初步设想。更重要的是养成热爱专业的思想情感、学好专业本领的坚定信心、吃苦耐劳的精神、责任意识和安全生产意识，以及遵守纪律、恪尽职守的职业习惯，成为"准职业人"。

（三）夯实专业基础，努力提高职业能力

大学生择业、就业、创业需要以自身能力和素质为基础，因此要充分利用大学美好时光，既注重系统的专业知识的学习，较完整地了解和掌握专业领域内的状况，把握自己未来的职业定位，在此基础上形成良好的职业情感，还要注重课堂外非专业知识的学习，扩展知识面，开阔视野，锻炼职业能力。机会总是青睐有准备的人，一个人有了真才实学，能够适应多种岗位，才有利于就业，有利于事业成功。

（四）重视职业实践，自觉锤炼职业精神

首先，大学学习虽不是一种职业，但我们可以把大学生活作为一种职业来做，按照职业化的要求，制订计划，加强管理，节约成本，讲究效益；遵守规章制度，遵循道德规范，提高道德修养；勤奋刻苦学习，构建知识结构，锻炼工作能力；强化责任意识，加强团队合作，培育职业精神等。

其次，积极参加校内的实训实践活动，把它当作一种职业训练，在专业老师的指导下，在模拟的工作环境中，运用理论知识，解决实际问题，锻炼职业能力。

最后，积极利用假期参加社会实践，多接触社会，多接触职业生活，多积累职业经验，提高职业素质。

第三节 大学生职业意识的训练

职业意识是人们对职业岗位的认同、评价、情感和态度等心理成分的总和，其核心是爱岗敬业精神，在本职岗位上能够踏踏实实地做好工作。良好的职业意识可以最大限度地激发人的活力和创造力，是企业赢得顾客与利益的砝码，它不但能成就优秀的员工，而且能成就卓越的企业。大学生要想成为企业的人才，创造辉煌的人生价值，不仅要努力培养过硬的职业能力，还必须努力培养良好的职业意识，并按照职业意识的基本要求进行自我约束。

职业意识是人们对职业的认识、意向以及对职业所持的主要观点，是作为职业人所具有的意识，又称做主人翁精神。具体表现为：工作积极认真、有责任感，具有基本的职业道德。

一、职业意识内涵

职业意识，是指从业者在特定的社会条件和职业环境影响下，在教育培养和职业岗位任职实践中形成的某种与所从事的职业有关的思想和观念，是从业者在职业问题上的心理活动，是自我意识在职业选择领域的表现。而且，职业意识的形成不是偶然的，它会经历一个由肤浅趋于深刻、由模糊趋于鲜明、由幻想趋于现实的发展过程。

职业意识既影响个人的就业和择业方向，又影响整个社会的就业状况。职业意识由就业意识和择业意识构成。就业意识指人们对自己从事的工作和任职角色的看法；择业意识指人们对自己希望从事的职业的看法。

职业意识是约定俗成、师承父传的，是用法律、法规、行业自律、规章制度、企业条文来体现的。它是每一个从业者从事工作岗位时最基本，也是必须牢记和自我约束的。

二、职业意识构成

职业意识是指一个人对于职业的根本看法和态度，包括职业认知、职业情感、职业意志以及职业行为等。职业意识不仅具有一定的社会性，而且具有行业或企业的相通性。

（一）职业认知

职业认知，简单地说就是对职业的认识，对职员和团体的认识。

1. 职业的内涵

俗话说"三百六十行，行行出状元。"这里的"行"，一是指行业，二是指职业，行业产生于职业，职业存在于行业。那么，什么是职业？

中华人民共和国人力资源和社会保障部明确规定了职业的一个要素：一是职业名称，它是职业的符号特征；二是工作的对象、内容、劳动方式和场所；三是特定的职业和能力；四是职业所提供的各种报酬；五是在工作中建立的各种人际关系。因此，所谓职业，就是人们为了谋生和发展而从事的相对稳定的、获得相应经济收入或报酬的、专门类别的社会活动，通常又称作工作或工作岗位。从事一份职业，实际上是维持生计、承担社会分工角色、发挥个人才能的一种持续进行的社会活动。

职业的产生和发展是同生产力的发展一致的，是随着生产力水平提高和社会分工的发展而产生和发展的。在原始社会，水平低下的生产力还不足以使人们形成职业，只有到了原始社会末期，才逐渐出现手工业和商业，人们在社会中不得不承担一定责任，从事专门的业务，从而形成职业。

随着人类社会、生产力、科学技术的迅猛发展，职业也在不断发展，旧职业逐渐淘汰，新职业不断产生，职业向更专业化、智能化、综合化的方向发展。

2. 职业与人生

职业与人的一生密切相关，是人安身立命之所在。人通过职业生活立足于社会，服务于社会、实现自我。职业可以左右人生，拥有一个适合自己的理想职业，人生就会变得更加充实、美满，人就可以从中获得幸福。

在工作中，除非纯粹机械性的工作，没有人不想表现自己。凡是经过人劳动生产的东西，他的个人价值也必在里面。这种表现力是与生俱来的，是促使人类做事的原动力。

人需要在工作中寻找其归宿和价值，实现其理想。人必须找到寄托，能够把工作同理想、兴趣、爱好融合起来的人是幸福的。

（二）职业情感

职业情感，是指人们对所从事的职业所具有的稳定的态度和体验。有强烈职业情感的人，能够从内心产生一种对所从事职业的需求意识和深刻理解，因而无限热爱自己的职业和岗位。

1. 点燃工作热情

热情，就是一个人保持高度的自觉，把全身的每一个细胞都调动起来，完成内心渴望完成的工作。热情是对人、事、物和信仰的一种强烈情感。内心充满热情，工作时就会振奋，同时也会鼓舞和带动周围的人提高工作效率，这就是热情的感染力量。任何事业，要想获得成功，首先需要的就是满腔热忱。

2. 享受工作乐趣

每一份工作都提供了许多个人成长的机会，这些和薪水相比，其价值要高出千万倍，因为它们能够使你终身受益。

仔细想想，工作给我们的回报是什么？多数人回答可能是工资、奖金、福利，其实，在你的工资单外，还有以下更为重要的东西：认识朋友，改善人际关系；充实自我，开拓生活领域；加强工作技能，提升自身附加价值；肯定自我，享受自我实现的满足感；其他你想得到的东西。

工作不仅仅是谋生的手段，更是人内在的需要，是源自人性深处的一种渴望。不管将来从事什么职业，都应该抱着一种积极乐观的态度对待，其实只要愿意去寻找，总会找到工作中的乐趣。学会带着兴趣去工作，就可以做得更好，成为一个快乐的工作者。

（三）职业意志

职业意志，是指人们在职业实践中所表现出来的克服困难的毅力和坚持的精神。它表现在持之以恒的自觉性和始终如一地忠于职守。从事任何职业都不是轻而易举的事，免不了遇到困难和挫折，只有意志坚强的人，才能经得住考验和锻炼，保证职业活动的正常进行。缺乏意志力，常常经不住困难的考验，很难完成自己的职业使命。

1. 专注与坚持

所谓"专注"，就是集中精力、全神贯注、专心致志。一个专注的人，往往能够把时间、精力和智慧凝聚到所要做的事情上，从而最大限度地发挥积极性、主动性和创造性，努力实现目标。

坚持，在现代汉语词典中解释为：坚决保持、维护或进行；坚持是意志力的完美表现。坚持常常是成功的代名词。

2. 勇对挫折

挫折是指人们在从事有目的的活动时，由于遇到无法克服或自以为无法克服的障碍或干扰，使其动机不能实现，需要不能满足时产生的情绪反应。

社会心理学上指个体在有目的的活动过程中遇到障碍或干扰而产生的心理状态。表现为失望、痛苦、沮丧、不安等。挫折可使意志薄弱者消极、妥协；也可使意志坚强者接受教训，在逆境中奋起。挫折是对勇气的最大考验，检验一个人能否做到败而不馁。

（四）职业行为

职业行为，是指人们对职业劳动的认识、评价、情感和态度等心理过程的行为反映，是职业目的达成的基础。它是由人与职业环境、职业要求的相互关系决定的。职业行为包括职业创新行为、职业竞争行为、职业协作行为和职业奉献行为等方面。

职业行为规范，是指从业者的言谈举止和行为礼仪，它能体现一个人的性格和人格。性格反映的是一个人的深层世界观，而人格反映的是其为人处世的态度。两者相互影响，表现出一个人应有的举止礼仪。因此，要从世界观和道德观去认识行为规范，平时加强学习，注重个人修养，使举止符合主观想法，完美地表现出一个人的职业行为规范。

职业行为规范，主要包括仪表规范、用语规范、电话礼仪、名片礼仪、交谈礼仪及其他相关礼仪。礼仪作为职业行为规范的重要组成内容，在职业行为的优化中具有非常重要的作用。

三、职业意识的训练

职业意识是人们对职业劳动的认识、评价、情感和态度等心理成分的综合反映，是支配和调控全部职业行为和职业活动的调节器，它包括规范意识、诚信意识、团队意识、责任意识、质量意识、服务意识和创新意识等方面。职业意识的核心是爱岗敬业精神。

（一）规范意识

规范意识是指从业者按照所在企业成文的规章制度和企业文化所认同的不成文的习惯性规定，自觉地履行岗位职责、规范自身行为的意识。市场经济的发展，使生产现代化的程度越来越高，如果没有严格的纪律约束，就很难对生产进行协调，而任何违反纪律的行为都会影响全局。所以，规范意识是求职者必备的重要职业意识。

（二）诚信意识

古人曰："人无信不立，人而无信，不知其可。"一般而言，"诚"即诚实诚恳，指主体真诚的内在道德品质，侧重于"内诚于心"；"信"即信用信任，是主体"内诚"的外化，侧重于"外信于人"。"诚信"，则是一个内外兼备、内涵丰富的词汇，主要是指诚实无欺，讲求信用。千百年来，中华民族视诚信为自身的行为规范和道德修养，形成了独具特色并具有丰富内涵的诚信观。

诚信是一种人人必备的优良品格，讲诚信，就代表是一个讲文明的人。讲诚信的人，处处受欢迎；不讲诚信的人，人们会忽视他的存在；所以，每个人都要讲诚信。

（三）团队意识

团队意识，是具有集体意识和协调合作能力的一种综合表现，是指为了统一的目标，大家自觉地认同必须负担的责任并愿意为此共同奉献。所有个体在被尊重的氛围中，上下齐心，团结合作，为了团队的利益而追求卓越。团队意识包括两层含义：一是集体意识，个体与同事构成一个为公司利益而共同努力的集体，目标共同，利益一致。二是合作能力。将集体意识深入发展，应用到实际工作中就表现为合作能力。企业有了团队精神就有了核心竞争能力，它是单位和个人成功的保证。

（四）责任意识

责任意识，是指自觉履行岗位职责，按照岗位要求认真落实各项任务的意识。责任意识是成就事业的基本保证，也是职业造福社会的前提。缺乏坚定的责任心，就容易在逆境中跌倒，在诱惑面前不能自控。

（五）服务意识

服务，是指为他人做事，并使他人从中受益的一种有偿或无偿的活动。服务不但是一种形式，更是一种态度，一种真诚服务顾客，把服务做到位的态度。

服务意识，是指企业全体员工在与一切企业利益相关的人或企业的交往中所体现的为其提供热情、主动、周到的服务的欲望和意识。即自觉主动做好服务工作的一种观念和愿望，它发自服务人员的内心。具有强烈的服务意识，才能把工作当成快乐的事去做。

优质服务主要体现为：优良的服务态度，娴熟的服务技能，快捷的服务效率，建立良好的客户关系。

第六章　大学生自我能力提升

第一节　人格与职业

一、人格的概述

（一）人格的含义

人格是伴随着人的一生不断成长的心理品质。人格（personality）也称个性，这个概念源于拉丁文 persona，原意是指演员在舞台上戴的面具，面具是用来在戏剧中表明人物身份和性格的，后来心理学家借用这个术语，用来说明每个人在人生舞台上各自扮演的角色以及不同于他人的精神面貌。人格是个体持久的、带有倾向性的性格特征，并反映着人的自然性与社会性。

人格具有丰富的内涵，人格的内涵反映了人格的多种本质特征，具体如下所述。

1. 独特性

人格最突出的特点就是独特性，即一个人区别于他人的特征。一个人的人格是在遗传、成熟、环境、教育等先天与后天因素的交互作用下形成的，人格结构多样性的组合使每个人都具有自己独特的人格特征。尽管不同的人可以有某些相同的个性特征，但整体人格不会是完全相同的。

2. 整体性

人格是由多种成分构成的一个有机整体，具有内在的一致性，受自我意识的调控。一个人的各种个性倾向、心理过程和个性心理特征都是在其标准比较一致的基础上有机地结合在一起的，绝不是偶然性的随机凑合。它不能被直接观察，但却体现在人的行为之中，使个体表现出带有个人整体倾向的精神风貌。

3. 稳定性

人格是逐渐形成的，一旦形成某种人格就会相对稳定下来，改变它则会非常困难。这种稳定性具有跨时空的性质，即通过个体人格，各种情景刺激在作用上获得等值，产生个体行为上广泛的一致性。但是这种稳定性不是刻板的，它是可变的、发展的。因为各种人格特征在某个人身上整合的（如稳定性）不同，一个人可能具有相反性质的特征，在不同情景中可反映出它们不同的方面：暂时性的制约，表现出来的并非个人的稳定特性。

4. 复杂性

人格具有多元化、多层面的特征。个性是由多种心理现象构成的。这些心理现象有些是显而易见的，别人看得清楚，自己也觉察得很明显，如热情、健谈、直爽、脾气急躁等，但有些非但别人看不清楚，连自己也感觉模糊。

5. 倾向性

个体在形成人格的过程中，表现出每个个体对外界事物特有的动机、愿望、定势和亲和力，从而建立各自的态度体系和内心环境，形成了个人对人、对事、对自己的独特的行为方式和个性倾向。

6. 功能性

人格是一个人生活成败、喜怒哀乐的根源之一，人格决定一个人的生活方式，甚至有时会决定一个人的命运，它作为一个动力倾向系统的结构，不是被客观环境任意摆布的消极的个体。人格具有积极性、能动性，并统率全部心理活动去改造客观世界和主观世界。古希腊有句名言为"性格即命运"，性格作为人格的核心，也具有影响命运的功能性，因此了解性格已成为个性认知上最为重要的一个环节。

（二）人格的差异

1. 认知风格的差异

认知风格是指个体所偏爱使用的信息加工方式，也称认知方式。它有两个特点：第一，种类很多，每个人都具有多种不同的认知风格，并且以组合的方式加以运用；第二，每一种认知风格都带有两极性。每个人在各种认知风格中都有自己的倾向性，这种倾向性并没有好坏之分，而是各有所长。

（1）场独立性与场依存性

场独立性是指人在加工信息时对内在参照有较大的依赖倾向，心理分化水平较高，与人交往时，也很少体察入微。场依存性的人在加工信息时，对外在参照有较大的依赖倾向，心理分化水平较低，处理问题时往往依赖于"场"，与别人交往时比较能考虑对方的感受。

（2）冲动型与沉思型

冲动与沉思的差异主要表现在对问题的思考速度上。冲动的特点是反应快，但精确度差，这一类人面对问题时总是急于求成，不能全面细致地分析问题的各种可能性，不管正确与否就急于表达出来。使用的信息加工策略多为整体性策略。沉思的特点是反应慢，但精确度高。这一类人总是把问题考虑周全以后再做反应，他们看中解决问题的质量而不是速度。但是当他们回答熟悉或比较简单的问题时，反应比较快。在信息加工时多采用细节性策略。

（3）继时性与同时性

继时性认知风格的特点是在解决问题时，能一步一步地分析问题，每一步骤只考虑一种假设或一种属性，解决问题的过程像链条一样，一环扣一环，直到找到问题的答案。语音操作和记忆都属于继时性加工。女性擅长继时性加工，这可能是女性记忆和语言能力比男性好的原因之一。同时性认知风格的特点是在解决问题时采用宽视野的方式，同时考虑多种假设，并兼顾到解决问题的各种可能性，解决问题的方式是发散的。许多数学操作、空间问题的操作都要依赖这种同时性的加工方式，这也可能是男性在数学能力和空间能力方面优于女性的原因之一。

2. 气质的差异

气质是人格结构中比较稳定的并与遗传因素联系密切的成分。在平常生活中，我们常说某人稳重、文静、办事慢条斯理，某人直爽、活泼、手脚麻利，就是指人的气质表现。气质这种心理活动的特征主要表现在心理活动的强度、速度、稳定性、灵活性及心理倾向性和指向性上，如感觉与知觉的敏锐度、思维的灵活性、情绪的反应性等，它使个体的心理活动染上一种独特的色彩。

（1）气质类型

胆汁质：日常活动带有强烈的情绪色彩，情绪高时，学习、工作热情高，肯出大力，反之，对什么事都不感兴趣。积极参加各项课外活动；完成作业匆匆忙忙比谁都快，考试交卷争第一；活动效率高，想干的事未完成，饭可不吃，觉可不睡；学习的理解能力和接受能力很快，但不求甚解；说话喜欢与同学争辩，总想抢先发表自己的意见，喜欢在公开场合表现自己，坚信自己的见解；姿态举动强而有力，眼光锐利，表情丰富敏捷；喜欢看情节起伏、激动人心的小说和电影，不爱看表现日常生活题材的作品。

多血质：内心的体验一般会在面部表情和眼神中明显地表现出来；积极参加学校一切

活动，但表现散漫，有始无终；学习疲倦时，只要稍微休息一下，便会立刻焕发精神，重新投入学习；理解问题总比别人快，但学习常会见异思迁，注意力不容易集中；希望做难度大、内容复杂的作业，但不耐心细致，总希望能尽快完成作业；容易激动，但情绪表现不强烈；容易产生骄傲的情绪，觉得自己比别人要机智和灵敏；变化迅速，遇到稍不如意的事就情绪低落，稍得安慰或又遇到高兴的事，马上就会兴高采烈；善于交际，待人亲切，容易交上朋友，但友谊常不稳固，缺少知心好友。

黏液质：不爱活动，安静沉稳，很少发脾气，情感很少外露，面部表情单一；课堂上守纪律，静坐听讲不打扰别人，生活有规律，很少违反作息制度；理解问题比较慢，希望老师能多重复几遍；学习认真严谨，始终如一，喜欢复习过去学过的知识，对新知识接受能力差，但弄懂之后就很难忘记；沉默寡言，较少主动搭话；交际适度，通常有几个要好的朋友；善于自制，善于忍耐；兴趣爱好稳定专一，有毅力。

抑郁质：喜欢安静独处，性格孤僻，但是在友爱的集体中，又可能是一个很容易相处的人；办事犹豫不决，优柔寡断，做事情总比别人花费时间多，细心谨慎，稳妥可靠；不爱表现自己，对出头露面的工作尽量摆脱；在陌生人面前害羞，当众讲话常表现出惊惶失措；感情比较脆弱，因为一点小事就会引起情绪波动，容易神经过敏，患得患失；当学习或工作失利时，会感到很大的痛苦；爱看感情细腻、富有描写心理活动的小说和电影。

各种气质类型均有各自的优缺点，正视这种"长""短"的客观存在，充分发挥自己的主观能动性，相信气质虽有极大的天赋性，但只要通过努力，就可以在后天得以改造，但要认识到这种改造的长期性、艰苦性。

（2）气质的现实意义

气质特征会对学习活动产生影响。胆汁质学生思维敏捷，学习热情高，刚强但粗心、急躁；多血质学生机智灵敏，适应性好，兴趣广泛，但烦躁、不踏实；黏液质者刻苦认真，但迟缓、不灵活；抑郁质者思想深刻，谨慎细心，但迟缓、精力不足。了解自己的气质，可以有的放矢地调整，使学习更上一层楼。

气质对职业也会产生影响。某些气质特征往往能为个人从事某种职业活动提供有利条件。胆汁质者可以成为出色的导游、推销员、节目主持人、演讲者、外事接待人员、演员、监督员等，他们适应于喧闹、嘈杂的工作环境，而对于需要长期安坐、细心检查的工作则难以胜任。多血质者适宜的工作有外交工作、管理工作、公关人员、驾驶员、医生、律师、运动员、新闻记者、演员、军人、警察等，但他们不适宜做过细的工作，单调机械的工作也难以胜任。外科医生、法官、管理人员、会计、保育员、话务员、播音员等，是黏液质者比较能适应的工作，而变化大、需要灵活调整的工作会使他们感到压力。对于抑郁质者来说，胆汁质无法胜任的工作对他们来说倒恰到好处，如校对人员、打字员、检查员、化验员、保管员、机要秘书、艺术工作等，都是他们理想的工作。

了解自己和他人的气质在人际交往中也有重要意义。如向黏液质者提出要求，应让他有时间考虑，对抑郁质者应多给予关心和鼓励，与胆汁质者打交道应避免发生冲突，等等。

3. 性格结构的差异

（1）性格的态度特征

性格的态度特征是指人对待现实的态度方面的特征。它是性格最重要的组成部分。人接受现实生活的影响，总是以一定的态度给予反应。由于客观现实的多样性，因此人对现实态度的性格特征也是多种多样的。

（2）性格的意志特征

性格的意志特征是指人在调节自己的心理活动时表现出的心理特征。

（3）性格的情绪特征

性格的情绪特征是指人产生情绪活动时在情绪的强度、稳定性、持续性以及主导心境等方面表现出来的心理特征。

（4）性格的理智特征

性格的理智特征是指人在认知活动中表现出来的心理特征，又称性格的认知特征，主要指人在感知、记忆、想象和思维等认识过程中表现出来的认知特点和风格的个体差异。例如表现在感知方面的有主动与被动、详细与概括；表现在记忆方面的有主动记忆与被动记忆、形象记忆与逻辑记忆，以及记忆的快慢、保持得是否持久；表现在思维方面的有独立型与依赖型、分析型与综合型；表现在想象方面的有广阔与狭隘、丰富与贫乏。

二、人格的测评方法

现有的人格测评技术有很多种，大致来说，可以分为三大类：观察法、自陈法和投射法。

（一）观察法

观察法可以说是了解一个人的人格特性最简单易行的方法。这种方法可以在自然情景中进行，也可以在实验室的人为情境中进行。在观察过程中，观察者可以与被观察者进行直接的接触，也可以在被观察者毫无觉察的情况下进行。比如，招募雇员的人事主管常常要同求职者面谈，目的就是想在交谈过程中考察、了解求职者的基本情况，包括其主要的人格特征。

自然观察是在完全自然的情境中观察被试者的自发行为，借以判断他的人格特征。在这种观察中，观察者并不干预、控制活动进程。实验室观察通常是事先安排一些专门的有结构的活动，从中观察被试者的行为反应，在这种观察中，观察者可以通过预先安排的条件，了解被试者的某些特定方面的特点。

观察法的主要优点是简便易行，但这种方法对观察内容的控制程度小，不一定总能得到想要得到的内容。而且，观察者的经验、技巧和偏见会对观察结果和解释产生影响。

（二）自陈法

自陈法通常以让被试者填写问卷的形式进行。问卷都是事先编制好的，由一系列问题或条目组成，要求被试者报告自己在给定情境中可能有的行为、情绪感受和想法。这种问卷都有指定的回答方式，如"是—否""同意—不同意"，或是用一定的评分尺度评定某一情形在多大程度上适合于自己。这种方法对被试者的行为具有高度的规定性，记分比较简单、容易、明确。常见的自陈量表有如下几种。

1. 爱德华个人兴趣量表

爱德华个人兴趣量表（简称 EPPS）由美国心理学家爱德华（A. L. Edwards）于1953 年编制，以美国心理学家莫瑞（H. A. Murray）所列举的人类 15 种需求为基础，全量表共有 225 个题目，每个题目通常包括两个以"我"为开头的陈述句，用"强迫选择法"要求被试者从两者中按照自己的喜好选出其中的一个。

2. 艾森克个性问卷

艾森克个性问卷是由艾森克（H. J. Eysenck）夫妇编制的一种常用于测试人格结构的自陈问卷。相对其他因素分析的人格问卷而言，所涉及的概念较少。测量了三个基本的个人维度：神经质（N）、内—外倾（E）和精神质（P）。这一量表被大量施测者不断修订，具有较好的信度和效度。1982 年以后，北京大学心理学系和湖南医学院先后修订出版了其中文版。

3. 卡特尔 16 人格因素调查表（16PF）

16PF 是目前世界上最完善的个性心理测验之一，适合 16 岁以上的成年人。该测验的设计者是美国的心理学家卡特尔（R. B. Cattell）。他的理论研究特点是，用因素分析来进行特质的筛选和分类。

4. "大五"人格调查表

"大五"人格调查表是一种较新的人格测验，人格结构五因素后来被称为"大五"（big five），这五个维度因素是情绪稳定性（N）、外倾性（E）、经验开放性（O）、宜人性

（A）和责任感（C）。

人格结构五因素模型仍未得到心理学家的一致性的认同，但从目前的研究来看，人格结构五因素模型更接近于人格的真实维度，这对于心理辅导来说是一个有力的支持，也为发展性辅导制订干预措施提供了理论依据。通过对人格结构五因素模型的概述可知，在人格结构五个维度中，宜人性和认真性属人际维度，外倾性属气质维度，神经性属情绪维度，而开放性则与认知紧密相关，所有这就为人格发展和整合明确了具体内容。

（三）投射技术

投射法是基于这样一种心理分析的假定，即人的思想、态度、情感、愿望等个人特征，会不自觉地投射到外界事物上，通过对特定投射物的投射反应，便可了解被试者的人格特征。因此，投射法以一些意义模棱两可，甚至本身可能毫无意义的图形或墨迹为刺激，让被试者无拘无束地对这些刺激进行自由反应，测验者通过分析这些反应分析被试者的人格特性。

投射法有以下三种反应方式。

联想法：被试者根据刺激报告出自己自由联想到的内容。

构造法：被试者根据所看到的图片刺激自由编出一段有关图中人或物的故事。

表达法：通常是让被试者用非言语方式自由表现，借此分析其人格。表达方法有：让被试者画画，捏泥塑，用玩具或图片构造一些情境，或是扮演一个社会角色。

投射法的优点是，它没有对被试者的反应方式进行硬性规定，被试者受到相对较少的拘束，甚至不知测查的意图，不了解反应方式同评定方式之间的关系，测验目的具有很大的隐蔽性，因此被试者的反应偏差较小。然而，有得必有失。由于被试的反应可以相当自由随意，也就没有标准的反应可言，对反应内容的评定也就很难标准化，致使结果的分析十分困难。因此，这种方法在很大程度上依赖于测验者的技术、经验、对测验结果的解释能力。

第二节　能力与职业

一、能力概述

（一）能力的概念

能力就是指顺利完成某一活动所必需的心理条件，是直接影响活动效率，并使活动顺利完成的个性心理特征。

能力总是和人完成一定的活动联系在一起的，人的能力是在活动中形成、发展和表现出来的。在活动中表现出来的心理特征并不都是能力。如在解决数学难题时，如果一个人过于紧张，则解题效率就会受到影响，但这种心理特征对解决问题的影响不是直接的，而是间接的，故不能称为能力；而观察的精确性、记忆的准确性、思维的敏捷性等则是完成许多任务所不可缺少的，这些心理品质就应该称为能力。

能力和兴趣是两个截然不同、相互独立的概念，兴趣表明喜欢某事，表达偏好，而能力表明能做某事，胜任与否的资格。或许他很喜欢周杰伦的音乐，但这并不意味着他能和周杰伦一样弹奏演唱、填词谱曲。

（二）能力的个体差异

能力水平上的差异，就是通常讲的人的能力有大有小：有的人聪明，有的人愚笨，而大多数人属于中等。

能力表现时间上的差异，是指人的能力充分发展有早有晚。有些人在儿童时期就表现出优异的能力、聪慧超群，这叫"人才早熟"；有些人的能力表现较晚，甚至到了晚年能力才充分发挥出来，这叫"大器晚成"。

能力结构类型上的差异，是指能力中的各种成分的构成方式不同。例如，在智力中，有的人观察能力和记忆能力强，而思维能力和想象能力弱；有的人模仿能力强，但却缺乏创造能力，而有的人既富于模仿能力又富于创造能力。更具体地说，在观察能力、记忆能力和思维能力等方面，也有结构上的差异。比如在记忆方面，有的人主要是形象记忆，有的人主要是语词的抽象逻辑记忆，有的人则居中。形象记忆为主的人对人物、图画、颜色、声音等材料的记忆效果较好，词语逻辑记忆为主的人则对概念、数字一类材料的记忆效果较好。

（三）能力的结构

能力是由多种心理品质所构成的系统，具有复杂的结构。分析能力的结构，对深入理解能力的本质，合理地设计出能力的测量手段，科学地拟定出能力培养计划，都有重要的意义。心理学家对人类能力的结构提出了许多假设，其中影响比较大的是美国著名生理学家、教育家，哈佛大学教授霍华德·加德纳（Howard Gardner）提出的多元智能理论。加德纳提出每个人都至少拥有八项智能。

1．语言智能

语言智能是指阅读、写作以及日常会话的能力。主持人、记者、律师、教师、文学工作者、推销员等都具有突出的语言智能。

2．数理逻辑智能

数理逻辑智能是指数学运算与逻辑思考的能力。科学家、工程师、统计人员、财会人员、软件研发人员等都具有很强的逻辑智能。

3．音乐智能

音乐智能是指对声音、韵律的辨别与表达能力。比如作曲家、歌唱家、指挥家、调琴师、音乐欣赏水平较高的听众等。

4．空间智能

空间智能是指用三维空间的方式进行思考，并能以图画的形式表达出来的能力。比如航海家、飞行员、画家、摄影师、建筑设计人员。

5．身体运动智能

身体运动智能是指能巧妙地操作物体和调整身体的能力。运动员、影视演员、舞蹈演员、外科医生、机械师、手艺人等都有这方面的智能。

6．人际关系智能

人际关系智能是指理解人与人之间交往的能力。外交家、领导者、心理咨询师、公关人员、推销员等具有较强的人际智能。

7．自省智能

自省智能是指善于自我反思、自我认识，并据此做出适当行为的能力。心理学家和哲学家、作家就有高度的自省智能。

8．自然观察智能

自然观察智能是指善于观察自然界中的各种形态，对物体进行辨别和分类的能力。如天文学家、生物学家、地质学家、考古学家、环境设计师、农艺师等。

每个人都具备八项智能，但智能的组成是独特的，即每项智能在个体身上表现的强弱不同，有的人多项智能具有较高的水平，而多数人在一两项智能上有出色的表现，所以说"人无全才，人人是才"。

二、职业能力

（一）职业能力的分类

职业能力是能力在职业活动中需要具备的能力。职业能力直接影响职业活动效率和职业活动能否顺利完成。职业能力可分为专业技能和可迁移技能。

1. 专业技能

专业技能是指具体的、专业化的、针对某一特定工作的基本技能。例如会计记账、教师讲课、信息技术工程师、医疗专业人员解释心电图等。这些技能涉及学科的主题，如历史学、政治学、经济学、汽车制造、机械设计、医学等。专业技能最显著的特点是：要经过有意识的、专门的学习培训，在通过记忆掌握特殊的词汇、程序和学科的基础上获得。专业技能可迁移的可能性比较小，专业技能是一个人职业化的基本条件。

2. 可迁移技能

可迁移技能就是可迁移的通用技能。可迁移技能指的是在某一种环境中获得，并可以有效地移用到其他不同的环境中去的技能，是个人能够持续运用和最能够依靠的技能。如某人从事保险推销员工作时练就的善于与人沟通交往的技巧，当其当上公司的销售经理时，也极有可能移用这些技巧去和客户打交道，建立良好的关系。可前一技能主要是在日常生活中获得的并能不断得到改善，并且在许多领域里都可以得到进一步完善和增强。

可迁移技能是在生活中的各种活动中获得的技能，即研究技能、数字技能（如统计技能、数据处理）、计算机基础技能和外语技能。所有学生都应该被给予机会（通过正式教学或其他活动）来发展这些技能，如果这些技能不构成学科的必要组成，那么技能可通过自愿学习、课外活动或工作体验等活动来获得。无论学生打算从事什么工作，都要拥有四种关键技能。这四种技能是：交流技能、数字技能、使用通信信息技术的技能和如何学习的技能。

（二）大学生应具备的职业能力

用人单位对人才的要求各有不同，但很多因素是相同的，具体如下所述。

1. 合理的知识结构

合理的知识结构不仅包括精深的专业知识，还包括广博的基础知识。专业知识是知识结构的核心部分，是人才知识结构的特色。大学生对自己所学专业的知识和技术的学习，不仅要达到高数量，还应该达到高质量，有一定的深度，而不是蜻蜓点水、不求甚解。基础知识是知识结构的根基，是知识更新的原动力。专业知识与基础知识的有机结合，是担任现代社会职业岗位的必要条件，是人才成长的基础。过去，科学处于萌芽时期，人才曾以"通才为主"；近代，科学不断分化，人才则以"专才为主"；今天，科学高度分化与高度综合，人才已"通才取胜"，专博相济、专深博广，成为当前人才素质的重要要求。

2. 动手操作能力

在一切社会活动中，尤其是教学、科研、生产第一线，没有熟练的动手操作能力是很难胜任的。动手操作能力至少包括两个方面：一是拿起来能做；二是做得好。正如用人单位所说，企业要求的人才不是应试人才，而是做事人才。大学生有了一定的知识积累，并不等于有了各类岗位所需要的实际应用能力。一些大学毕业生只是懂得一些理论知识，只会纸上谈兵，缺乏必要的动手操作能力，因此常常被用人单位拒之门外。

3. 社会交往能力

人际交往是交流信息、获取知识的重要途径。人际交往是个体认识自我、完善自我的重要手段。在人际交往的过程中，彼此从对方的言谈举止中认识了对方，同时，又从对方对自己的反应和评价中认识了自己。交往面越宽，交往越深，对对方的认识越完整，对自己的认识也就越深刻。通过人际交往，我们可以相互传递、交流信息和成果，从而丰富经验、增长见识、开阔视野、活跃思维、启迪思想。对个人如此，对企业也同样如此，一些企业负责人表示，员工的交际与沟通合作能力越来越成为企业在市场竞争中获胜的主要动力，现在已经不是单枪匹马打天下的时候了，必须懂得并善于与他人合作，要发挥团队战斗力。大学生培养自己的人际交往能力不仅是自我发挥完善的需要，也是未来工作环境的需要，关系到工作效能的高低和事业的成败。

4. 社会适应能力

社会环境千变万化，大学生要保证自己从学校到社会的顺利过渡，能很快地适应新的学习、生活、工作环境，与人交往轻松、大方，对各种情况能应付自如。不断提高社会适应能力。

5. 创新能力

人们对付当今世界性问题和挑战的能力，归根结底取决于人们能够激发和调动的创造力的潜力。只有那些思维敏锐、能在自然和社会发展中的新问题面前充分地发挥其创作才能，以新颖的创造去解决问题的人，才能更多地得到企业单位和社会的重视，为企业单位和社会的发展做出更大的贡献。在学习的过程中，应注重不断培养和强化自己的开拓创新能力。

6. 组织管理能力

组织管理水平的高低，已经成为一项工作、一个单位工作好坏的重要因素。大学生毕业后不可能人人都走上领导岗位，从事管理工作，但每个人在将来的工作中都会不同程度地运用到组织管理才能。近几年来，在毕业生就业过程中，用人单位选聘毕业生的首选对象是学生党员和学生干部，事实上表明他们很看重毕业生的组织管理能力。

三、各种职业能力描述

（一）言语能力

对词、句子、段落、篇章的理解能力，以及善于清楚正确地表达自己的观念和向别人介绍信息的能力。

（二）数理能力

直至迅速而准确地运算并能推理、解决、应用问题的能力。

（三）空间判断能力

空间判断能力是指对于立体图形与平面图形之间关系的理解能力，包括能看懂结合图形，对立体图形三个面的理解力，识别物体在空间运动中的练习，解决几何问题。

（四）察觉细节能力

察觉细节能力是指对物体或图形的有关细节有正确的感知能力，对于图形的明暗、线的宽度和长度做出区别和比较，能看出其细微的差异。

（五）书写能力

对词、印刷物、账目、表格等材料的细微部分具有正确的知觉能力，善于发现错字，并正确地校对数字的能力。

（六）运动协调

运动协调是指眼、手、脚、身体能迅速、准确地随活动做出精确的动作和运动反映，手能跟随所看到的东西迅速地行动，进行正确控制的能力。

（七）动手能力

动手能力是指手、手指、手腕能迅速而准确地活动和操作小的物体，在拿取、放置、翻转物体时，手能做出精巧运动和腕的自由运动能力。

第三节 工作价值观

一、价值观的概述

（一）价值观的定义

价值观是指一个人对周围客观事物的意义、重要性的总体评价和看法。价值观不回答客观对象的本来面目是什么，也不具体解释客观对象的本质规律，更不预测客观对象的未来趋势，而是反映某类客观事物对人类的意义或价值。它是人们行为的内部驱动力，它支配和调节一切社会行为，涉及社会生活的各个领域。从其实质来看，价值观体现了实施主体的根本地位，反映了实施主体的需要、利益、情感、愿望和追求，以及实施主体保证自己利益和满足自己需要的能力、活动方式等方面的主观特征，是以"信什么、要什么、坚持什么和实现什么"的方式存在的人的精神目标系统。从其功能来看，价值观是人们心目中用于衡量事物轻重、权衡得失的尺子。就社会整体的角度而言，它是人和社会精神文化系统中深层的、相对稳定的、起主导作用的那部分；就生命个体而言，它是每个人生活和事业中最重要的精神追求、精神支柱和动力所在。

（二）价值观的特点

1. 价值观是因人而异的

由于每个人的先天和后天环境不同，人生经历也不尽相同，每个人价值观的形成会受到不同的影响。因此每个人都有自己独一无二的价值观和价值体系。

2. 价值观是相对稳定和持久的

价值观是随着人们认知能力的发展，在环境、教育的影响下逐步培养而成的，一旦形成便是相对稳定的，具有持久性。

3．价值观在特定的环境下又是可以改变的

由于环境的改变、经验的积累、知识的增长，人们的价值观有可能发生变化。

（三）价值观的分类

1．斯普朗格分类

斯普朗格在《人的类型》一书中将价值观分为以下六类。

（1）理论型

以知识和真理为中心，强调通过理性批判的方式发现真理。

（2）审美型

以形式或和谐为中心，强调对审美及对美的追求。

（3）政治型

以权力地位为中心，强调权力的获取和影响力。

（4）社会型

以群体他人为中心，强调人与人之间的友好、博爱。

（5）经济型

以有效实惠为中心，强调功利性和实务性，追求经济利益。

（6）宗教型

以信仰教义为中心，强调经验的一致性及对宇宙和自身的了解。

每个人对将这六类价值观排序是不同的，通过这种方法，人们发现不同工作环境下这六种价值观对人有不同的重要性。

2．米尔顿·洛克奇分类

美国社会心理学家米尔顿·洛克奇（Milton Rokeach）1973 年在《人类价值观的本质》中提出：价值观是个人或社会偏好某种行为方式或生存目标的持久性信念，为此总结了 13 种价值观偏好。

（1）成就感

提升社会地位，得到社会认同，希望工作受到他人认可，对工作完成和挑战感到满足。

（2）美感的追求

能有机会多方面地欣赏周围的人、事、物，或自己觉得重要且有意义的事物。

（3）挑战

能有机会运用聪明才智来解决困难，舍弃传统的方法，而选择创新的方法。

（4）健康

健康包括身体和心理健康。工作能够免于焦虑、紧张和恐惧，希望能够心平气和地处理工作。

（5）收入与财富

工作能够明显、有效地改变自己的财务状况，希望能够得到金钱所能买到的东西。

（6）独立性

在工作中能有弹性，可以充分掌握自己的时间和行动，自由度较高。

（7）爱、家庭、人际关系

关心他人、与别人分享，协助别人解决问题；体贴、关爱，对周围的人慷慨。

（8）道德感

与组织的目标、价值观和工作使命不冲突，紧密结合。

（9）欢乐

享受生命，结交新的朋友，与别人共处，一同享受美好时光。

（10）权利

能够影响或控制别人，使他按照自己的意愿去行动。

（11）安全感

能够满足基本的需求，有安全感，远离突如其来的变动。

（12）自我成长

能够追求知性上的刺激，寻求更和谐的人生，在智慧、知识与人生的体会上有所提升。

（13）协助他人

认识到自己的付出对团体是有帮助的，别人因为自己的行为而收获颇多。

人所拥有的价值观可分为终极价值观和工具型价值观。终极价值观指的是一种期望存在的终极状况，是一个人希望通过一生而实现的目标，偏重人对生命意义及生活目标的信念，也就是关于成为什么样的人、过什么样的生活之类的想法。工具型价值观，指的是偏爱的行为方式或实现终极价值观的手段，偏重人对生活手段及行为方式的信念，也就是关于寻找何种特质或条件、如何实现生活目标之类的想法。

工具型价值观是针对"事物"，而终极型价值观则针对"感觉"。举例来说，若认为工作中最重要的是收入，收入本身并不是一种感觉而是一件事物，那么收入即属于工具型价值观。或认为一生中很重要的是家庭、朋友或金钱，而这三项都不是一种感觉，它们也都属于工具型价值观。任何人一生中所追求或逃避的都是一种感觉。所要的不是家庭、朋友、金钱等这些外在的表象事物，而是这些事物所能带来的感觉。所要的可能是家庭给你带来的爱、幸福、快乐；朋友给你带来的关心、肯定、协助；金钱给你带来的安全、自由等感觉，是这些感觉主导了行为及思想和判断模式，这些背后的感觉被称为终极型价值观。

二、职业价值观

职业价值观指人生目标和人生态度在职业选择方面的具体表现，也就是一个人对职业的认识和态度以及他对职业目标的追求和向往。价值观测评会有助于职业决策和提高工作满意度。

理想、信念、世界观对于职业的影响，集中体现在职业价值观上。

俗话说："人各有志。"这个"志"表现在职业选择上就是职业价值观，它是一种具有明确的目的性、自觉性和坚定性的职业选择的态度和行为，对一个人职业目标和择业动机起着决定性的作用。

由于每个人的身心条件、年龄阅历、教育状况、家庭影响、兴趣爱好等方面的不同，人们对各种职业有着不同的主观评价。从社会来讲，由于社会分工的发展和生产力水平的相对落后，各种职业在劳动性质的内容上，在劳动难度和强度上，在劳动条件和待遇上，在所有制形式和稳定性等诸多问题上，都存在着差别。再加上传统的思想观念等的影响，各类职业在人们心目中的声望地位便也有好坏高低之见，这些评价都形成了人的职业价值观，并影响着人们对就业方向和具体职业岗位的选择。

每种职业都有各自的特性，不同的人对职业意义的认识，对职业好坏有不同的评价和取向，这就是职业价值观。职业价值观决定了人们的职业期望，影响着人们对职业方向和职业目标的选择，决定着人们就业后的工作态度和劳动绩效水平，从而决定了人们的职业发展情况。

三、工作价值观评估

工作价值观（WVI）量表是美国心理学家舒伯（Donald E. Super）于1970年编制的，用来衡量价值观、工作中和工作以外的以及激励人们的工作目标。量表将职业价值分为三个维度：一是内在价值观，即与职业本身性质有关的因素；二是外在价值观，即与职业性质有关的外部因素；三是外在报酬，共计13个因素：利他主义、美感、智力刺激、成就感、独立性、社会地位、管理、经济报酬、社会交际、安全感、舒适、人际关系、变异性或追求新意。工作价值观是要在工作中通过树立正确的积极的去引导员工的工作价值观向积极、健康的方向转变，改善员工的心态，提高员工的工作积极性。

第四节 职业兴趣培养

一、兴趣的概念

（一）兴趣的定义

兴趣是人对客观事物的选择性态度，是人对需要的情绪表现，或者说是指一个人认识和掌握某种事物，并经常参与该活动的心理倾向。当一个人对某一件事产生浓厚的兴趣时，一定会对这个事物保持充分的注意，并进行积极的探索活动。

（二）兴趣的特性

人的兴趣具有倾向性、广阔性、持久性。兴趣的倾向性是指个体对什么感兴趣。人与人由于年龄、环境、层次属性不一样，兴趣的指向也不同。就大学生来说，有人喜欢文科，有人喜欢理科、工科，因此他们的兴趣倾向就不一样。兴趣的广阔性主要是指兴趣的范围。兴趣的范围因人而异，有的人兴趣广泛，有的人兴趣狭窄。一般来说，兴趣广泛的人知识面也很宽泛，在事业上会更有作为。但也要防止兴趣太广，什么都喜欢，而什么又不深入、不专注，结果也会一事无成。兴趣的持久性主要指兴趣的稳定程度。兴趣的稳定性，对一个人的学习、工作很重要，只有稳定的兴趣，才能促使人系统地学习某一门知识，把某一项工作坚持到底，并取得成绩。

（三）兴趣在职业活动中的作用

一个人如果从事自己感兴趣的职业，则能发挥全部才能的 80%～90%，而且长时间保持高效率不感到疲劳；如果从事不感兴趣的职业，则只能发挥全部才能的 20%～30%。古今中外在事业上取得成功的人，往往是在强烈兴趣推动下而取得的。可以说，谁找到了自己最感兴趣的职业，谁就有可能踏上通往成功的道路。

1. 兴趣是职业生涯选择的重要依据

兴趣是最好的老师，是一种强大的精神力量。兴趣可以使人集中精力去获取所喜欢的职业知识，启迪智慧并创造性地开展工作。当一个人对某种职业感兴趣时，就能发挥整个身心的积极性；就能积极地感知和关注该职业的知识、动态，并且积极思考，大胆探索；

就能情绪高涨、想象丰富；就能增强记忆效果，增强克服困难的毅力。

2. 兴趣可以提高工作效率，充分发挥才能

一个人对某一方面工作有兴趣时，枯燥的工作会变得丰富多彩、趣味无穷。兴趣使工作不再是一种负担，而是一种享受。爱迪生几乎每天在实验室辛苦工作十几小时，在那里吃饭、睡觉，但丝毫不以为苦，他宣称：我一生中从未间断过一天工作，我每天其乐无穷。

3. 兴趣是保证职业稳定、职场成功的重要因素

兴趣是工作动力的主要源泉之一。在其他条件相似的情况下，对自己感兴趣的职业不仅可使自己感到满意，而且能够让你的工作单位感到满意，并由此增加工作的长期性和稳定性。

此外，多方面兴趣可以使人善于应对多变的环境。如需要变换工作，只要自己感兴趣，就能很快地学会相关的技能，使求职成功，并在新岗位上很快地熟悉和适应新的工作。

二、兴趣与职业匹配

广义地说，兴趣是一种人格特征。越来越多的研究表明，不同的职业团体具有其特定的性格特征。例如人们已经发现，具有科学兴趣的被试者，性格明显内倾；而与推销兴趣有关的则很外倾。职业选择反映出个体基本的情绪需求，职业的调整一般是生活步调调整的主要成分。

（一）霍兰德的人格与职业类型说

美国学者约翰·亨利·霍兰德（John Henry Holland）提出了人格与职业类型学说。霍兰德认为：职业选择是个人人格的延伸，个人的行为是人格与环境相互作用的结果，职业选择也是人格的表现。

人的兴趣也可是多种兴趣的组合，比如一个人喜欢研究，但研究的是社会问题，那他就是一个社会科学研究人员，社会科学研究人员就是研究型和社会型的组合。

人格形态与行为形态影响人的择业及其对生活的适应，同一职业团体内的人有相似的人格，因此他们对很多情境与问题会有类似的反应方式，从而产生类似的人际环境。

人可以被分为六种人格类型（即兴趣组型）：现实型（R）、研究型（I）、艺术型（A）、社会型（S）、企业型（E）、常规型（传统型）（C）。每个人的人格属于其中一种。

这六种类型按照一个固定的顺序排成一个六角形。霍兰德用六边形模型来表示六种人格职业类型的相互关系，边和对角线的长度反映了六种人格类型之间心理上的一致性，同时也代表着六种职业类型之间的相似与相融程度。

霍兰德认为，环境造就了人格，反过来人格又影响着个体对职业环境的选择与适应。人们总是寻找能够施展其能力与技能、表现其态度与价值观的职业；职业满意度、稳定性和职业成就取决于个体人格类型和职业环境的匹配与融合；职业行为是人格与环境相互作用的结果。

（二）兴趣类型特点与职业应对

1. R：现实型（Realistic）

（1）共同特点

愿意使用工具从事操作性工作，动手能力强，做事手脚灵活，动作协调。偏好于具体任务，不善言辞，做事保守。缺乏社交能力，通常喜欢独立做事。

（2）性格特点

感觉迟钝，不讲究，谦逊，踏实稳重，诚实可靠。

（3）职业建议

喜欢使用工具、机器，需要基本操作技能的工作。要求具备机械方面的才能、体力，或从事与物件、机器、工具、运动器材、植物、动物相关的职业，例如，计算机硬件人员、摄影师、制图员、机械装配工、木匠、厨师、技工、修理工。

2. I：研究型（Investigative）

（1）共同特点

思想家而非实干家，抽象思维能力强，求知欲强，善于思考，不愿动手。喜欢独立和富有创造性的工作。知识渊博，不善于领导他人。考虑问题理性，做事精确，喜欢逻辑分析和推理且不断探索未知的领域。

（2）性格特点

有耐力，有韧性，喜欢钻研，为人好奇，独立性强。

（3）职业建议

喜欢智力的、抽象的、分析的、独立的定向任务，要求具备智力或分析才能，并将其用于观察、估测、衡量，形成理论，最终解决问题的工作。例如，科学研究人员、教师、工程师、电脑编程人员、医生、系统分析员。

3．A：艺术型（Artistic）

（1）共同特点

有创造力，乐于创造新颖、与众不同的成果，渴望表现自己的个性，实现自身的价值。做事理想化，追求完美，不重实际。具有一定的艺术才能和个性。善于表达，怀旧，心态较为复杂。

（2）性格特点

有创造性，非传统的，敏感，容易情绪化，较冲动，不服从指挥。

（3）职业建议

喜欢的工作要求具备艺术修养、创造力、表达能力和直觉，并将其用于语言、行为、声音、颜色和形式的审美、思索和感受，具备相应的能力。不善于事务性工作，如艺术、文学工作，但是在平常不总从事艺术工作，而是指工作中倾向于将事情做得漂亮、有情调、锦上添花、追求完美。

4．S：社会型（Social）

（1）共同特点

喜欢与人交往、不断结交新的朋友、善言谈、愿意教导别人。关心社会问题、渴望发挥自己的社会作用。比较看重社会义务和社会道德。

（2）性格特点

为人友好、热情、善解人意、乐于助人。

（3）职业建议

喜欢要求与人打交道的工作，能够不断结交新的朋友，从事提供信息、启迪、帮助、培训、开发或治疗等工作，如教育工作者（教师、教育行政人员）、社会工作者（咨询、公关人员）。

5．E：企业型（Enterprise）

（1）共同特点

追求权力和物质财富，具有领导才能。喜欢竞争、敢冒风险、有抱负。为人务实，习惯以利益得失、权利、地位、金钱等来衡量做事的价值，做事有较强的目的性。

（2）性格特点

善辩，精力旺盛，独断，乐观，自信，好交际，机敏，有支配愿望。

（3）职业建议

喜欢要求具备经营、管理、劝服、监督和领导才能，以实现机构、政治、社会及经济目标的工作，如项目经理、销售、营销管理、政府官员、企业领导、法官、律师。

6. C：常规型/传统型（Conventional）

（1）共同特点

尊重权威和规章制度，喜欢按计划办事，细心、有条理，习惯接受他人的指挥和领导，自己不谋求领导职务。喜欢关注实际和细节情况，通常较为谨慎和保守，缺乏创造性，不喜欢冒险和竞争，有自我牺牲精神。

（2）性格特点

有责任心，依赖性强，高效率，稳重踏实，细致，有耐心。

（3）职业建议

喜欢要求注意细节、精确度、有系统、有条理，具有记录、归档、根据特定要求或程序组织数据和文字信息的工作，如秘书、办公室人员、记事员、会计、行政助理、图书馆管理员、出纳员、打字员、投资分析员。

在六角形的模型中任何两种职业类型之间的距离越近，其职业环境及人格特质的相似度就越高。例如企业型和社会型距离最近，相似性也越高，比如社会型和企业型的人都较其他类型的人更喜欢与人打交道。而企业型和研究型则具有最低程度的相似性。

六角模型也表明了六种人格特质类型之间的一致性，一种人格兴趣类型与其相邻的类型组成了最相似的模型，如 RIC。而人格特质类型相反的模型如"企业型与研究型""常规型与艺术型"等，分别距离最远，其一致性最低。传统型的人多墨守成规，而艺术型的人多富有创新精神；传统型的人擅长自控，而艺术型的人则擅长表达。

六边形的模型可以对人格（兴趣）类型与职业环境之间的适配性进行评估。例如一个社会型人格占主导的人在一个社会型的职业环境中工作会感到更舒畅，但是如果让他在一个现实型的工作环境中工作，他可能会感到不舒服、不满意。

三、大学生职业兴趣的培养

（一）在就业前拓宽职业认识面

在就业之前，认识的职业种类越多，对职业的性质了解得越细致，职业兴趣就会越广泛。职业兴趣越广泛，择业动机就越强，择业余地也会相对宽广。

寻找兴趣点最好的方法就是开拓自己的视野，接触众多领域。唯有接触才能尝试，唯有尝试才能找到自己最喜欢的东西。大学正是这样一个可以接触并尝试众多领域的场所。因此，在大学期间要充分利用学校资源，通过使用图书馆资源、旁听课程、搜索网络、听讲座、打工、参加社团活动、与朋友交流、使用电子邮件和电子论坛等不同方式接触更多领域、更多工作类型和更多的专家学者，寻找自己想去从事的领域。

（二）珍惜自己的专业

尽力试着把本专业读好，并在学习过程中培养自己读本专业的兴趣，此外，一个专业里可能有很多不同的领域，也许对专业里的一个领域会有兴趣。现在，有很多专业发展了交叉学科，两个专业的结合往往是新的增长点。多接触、多尝试，也许会碰到自己真正感兴趣的方向。

一个专业的学习需要很多能力，一个专业所包含的课程也能够培养一个学生很多方面的能力，这些能力对个人职业发展的方向都会起到一定的帮助。另外，当学习自己不喜欢的专业时，还可以安排自己的业余时间，做真正感兴趣的事情。可以尝试课外学习、选修或旁听相关课程；也可以去打工或利用假期实习的机会，进一步理解相关行业的工作性质；或者努力去考自己感兴趣的专业的研究生，重新进行一次专业选择。其实，本科读什么专业并不能完全决定毕业以后工作的方向，大学期间的学习过程培养的是学习能力，只要具备了这种能力，即使从事的是全新的工作，也能在边做边学的过程中获取足够的知识和经验。

（三）培养社会责任心

当就业环境和自身素质决定必须做自己不喜欢的工作时，应该拿出必要的对社会负责任的态度，培养自己职业兴趣，即所谓"干一行、爱一行"，当还不能选择到自己满意的职业时，就必须尽快调整职业期望值，适应就业环境，在不理想的职位上，培养职业兴趣，干出一番理想的事业来。

（四）先就业、后择业

很多人一开始对自己从事的行业并不感兴趣，但是随着从业时间的延长和职业技能的提高，加之对职业生涯意义的完全了解，特别是能够在这一职位上取得一定成绩的时候，职业兴趣就会大大增加。只要专心和深入地去从事某种职业，会发现有一种倾心的魅力。

（五）量体裁衣

通常情况下，才干与兴趣有着相互推动的效应，即兴趣产生才干，才干有助于兴趣；同时才干也能产生兴趣，兴趣又会强化才干。但在初次择业时，应以自己拥有的才干，即擅长的知识和技能去选择职业。因为根据自己的才干适应职业的状况择业，往往更趋向于职得其人、人适其职的最佳状态。在这种最佳状态下，工作才能越做越有兴趣，最后的结果可能使你成为某一职业生涯领域内的人才。

第五节　培育情商与掌握有效沟通

一、培育情商

（一）情商的含义

情商（EQ），它是近年来心理学家们提出的与智力和智商相对应的概念，主要是指人在情绪、情感、意志、耐受挫折等方面的品质。以往认为，一个人能否在一生中取得成就，智力水平是第一重要的，即智商越高，取得成就的可能性就越大。但现在心理学家们普遍认为，情商的高低对一个人能否取得成功有着重大的影响，有时其作用甚至要超过智力水平。

情感智商包含以下五个主要方面。

1. 自我认知

自我认知是当某种情绪一出现便能觉察到的能力，它是情商的核心。认识情绪的本质是情感智商的基石，当人们出现了某种情绪时，应该承认并认识这些情绪而不是躲避或推脱。只有对自己的情绪有更大的把握性才能成为生活的主宰，才能更好地指导自己的人生，更准确地决策婚姻、职业等大事；反之，不了解自身真实情绪的人，必然沦为情绪的奴隶。

2. 自我管理

自我管理是指能够自我安慰，调控自我情绪，使之适时、适地、适度。这种能力具体表现在通过自我安慰和运动放松等途径，有效地摆脱焦虑、沮丧、激怒、烦恼等因失败而产生的消极情绪，不使自己陷入情绪低潮中。这方面能力较匮乏的人常需与低落的情绪交战；而这方面能力高的人则可以从人生挫折和失败中迅速跳出，重整旗鼓。

3. 自我激励

自我激励指能将情绪专注于某项目标上，为了达到目标而调动、指挥情绪的能力。任何方面的成功都必须有情绪的自我控制——延迟满足、控制冲动、统揽全局。拥有这种能力的人能够集中注意力、自我把握、发挥创造力、积极热情地投入工作，并能取得杰出的成就。缺乏这种能力的人，则易半途而废。

4. 认知他人的情绪

认知他人的情绪即移情的能力，是在自我认知的基础上发展起来的最基本的人际技巧。具有这种能力的人，能通过细微的社会信号敏锐地感受到他人的需要与欲望，能分享他人的情感，对他人处境感同身受，又能客观理解、分析他人情感。此种能力强者，特别适合从事监督、教学、销售与管理的工作。

5. 人际关系的管理

人际关系的管理就是管理他人情绪的艺术。大体而言，人际关系的管理就是调控与他人的情绪反应的技巧。这种能力包括展示情感、表现力与情绪感染力，以及社交能力（组织能力、谈判能力、处理冲突的能力等）。人际关系管理可以强化一个人的受欢迎程度、领导权威、人际互动的效能等。能充分掌握这项能力的人，常是社交上的佼佼者；反之则易于攻击别人、不易与人协调合作。因此，一个人的人缘、领导能力及人际和谐程度，都与这项能力有关。

情绪商数是另一种智力，是个体与心理素质相关的人格因素和社会因素各项指标中的情绪方面的素质。高情商者表现为有良好的情绪自控能力，丰富而稳定的情感，稳定持久的注意力，坚强的意志品质，完整和谐的人格特性，良好的社会交往能力和适应能力，以及面对挫折与失败的良好的耐受力等。相反，低情商者，表现为情绪自制力差，情感贫乏，注意力涣散，意志品质差，人格障碍，缺乏交际能力，难以适应社会，受挫能力差等。

（二）提高自我情绪管理技巧

培养和提升情绪管理能力有科学的步骤，一般分为情绪感知、情绪表达、自我接纳和情绪调节、改变认知以及解决现实问题等。

1. 学习感知自己的情绪

如果了解自己的情绪，就有可能充分合理地利用它。要是不了解自己的情绪，就只能无助地听任其摆布，使自己成为情绪的奴隶。当开始观察和注意自己内心的情绪体验时，一个积极作用的改变正悄然发生，那就是情商的作用。可见，了解自己的想法和情感，才会有正确的认识，才会做出更好的选择。

负性的情绪往往会植入我们的身体中，使我们的内心感到痛苦，并且伴随有负性的信念和记忆，行为也产生了相应的变化。首先要做到通过各种线索进行感知、觉察和界定，这是情绪管理的第一步，也是最重要的一步。对情绪的感知和觉察要从身体的感受、内心的感受与情感、大脑的思维与认知以及行为倾向这几个方面来界定，也可以通过下面的途径来改善自我认识的技巧。

（1）情绪记录法

做一个自我情绪的有心人。抽出一两天或一个星期，有意识地记录自己的情绪变化过程。以情绪类型、时间、地点、环境、人物、过程、原因、影响等项目列一个情绪记录表，连续记录自己的情绪状况。

（2）情绪反思法

可以利用情绪记录表反思自己的情绪，也可以在一段情绪过程之后反思自己的情绪反应是否得当，例如，为什么会有这样的情绪？有什么消极负面的影响？今后应该如何消除类似情绪的发生？如何控制类似不良情绪的蔓延？

（3）情绪恳谈法

通过与家人、上司、下属、朋友等交谈，征求他们对你情绪管理的看法和意见，借助他人的眼光认识自己的情绪状况。

（4）情绪测试法

借助专业情绪测试软件工具，或咨询专业人士，获取有关自我情绪认知与管理的方法建议。

2. 有效表达情绪

当负性情绪被意识忽略或压抑后，实际上并没有消失而在潜意识层面反复折磨你，如果不能把它们识别出来，并加以处理，最终将演变成不良情绪，将会严重地影响健康。因此，在能够很好地识别自己的负性情绪后，要进入第二步，即情绪表达。

积极成熟的情绪表达的过程中要遵循三个步骤：第一，陈述事实；第二，描述自己的感受；第三，提出建设性的意见。但是并不是所有的人都能做到成熟的表达。例如：有的人因为害怕表达愤怒会损毁两个人之间的关系，负性的情绪没有得到及时的表达，不敢和领导据理力争，只是忍气吞声，乖乖地答应下来。但是这样做之后他的心里仍旧很不舒服，于是就会采用一些被动攻击的手段，比如拖沓或者逃避，负性的情绪得到积累，逐渐转变为不良情绪，和领导的关系依然会因为缺乏沟通而逐渐恶化。还有一种情况，就是过激的愤怒表达，比如冲着领导大喊："你这个人太法西斯了，还想不想让我活？"我们把这种情绪叫作过度反应，其实这种情况也分为控制不足愤怒型以及控制过度愤怒型，后者往往是负性情绪积累的一种结果，在不良情绪长时间地压抑后突然爆发，造成严重的后果。还有的人虽然在上面的情景中感到愤怒或悲伤，但是会装出若无其事的样子。而且越是悲伤，越装出高兴的样子，别人就不会反思自己的期望和命令是不是干扰了你的正常生活。这样的反应一旦形成一种行为习惯，就会损害自己的健康，也会给别人造成对自己评价的错觉。

3. 自我接纳和情绪调节

自我接纳和情绪调节。首先要接纳自己的情绪，在接纳的基础上，给自己一个情绪调节的渠道。目标是要使负性情绪得到宣泄或放松舒缓。除此之外，往往还可以使用积极暗示的方式调节情绪。

（1）宣泄

人之所以会表现出一些过激行为，是因为他们遭受挫折的缘故，所以只要提供场合或机会，让那些遭到挫折的人把自己的愤怒和挫折发泄出来，进一步的过激行为就会减弱。因此，宣泄是很重要的情绪调节和行为控制方式。

（2）放松与舒缓

放松可以通过把注意力转移到关注自己的心率上。当心跳快至每分钟 100 次以上时，整顿情绪至关重要。在这种速率下，身体分泌出比平时多得多的肾上腺素。除宣泄外，最简单以及最有效的情绪调节策略就是深呼吸，深呼吸可以降低人的焦虑和愤怒情绪，避免冲动的行为。

此外，在情绪异常低落的时候，给自己一点时间，做些能够让自己快乐的事情，想做什么就做什么（当然不能做违法的事情）。情绪调节就像是在哄一个受了伤的孩子，不能一味地压抑。要让其能够痊愈并重新高兴起来，需要花一些时间一起玩儿一会儿，想办法愉悦各个感官，通过视、听、嗅、味、触五种途径让其感受快乐。因此，在情绪很糟糕的时候，需要放下手头的工作，做一些愉悦自己感官的事情。例如，可以请自己看一场惊心动魄的电影，或是一部感人至深的电视剧，可以听一段美妙悠扬的音乐，可以到公园里散步闻闻花草的香气，可以花些时间慢慢品尝美食，还可以去泡一个热水澡，或者和亲密的人拥抱一下，甚至什么都不做，只是坐在那里发呆。这些都是能够让内心感到愉快和平静的事情，同时都具有心理治疗的力量。

实际上，科学家在对人类心智的研究中发现，平静的心态还能使思维更具创造力，让人们在工作和学习中的大脑灵光乍现，很多应对问题的方法自会信手拈来。因此，要培养自己享受快乐的能力和欣赏美的能力。在人本主义心理学家马斯洛（Maslow）看来，人不仅有自我实现的需要，也有追求快乐的需要。所以说，在生活中要学会同时追求意义感和快乐感，使两者达到一种平衡，这样，一个人在强大的压力下才不会落入衰竭。

（3）积极暗示

积极的暗示也会起到绝佳的情绪调节作用。心理学研究发现，经常写日记的人群的压力水平和情绪状态都要优于不写日记的人群。进一步研究发现，那些能够在生活中发现正性资源并且坚持积极写日记的人心理状态最佳，应对压力的能力也最强。积极日记指的是只记录每天所遇到的愉快经历、美好感受和正性收获的日记。写积极日记就是一种良好的暗示，这使人们在生活中保持力量。

另一种有效的积极暗示形式称为积极意向，众多心理治疗师在催眠患者的时候发现，人们在应对压力和不良情绪时潜意识层面会有一种影音化的意象成分起作用，这种意象是否具备足够的支持力量直接决定了他应对压力的能力，比如有些人在经受挫折时脑海中的自我意象是及为弱小的，那么当他面对困难时的行为方式就是退缩和放弃，而另一些人之所以能够做到百折不挠，就是因为他们的意向极富力量。积极意向的获得既可以借助心理治疗师在催眠过程中的植入，也可以从人们生活中的关系中获得。

一个人没有任何情绪调节的办法是很危险的，他会积聚很多不良的情绪能量，充斥在身体中的强大能量最终爆发出来，具有惊人的杀伤力。因此，这样的人一旦犯罪，会罪大恶极；或者即便不宣泄爆发，在长期的压抑下自身的生理功能也会受到创伤，患上诸如皮肤病、心血管病、消化系统疾病甚至癌症等身体疾病。

4. 情绪调节需要注意的原则

（1）避免带来进一步的压力

无论采取何种调节方式，都不要过度。例如，吃东西、购物、饮酒要做到适可而止。而暴饮暴食、透支信用卡、酒后闹事等，会让我们丧失理性，行为完全被情绪牵着鼻子走，给自己带来了进一步的压力。

（2）和自己的兴趣相结合

在生活中要培养自己的兴趣，这样当情绪受挫的时候就可以找到一个最适合自己的调节方式，有的人爱好瑜伽，做瑜伽能使内心变得平静；有的人爱好茶道，品茶可以训练保持精力集中；有的人喜欢激烈的运动，运动使其完成宣泄过程。

（3）发展多种调节方式

使用多种调节方式可以体现一个人应对压力的灵活性，因为可以根据情境的需要变换调节方式，或者使用组合式调节方式。每次遇到情绪挫折只会使用单一的方式，并且疯狂使用，就容易将这种方式发展为一种成瘾行为，或者在应对压力时因资源不足而显得很僵化。

5. 改变认知

改变认知，即改变对事物的偏见态度。大多数情况下，人的情绪来源于对事物片面且固执的看法和信念。

在因为某种压力事件产生负性情绪的时候，需检查自己对事件的看法是否有偏见，能不能换一个角度来考虑问题，在认知中增加新的可能性，就能免于被负性情绪所困扰。比如你是否能够理解到领导也有很大的工作压力，在压力下，他的情绪也不太好，他不得不把压力转回到下级身上，并且态度很不好，由于心急如焚才缺乏沟通，他并没有意识到给自己的下级布置了一个不可能完成的任务，而且还伤害到了下级的自尊，也许领导并不是有意造成这种伤害的。心理学研究证明，当自己能够对他人的行为给予合理解释的时候，愤怒情绪会得到缓和，侵犯行为会相应降低。因此，当认知发生以后，我们也会放弃那些负性的情绪，同时采取更为积极的行动。

6. 问题解决

如果要有效地应对压力，除了情绪管理以外，还要有解决现实问题的行动力，在情绪平和之后积极采取行动，改变现实压力。如果压力来自于人际关系，就需要提升自己与他人有效沟通、维持良好关系的能力。为了和他人保持和谐的人际关系，避免冲突，首先要避免成为别人挫折的制造者。也就是说，要注意自己的言行，学习对自己的侵犯行为加以控制。更进一步，可以设身处地从对方的立场和需要出发，看看自己的行为能够怎样帮助对方，逐渐建立起别人对自己的信任，这样就构建起自己的社会支持网络，这一点对应对压力是很重要的。遇到误会后还要采取行动主动沟通，防止分歧和冲突进一步加深。

如果压力来自于一般性事务的处理，那就需要提升解决现实问题的能力，比如应对工作负荷方面的压力，需要提升专业能力和时间管理的能力；应对自我发展方面的压力，就要积极探索自我，提升职业选择的能力；应对生活、经济方面的压力，就要提升生活自理能力等，但值得注意的是，在解决现实问题之前，首先要关注到自己的情绪，因为情绪没有调整好，问题解决的效果往往是不佳的。

（三）提升识别和影响他人情绪的技巧

善于识别他人情绪的人能察觉出他人的所思、所想、所感，能理解他人的态度，能对他人的情绪做出准确的辨别和评价。这种能力对人类的生存和发展是很重要的，它使人们之间能相互理解，使人与人之间能和谐相处，有助于建立良好的人际关系。要改进或提升其他人的生命品质，比如自己的上司、员工或同事、朋友等，需要做到先处理情绪，再处理事情。有效工具是积极聆听法，通过有效的聆听、发问、区分和回应，设身处地了解和接纳他人的情绪，解读其未觉察的内在情感，协助对方处理情绪。以下四个步骤有助于识别和影响他人情绪。

1. 接纳

这一点在处理单位人际关系时特别需要，看到同事不开心，不要躲开他，而是走到他身边，用关切的语气问："我看到你愁眉不展的样子，好像不开心，发生了什么事？需要我的帮助吗？"当你用这种认同的口吻和对方说话时，对方一定能感受到你的关怀及诚意。对情感比较"麻木"的都市人来说，这种接纳帮他恢复了情绪知觉，他没有理由不被你感动。

2. 分享

成功接纳了对方的情绪，他才愿意进一步谈内心的感受。分享的第一步就是他的内心感受，一般来说，女性情感表达平均能力要远远高于男性，心理开放的人比心理压抑的人在表达上更清晰、更敏锐。在对方对自身情感不觉察的情况下，可以有意识地引导他表达感受，和他一起分享这种感觉，协助他学习区分情绪的界限。

3. 区分

帮助对方区分哪些责任是应该负责却没有做好的，而哪些责任又是外在的客观属性。

4. 回应

最后还是应该回归到现实中，让对方制订一个有效的行动计划，以达成预定的目标。

二、掌握有效沟通

（一）沟通的概念

沟通是人与人之间、人与群体之间思想与感情的传递和反馈的过程，以求思想的一致和感情的通畅。沟通是满足人们各种需要、实现各种目标的重要手段。沟通构成了日常生活的主要部分，是快乐和痛苦的重要来源。系统地学习沟通技能，可以避免无效沟通和错误沟通，提高人际效能。

从广义上说，可以将沟通理解为任何一种信息交换的过程。它分为信息发射、信息传递、信息接收和信息反馈等四个过程。发射的信息通常有三种形式：言语、非言语、书面。这些语言信息会通过一定的渠道，如面对面、电话、会议、演讲等传递给他人。当他人接收到这些信息后，就会对这些信息进行重新解释，并给信息发出者提供语言的、非语言或书面的反馈。在实际的沟通过程中，沟通双方往往交替成为信息的发出者和接收者，发生互动。

从沟通的效果上讲，沟通存在着有效沟通与无效沟通两种沟通。从沟通的方式上说，沟通包括语言沟通和非语言沟通。语言沟通包括口头和书面语言沟通；非语言沟通包括声音、语气、肢体动作，而有效的沟通往往需要语言沟通和非语言沟通相结合。

（二）沟通的技巧

1. 积极倾听

（1）倾听的作用

概括来说，倾听有以下几方面的作用。

①倾听可以获取重要信息

信息不但包括内容，还包括对方的情感，有时候脱离了情感，只是听取里面的内容会产生误解。有些话是反话，只有非常注意，联系语境或语气才能做出判断，听出弦外之音。

②倾听可掩盖自身弱点

俗话说"沉默是金""言多必失"，静默可以掩盖若干弱点。如果对别人所谈问题一无所知或未曾考虑，保持沉默可不表示自己的立场。

③善听才能善言

我们常常因为急于表达自己的观点，根本无心思考对方在说些什么，甚至在对方还未说完的时候，心里就已经对对方可能的言谈和观点产生了心理定式，并按照经验妄加评论，而评论往往是错误的。因此，需要首先听明白对方的观点是什么，听懂对方，才能做出准确的评论。

④倾听能激发对方谈话欲

让说话者觉得自己的话有价值，他们会愿意说出更多更有用的信息。称职的倾听者还会促使对方思维更加灵活敏捷，启迪对方产生更深入的见解，双方都会受益匪浅。

⑤倾听能发现说服对方的关键

从对方的谈话中，能够发现他的出发点和弱点，这就为说服对方提供了契机。同时，让别人感到自己的意见充分考虑了他的需求和见解，他们会更愿意接受。

⑥倾听可以获得友谊与信任

人们大都喜欢发表自己的意见，如果愿意给他们一个机会，他们立即会觉得你和蔼可亲、值得信赖。不注意倾听会伤害对方的情感，最终使沟通的效果大打折扣。

（2）倾听的层次

听与倾听是有本质的差异的。听是用耳朵接收各种听得见的声音的一种行为，只有声音，没有信息，是被动的。而倾听不仅获得信息，而且了解情感，需要技巧和训练，是积极的。

听也可以分为以下几个层次，了解这些对倾听有更好的理解。

①忽视的听

不用心地听。这种听只能听到一些声响，而忽略了说话者的内容。

②假装在听

外表装着是在听。很多时候一边假装在听别人说话，一边却忙活着自己的事情，对于别人的话"嗯嗯啊啊"地应付着。

③有选择地听

只注意自己感兴趣的部分（如天气预报、老师关注学生的错误），想听好消息、忽略坏消息是人之常情。

④专注地听

从自己的角度去听，专注于对方所说的话，并以自己的经历为参照进行比较。专注地听大多数时候可以在说话者和倾听者之间产生共鸣，可是如果倾听只是为了与自己的经历和感受做比较，达到自己的目的，再专注的倾听也可能对说话者产生不良的影响。

⑤同理心倾听

从对方的角度倾听（用他的眼睛看世界），用心倾听及回应来了解对方的含义、动机和感受。

同理心不等于同情。同理心是"你的心情我理解"，双方的地位是平等的，而同情是你处在优越的位置，给对方感情上的施舍，双方地位有高低尊卑之别。同理心也不等于了解。同理心要求倾听者暂时放弃自己主观的参考标准，以对方的思考角度看事物，从对方的处境来体谅对方的思想行为，了解对方因此产生的单方面感受。同理心也不等于认同。认同说明双方对一些问题的看法和价值观等有一定一致性。同理心并不一定认同对方的所有观点，但会尊重他的观点，并理解接受对方的切身感受。

（3）倾听的技巧

①消除干扰

外在和内在的干扰是妨碍倾听的主要因素，因此改进聆听技巧的首要方法就是尽可能地消除干扰。从外在环境角度，要尽量保持环境的安静，例如把手机等调成静音状态；另外从内在角度，必须把注意力完全放在对方的身上，才能尽可能捕捉住对方表达的信息，明白对方说了什么、没说什么以及对方的话所代表的情感与意义。

②对方优先

对方优先的第一层意思是让对方先说。首先，倾听别人说话会让对方觉得很尊重他的意见，有助于建立融洽的关系，彼此接纳。其次，鼓励对方先开口可以降低谈话中的竞争意味。倾听可以培养开放的气氛，有助于彼此交换意见。最后，对方先提出他的看法，就有机会在表达自己的意见之前，掌握双方意见一致之处，从而更容易说服对方。

对方优先的第二层意思是非必要时避免打断他人的谈话。善于听别人说话的人不会因为自己想强调一些细枝末节、想修正对方话中一些无关紧要的部分想突然转变话题，或者想说完一句刚刚没说完的话，就随便打断对方的话。经常打断别人说话就表示不善于听人说话，个性激进，礼貌不周，很难和人沟通。

③注意观察

a. 观察肢体语言。在和人谈话的时候，即使还没开口，内心的感觉就已经透过肢体语言清清楚楚地表现出来了。听话者如果态度封闭或冷淡，说话者很自然地就会特别在意自己的一举一动，比较不愿意敞开心扉。相反，如果听话的人态度开放、很感兴趣，那就表示他愿意接纳对方，很想了解对方的想法，说话的人就会受到鼓舞。而这些正面的肢体语言包括自然的微笑，不要交叉双臂，手不要放在脸上，身体稍微前倾，常常看对方的眼睛，点头等。

b. 注意暗示信息。很多人都不敢直接说出自己真正的想法和感觉，他们往往会运用一些叙述或疑问，百般暗示，来表达自己内心的看法和感受。但是这种暗示性的说法有碍沟通，因为如果遇到不良的听众，他们话中的用意和内容往往被人所误解，最后就可能会导致双方的失言或引发言语上的冲突。所以一旦遇到暗示性强烈的话，就应该鼓励说话的人再把话说得清楚一点。

④听关键词

所谓的关键词，指的是描绘具体事实的字眼，这些字眼透露出某些信息，同时也显示出对方的兴趣和情绪。透过关键词，可以看出对方喜欢的话题，以及说话者对人的信任。

另外找出对方话中的关键词，也可以决定如何响应对方的说法。只要在自己提出来的问题或感想中，加入对方所说过的关键内容，对方就可以感觉到你对他所说的话很感兴趣或者很关心。

⑤关注重点

要抓住主要意思，不要被个别枝节所吸引。善于倾听的人总是注意分析哪些内容是主要的，哪些是次要的，以便抓住事实背后的主要意思，避免造成误解。只要我们不再注意各种细枝末节，就不会因为没听到对方话中的重点或错过主要的内容，而浪费了宝贵的时间，或者做出错误的假设。

⑥鼓励他人

鼓励他人首先要重复他人说话的内容，这也是一种很重要的沟通技巧。这种反应可以让对方知道我们一直在听他说话，并听懂了他所说的话。但是反应式倾听不是简单的复述，而是应该用自己的话，简要地述说对方的重点。反应式倾听的好处主要是让对方觉得自己很重要，能够掌握对方的重点，让对话不至于中断。

鼓励他人还要体会到对方的情绪。体会对方情绪，意思就是指将对方的话背后的情感复述出来，表示接受并了解他的感觉。

鼓励他人还需要注意反馈。倾听别人的谈话要注意信息反馈，及时查证自己是否了解对方。只有完全理解对方的意思后，对后面的讲话内容才会有更好的理解。

鼓励他人最简单、直接、有效的方式就是微笑。

⑦适时总结

当我们和人谈话的时候，通常都会有几秒钟的时间，可以在心里回顾一下对方的话，整理出其中的重点所在。必须删去无关紧要的细节，把注意力集中在对方想说的重点和对方主要的想法上，并且在心中熟记这些重点和想法。

暗中回顾并整理出重点，也可以帮助我们继续提出问题。如果能指出对方有些地方话只说到一半，说话的人就知道，一直都在听他讲话，而且也很努力地想完全了解他的话。如果不太确定对方比较重视哪些重点或想法，就可以利用询问的方式，来让他知道我们对谈话的内容有所注意。

⑧理解他人

如果我们无法接受说话者的观点，那可能会错过很多机会，而且无法和对方建立融洽的关系。就算是说话的人对事情的看法与感受，甚至所得到的结论都和我们不同，他们还是可以坚持自己的看法、结论和感受。尊重说话者的观点，可以让对方了解，我们一直在听，而且也听懂了他所说的话，虽然不一定同意他的观点，还是很尊重他的想法。若是一直无法接受对方的观点，就很难和对方彼此接纳，或者共同建立融洽的关系。除此之外，这也能够帮助说话者建立自信，使他更能够接受别人不同的意见。

（4）善于提问

要了解对方的真实想法，首先要学会提问，通过提问去获得自己想知道的事情。一个好的问题使人乐于回答，而愚蠢的问题会使人感到好笑甚至反感。在沟通的时候，有效提问是倾听的前提。在探讨如何有效提问之前，我们先来了解问题的类型。问题可以分为封闭式问题和开放式问题。

封闭式问题，也就是那些可以用简单事实来回答的问题；开放性问题，也就是那些不能简单用"是""否"来回答的问题。

一般来说，封闭式的问题用于寻求事实。但是人们往往只会用简单事实来回答封闭式问题，而不用进一步的论述，这对于良好、持久的沟通是不利的。因此，我们有必要锻炼自己进行开放式提问的技巧，使用开放式问题来展开故事的全貌，获取想要的信息。

2. 有效表达

话是说给别人听的。如果别人听不懂你说的话，那么即使句式再漂亮，用词再讲究，于沟通而言也无济于事。所以，平时最好用简单的语言、易懂的言辞来传达信息，而且对于说话的对象、时机要有所掌握，有时过分的修饰反而达不到目的。

（1）非言语表达

①非言语表达的重要性

在日常生活中，是否有过这样的经历：有人需要长篇大论才能解决的难题，另一些人只要打个轻描淡写的手势就大功告成了。即使没有遇见如此极端的情况，在生活中也经常可以发现，同样一番话，不同的人说会有着截然不同的效果，似乎言语内容本身并不是言语效果的唯一影响因素，甚至并不是最为重要的影响因素。

②有效的非言语表达

既然非言语表达在交流中起到如此重要的作用，那么在此处探讨一下增进非言语表达的技巧便是十分必要的。首先我们将分别关注非言语表达中的几个主要组成部分，例如，**身体姿势**、**面部表情**、**衣着仪表**等，然后要特别关注一下"一致"的概念，一种需要在前述几个方面共同注意、努力所达到的和谐。

a. **目光接触**。诚恳而沉稳地看着对方。和一个人谈话时，维持 5～15 秒的目光接触。假如面对一个团体谈话，眼睛要轮流和每个人的目光接触，每一次约 5 秒钟。不要让眼睛转来转去，也不要刻意放缓速度地眨眼睛。为了避免紧盯着对方，可以将视线放在对方的眉宇间，这样不会太尴尬。

b. **姿势与动作**。昂然站立，放松自己，自然而轻松地移动。抬头挺胸，肩膀、臀部和双腿成一直线，让精神向前倾注。切记不要双臂环抱，两手交叉，这些都是封闭和防御的肢体语言，最自然的方式是两手自然下垂，放在腰际。保持良好的坐姿，上身略微前倾，手放置在椅背上，不要随意滑动。双手与手臂的动作尤其重要，柔和的手势表示友好、商量，强硬的手势则意味着"我是对的，你必须听我的"。

c. **面部表情**。谈话时要轻松自然，合适的话，记得要微笑。微笑表示友善礼貌，皱眉表示怀疑和不满意。

d. 衣着与仪表。穿着方式并没有对错之分，但打扮应该恰如其分，整洁大方，舒适得体。因此衣着必须遵守 TPO 原则，即时间（Time）、地点（Place）、目的（Object）。在衣服的色彩搭配上，一般来说，黑、白、灰三色是配色中最安全的颜色。

e. 声音与语气。声音和语气在沟通中非常重要。让声音带着精力与热忱，设法让语调、节奏和声音的大小有所变化。吸引注意力，使用合宜与清楚的语言，中间或有停顿，抑扬顿挫表明热情，突然停顿是为了造成悬念。语言要尽量直接而中肯，面对非专业人士尽量避免使用专业术语。尽量避免使用长句子，20 字左右最易使对方明白自己需要表达的主要观点。

f. "一致"技巧。当两个人和睦相处时，你会发现他们之间肢体语言的运用是非常频繁的，而且一个人的肢体语言是其他人肢体语言的反应。他们的坐姿相似，以同样的角度靠在座椅上，以同样的姿势盘绕双腿。而这种一致性也会促进沟通，从而帮助建立融洽的人际关系。但是，我们的目的并不是要模仿一个人的每一个动作或每一种坐姿，融洽的关系是靠在与人相处时所做的一切事情建立起来的。如果这种"一致"的技巧让人感到不自然、不舒服或无诚意，就不要使用这种技巧，因为它已成了空洞的技巧，对建立融洽的关系毫无意义。

③SOFTEN 法则

a. Smile——微笑。一个舒心的微笑是友好、热情并愿意进行沟通的强有力的暗示。微笑可以展示热情开放的交谈态度。

b. Open——张开的双臂。张开双臂表明友好的并愿意与人接触，在交谈中，张开的双臂让他人感觉到你在听他讲话，并且他讲的你也能够接受。

c. Forward——身子前倾。当与他人交谈时，身体轻微前倾表明你正在听对方讲话，并对其很感兴趣，这对于他人来说通常是一种恭维，他将愿意继续与你交谈。需要注意的是，不要太近或太快地侵犯他人的私人空间。

d. Touch——接触。最容易接受的接触是一个热情的握手，几乎在任何情况下，热情而有力的握手都表示对见到的人持一种热情而友好的态度。

e. Eye——眼神交流。眼睛是心灵的窗口，通过眼神的交流表达的非言辞言语可能是最强烈的。眼神交流应该是自发的，而不是被迫的或过于主动的。做眼神交流时，中间最好有简短的间隔，切记不要一直盯着他人，这样反而会让人感到不适。

f. Nod——点头。点头表示正在听，并能理解对方所谈的内容。然而点头不一定意味着赞同。

（2）语言表达

在现代社会中，由于经济的迅猛发展，人们之间的交往日益频繁，良好的语言表达能力已经成为现代人的必备能力。语言能力是驾驭人生、改造生活、追求事业成功的无价之宝，是通往成功之路的必要途径。想要提高语言表达能力可以从以下几个方面入手：

①克服说话时的紧张情绪

很多人与别人说话的时候就会紧张，而这种紧张会影响沟通的效果。那么说话紧张的时候，如何使自己放松呢？静静地进行深呼吸，使气息安静下来，在吐气时稍微加进一点力气，这样可以使换气充分，很容易使自己放松下来。笑对于缓和全身的紧张状态有很好的作用。微笑能调整呼吸，还能使头脑的反应灵活，说话集中。也许有人会说紧张的时候怎么才会微笑呢？其实只要做出笑的表情，很容易使自己变得开心，从而会引起自然的微笑。当然学会控制情绪的最佳方式还是多去沟通交流。

②平时多积累自己擅长的话题

平时要留意观察别人的话题，了解吸引人的和不吸引人的话题。扩充自己的知识面，多看些书，多参加户外活动，这样可以多和人沟通交流。成为有效的表达者之前，首先学会做个聆听者，多去听讲座，在和朋友、长辈沟通的过程中多听听别人的，每一天都收集可以表达的素材，也能学习别人的语言表达技巧。另外，多看电视中的谈话类节目也有助于话题的积累。电视是最感性的语言来源，尤其是那些咨询类及访谈类的节目，这样能很好地学习别人的交谈技巧。除了积累擅长话题外，也要回避一些不好的话题。避免自己不完全了解的事情，谈一知半解的话题，会给人留下虚浮的印象。要避免你不感兴趣的话题，自己不感兴趣很难使自己完全投入到谈话中。

③增加自己的幽默

语言的滑稽风趣，一定要根据具体对象、具体情况、具体语境来加以运用，而不能使说出的话不合时宜。提升自己语言的幽默性可以从以下几个方面入手。

a. 当叙述某件趣事的时候，不要急于告诉结果，应当沉住气，要以独具特色的语气和带有戏剧性的情节显示幽默的力量，在最关键的一句话说出之前，应当给听众造成一种悬念。

b. 重要的词语加以强调，利用重音和停顿等以声传意的技巧来促进听众的思考，加深听众的印象。

c. 在说笑话的时候，不要自己先大笑起来，这样会使笑话的效果大打折扣。

④学会站在别人的角度

每一个个体都有完全不同的人生经历，价值观、性格等会有很大的差异，因此要学会理解别人，站在别人的角度来看待问题。例如与一个看重细节的人沟通时，不能只讲一个大概，要进行深入细致的描述，而对于一个重视整体的人来说，过于描述细节也会招致厌烦。

⑤注意语言的准确性

使用的语言一定要确切、清晰地表达出所要讲述的事实和思想，揭示出它们的本质和联系。只有准确的语言才具有科学性，才能逼真地反映出现实面貌和思想实际，才能为听众接受，达到宣传、教育、影响听众的目的。

（三）良好人际关系的建立

良好的沟通技巧是建立良好关系的基础，而良好的人际关系也会促进沟通的效果。建立良好的人际关系，是一个人事业成功的基础。左右逢源，游刃有余，需要一颗宽容的心，需要真诚，需要积极交往的主动性，塑造良好的个人形象，善用各种交际手段。

1. 提高心理素质和个人修养

社会交往中，个体的知识水平与涵养直接影响着交往的效果，良好的个人形象应从点滴开始，从善如流，"勿以善小而不为，勿以恶小而为之"，优化个人的社交形象。

（1）提高心理素质

人与人之间的交往是思想、能力、知识及心理的整体作用，哪一方面的欠缺都会影响人际关系的质量。有的人在人际交往中存在着社交恐惧、胆怯、羞怯、自卑、冷漠、孤独、封闭、猜疑、自傲、嫉妒等不良心理，这些都严重影响建立良好的人际关系。

（2）提高个人修养

那么什么是良好的个人修养呢？《论语》里形容孔子的五个字：温、良、恭、俭、让，可以作为做人的一个准则。南怀瑾对于这五个字的解释是："温"是温和的、平和的，"良"是善良的、道德的，"恭"是恭敬的、严肃的，"俭"是不浪费的，"让"是一切都是谦让友好的、理性的、把自己放在最后的。这五个字，讲出了孔子的态度、性格及修养。那么如何做到这五个字呢？

①温

温就是温和。要做到温和，需要理解别人，经常从别人的角度思考问题就不会抱怨。当别人做错事时，要理解他们，保持平和的心情与他们进行沟通，有利于把问题解决好。

②良

良就是善良。一个善良的人最重要的特征就是尽力帮助周围的人。而"先天下之忧而忧"那就是善良的一个更高的境界。

③恭

恭是一种对人的态度。"三人行必有我师"。在每个人身上都会有值得学习的地方。在工作中，尊重上级很容易，但要尊重下属有时候就会比较难。

④俭

俭并不是过上苦行僧的生活，而是避免不必要的浪费。在购物和使用中，不要看能承受多少，而要看需要多少。

⑤让

让是面对利益的一种态度。现代社会既是高度竞争的社会，也是强调合作的社会。让其实是一种共赢的态度，通过它维系和提升人际关系，获得他人的支持，从而赢得个人事业的成功。

2. 培养主动交往的态度

人际关系和谐的表现之一是乐于与人交往，在彼此真诚、相互信任、相互吸引的基础上增进交流，重点应掌握以下几点。

（1）主动而热情地待人

心理学家发现，热情是最能打动人、对人最具吸引力的特质之一。一个充满热情的人很容易把自己的良性情绪传染给别人。一个面带微笑的人很容易被他人接纳。要热情待人还须从心里对他感兴趣，真心喜欢他人。"只要你对别人真心感兴趣，在两个月之内，你所得到的朋友，就会比一个要别人对他（她）感兴趣的人在两年内所交的朋友还要多。"人们更容易喜欢那些对自己感兴趣的人。

（2）帮助别人

心理学家们发现，以帮助与相互帮助开端的人际关系，不仅良好的第一印象容易确立，而且人与人之间的心理距离可以迅速缩短，使良好的人际关系迅速建立起来。日常生活中的患难之交正说明这点。这就是"雪中送炭"的心理效应。

（3）积极的心理暗示

生活中不难发现，有的人身上仿佛有一种魔力，周围人都乐于聚在其身边，这类人往往能在短时间内结识许多人。心理学研究表明，这类人大都具有良性的自我表象和自我认识："我是一个受欢迎的人，我喜欢与人交往。"这样的心态使人以开放的方式走向人群。他们心地坦然，很少有先入为主的心理防御，因而言谈举止轻松自在，挥洒自如。在这种人面前，很少有人会感到紧张或不自在，即使一些防御心理较强的人也会受其感染而变得轻松、开放起来。同学之间的交往，许多时候都是在紧张的学习之外求得一种轻松感，所以能满足这一愿望的人自然会有一种吸引力。

（4）把每个人都看成重要人物

自尊得以维护，自我价值得到承认，这是许多人最强烈的心理欲求。只有在交往中注意到这一点，才能对应自如。每个人都是重要的，当我们把自己看得非常重要时，也应将心比心把别人也看成重要的。在交往中，我们应注意让他人保住面子。如果一个人习惯于通过挑别人的毛病和漏洞来显示自己的聪明，那将是最愚蠢的，必将为此付出高昂的代价。人人都有毛病和缺点，所以找起来并不难。

（5）不要试图通过争论使人发生改变

在沟通过程中，可能会发生争论，若是为探讨问题，这是有益的，但试图以此改变对方，则往往会适得其反。每个人都或多或少把某种观点看成是自我的一部分。反驳他的观点时，便或轻或重地对他的自尊造成了威胁。所以争论双方很难单纯地就问题展开争论，其间往往渗入了保卫尊严的情感。这种情感促使双方把争论的胜负而不是解决问题看成最重要的。所以赢的一方常常难以抑制自己而洋洋得意，他把这看成是自己尊严的胜利，自己有能力的明证。而输的一方则会觉得自尊受到伤害，他对胜方很难不产生怨恨。从而不难理解，为什么许多争论到最后会演变成为人身攻击，或变成了仅仅比嗓门高低的游戏。所以争论对人际交往常常是一种干扰因素。

（6）发现和赞赏别人的优点

每个人都有其不足，每个人也都有其所长。人类天性中最深切的冲力是"做个重要人物的欲望"；"人性中最深切的品质，是被人赏识的渴望。"真心真意，适时适度地表示你对别人的赞扬，能够增进彼此的吸引力。

3. 善用交际技巧

（1）善于倾听和表达

在人与人的沟通交流过程中是有一些技巧可以遵循的，例如倾听的技术、表达的技术和说服的技巧等。掌握好这些技巧能够给别人留下良好的印象，获得更多的好感和支持，进而为建立友谊关系打下良好的基础。

（2）自我表露

真正可以深入下去的交谈必然是双向的。因而自我表露是另一项应该掌握的技能，即自信地袒露关于自己的信息——怎样想，有什么感受，对他人的自发信息如何反应等。然而，许多人却不能顺畅地表达自己的思想感情，从而给交往制造了障碍。

自我表露需要把握好时机，否则就可能犯滔滔不绝、只顾自己之大忌。一般而言，谈自己的合适时机之一是有人邀请谈谈自己的时候。这时，如果能适度地展开自己则会引起大家的兴趣和好感。另一种时机是当他人谈的情况和感受与自己比较一致时，即"我也……"的技巧。人们总是喜欢那些经历和看法与自己一致的人，因为赞成自己的人实际上是在肯定价值和自信。

（3）掌握批评的艺术

许多人往往由于自信不足，因而有意无意地通过寻找别人的缺陷来满足自己的自尊。不过有些时候，当别人的错误损害了自己及周围人时，需要促其改变，而不是一味地"好，好，好！"只要不是出于贬低别人的目的，同时又能运用适当的方法，那么批评就会收到意想不到的效果。

（4）正确对待批评

我们往往有一种倾向，希望所有的人都喜欢和赞赏自己。为此，常常疲于讨好别人或到处为自己辩解。这种活法很累，难以潇洒起来。想想自己，我们会喜欢所有的人吗？很难，或者说根本不可能。既然如此，为何要求所有的人都喜欢自己呢？事实上，除非你平庸至极，这样没人会注意你，批评也会少许多；否则，在你的生活中，批评将永远伴随你；你越是出众，受到的批评就越多。人们有许多动机批评别人，其中之一便是批评强者，指出强者的缺陷能满足自己可怜的自尊心，发泄嫉妒的恶气。对于这类人，你的辩解、愤怒和痛苦正像一头在笼子里团团转的狮子，让他们感受到一种极大的快感。

过分看重批评往往使人寸步难行。其实许多批评者本人并不那么时刻牢记自己说过的话。他更多关注的是自己，批评也好，闲话也罢，多是茶余饭后的及时行乐，事后往往早已抛于脑后。可受批评的人却为此苦恼数日，甚至寻死觅活，太不值得了。

置之不理是消解批评的好方法，它可以使那些恶意诽谤的毒箭宛如射在软皮囊上一般。不过，一种更积极地对待批评的方法是认真、冷静地分析其中是否含有可供参考或有助于自我完善的东西。做到这一点不容易，需要充分的自信和博大的胸怀。

（5）换位思考

这对建立良好的人际关系很重要。如果我在他的位置上，我会怎样处理？经常站在对方的角度去理解和处理问题，一切就会变得简单多了。一般而言，善于交往的人，往往善于发现他人的价值，懂得尊重他人，愿意信任他人，对人宽容，能容忍他人有不同的观点和行为，不斤斤计较他人的过失，在可能的范围内帮助他人而不是指责他人。

4. 学会尊重别人

在人际交往中，尊重是一个非常重要的原则。为此，至少要做到以下几点：充分尊重对方的内心秘密或隐私；会话交谈时，目光注视对方；不要把对方的内心秘密泄露给他人；不在背后议论别人等。

第七章 大学生职业形象塑造

第一节 礼仪概述

一、礼仪法人含义

（一）礼仪的起源

礼仪是一门综合性较强的行为科学，是指在人际交往中，自始至终地以一定的、约定俗成的程序和方式来表现的律己、敬人的完整行为。

礼仪一词由"礼"和"仪"两字组合而成，既包含礼貌、礼节的表达，又包含对程序、规范的遵守。礼仪是伴随着人类的文明而产生和发展的，具有很深的文化内涵，并且对一定文化群体中的人们有着相当的约束力。

在欧洲，"礼仪"一词最早见于法语的"etiquette"，原意是"法庭上的通行证"。古代的法国法庭，为了展示司法活动的威严性，保证审判活动能够合法有序地进行，要求所有进入法庭的人员必须十分严格地遵守法庭纪律。而这些法庭纪律不是当庭宣读，而是将其写在或印在一张长方形的"etiquette"即通行证上，发给进入法庭的每一个人，作为其入庭后必须遵守的规矩或行为准则。由于在社会交往中，人们也必须遵守一定的规矩和准则，才能体现人之所以为人的特有风范，才能保证文明社会得以正常维系和发展，所以，"etiquette"一词进入英文后，便有了"礼仪"的含义，意即"人际交往的通行证"。后来，经过不断的演变和发展，"礼仪"一词的含义逐渐变得明确起来，并独立出来，总称规矩、成规、格式等。

"礼"的含义比较丰富，既可指为表示敬意而隆重举行的仪式，也可泛指社会交往中的礼貌和礼节，是人们在长期的生活实践中约定俗成的行为规范。

（二）现代礼仪的含义

礼仪是一种行为准则或规范。礼仪表现为一定的章法。所谓"入乡随俗，入境问禁"，就是说进入某一地域，就要对那里的人的习俗和行为规范有所了解，并按照这样的习俗和规范去行动，这才是有礼的。礼仪与胡作非为是水火不相容的。

礼仪准则或规范是一定社会的人们约定俗成、共同认可的。在社会实践中，礼仪往往首先表现为一些不成文的规矩、习惯，然后才逐渐上升为大家认可的，可以用语言、文字、动作来做准确描述和规定的行为准则，并成为人们有章可循、可以自觉学习和遵守的行为规范。

讲究礼仪的目的是实现社会交往各方的互相尊重，从而达到人与人之间关系的和谐。在现代社会，礼仪可以有效地展现施礼者和受礼者的教养、风度与魅力，它体现着一个人对他人和社会的认知水平、尊重程度，是一个人的学识、修养和价值的外在表现。一个人只有在尊重他人的前提下，自己才会被他人尊重，人与人之间的和谐关系，也只有在这种互相尊重的过程中，才会逐步建立起来。所以，从某种意义上可以说，遵守礼仪是人获得自由的重要手段和途径之一。

所以说，礼仪是指人们在社会交往中由于受历史传统、风俗习惯、时代潮流等因素的影响而形成，既为人们所认同，又为人们所遵守，以建立和谐关系为目的的各种符合礼的精神及要求的行为准则或规范的总和。

二、职业礼仪

职业礼仪是人们在职业生活和商务活动中要遵循的礼节，是在职业生活和商务活动中对人的仪容仪表和言谈举止的普遍要求。职业礼仪包含一系列约定俗成的行为规范，具体可分为个人形象礼仪、日常交际礼仪、办公礼仪和商务活动礼仪等。

职业礼仪可以看作是一般礼仪在职业中的运用和体现。因此，职业礼仪的核心体现在人与人之间的相互尊重上。了解并应用职业礼仪的基本规范能够为建立成功的职业发展和商业关系奠定基础。在职场中，熟练掌握各种礼仪规范，能够使自己在面对不同对象、身处不同场合时，举止得体，游刃有余，体现出良好的职业素养。

（一）职业礼仪的基本特点

1. 约定俗成

礼仪规范不是法律规范，没有法律的约束力，也不靠强制执行。礼仪是人们接受、认可并愿意遵守的礼节和程序。礼仪的产生与其所处环境的文化、习俗和传统等密切相关。礼仪规范一旦形成，就对相应的群体有着较强的制约力。

2. 有序往来

礼仪在时间、空间、等级上都有一定的次序规定，以此来体现礼仪中的尊重。比如，通常意义上的"女士优先""尊者优先"原则，商务活动中的"客户优先"原则等。

3. 客随主便和主随客意

这在与不同民族、种族、地区、国家及文化的人进行交流时尤为重要。当自己作为客人时，应充分尊重当地的礼仪和风俗习惯，这样才会受到主人的欢迎；当自己作为主人接待他人时，则需要考虑客人的文化习俗和禁忌，才会让客人感到满意。这一规则反映了礼仪中的互相尊重精神。

（二）职业礼仪中的"黄金原则"

礼仪的目的是给别人留下好的印象，如何赢得他人的好印象呢？

1. 谦恭微笑

微笑是人类最美丽的语言，俗话说，"一笑泯恩仇"，微笑的作用是不容忽视的。因此，在人际交往中，对朋友的态度要永远谦恭，要常常微笑着同别人交谈和交往，从而赢得良好的人际关系。

2. 帮助他人

对周围的人要时时保持友好相处的关系，寻找机会多为别人做些什么。一个经常帮助别人而不计较个人得失的人会赢得别人的尊重和喜爱。

3. 容忍理解

要学会容忍，克服任性，要尽力理解别人，遇事要设身处地为他人着想。做到这一点就能让朋友感到亲切、可信和安全。

（三）给别人留好印象的职业技巧

1. 记住人的名字和面孔

善于记住他人名字和面孔的人，很容易赢得交际中的主动权，快速建立良好的人际关系。

2. 利用"首因效应"

美国心理学家洛钦斯（A. S. Lochins）提出了"首因效应"的概念。研究表明：见面时，5秒钟就能对一个人做出评估，且无需语言。首次接触的5秒钟内，人们就会因为本能的个人好恶决定是否在某人，是否信任某人，是否想要花时间和某人说话。假如制造了一种负面的印象，人们通常都只会再给几分钟时间，然后便将注意力转向他人。所以，第一印象可以先声夺人，造就心理优势。这第一印象作用就是首因效应，是指个体在社会认知过程中，通过"第一印象"最先输入的信息对客体以后的认知产生的影响作用。第一印象作用最强，持续的时间也长，比以后得到的信息对于事物整个印象产生的作用更强。人际交往中给人留下的第一印象至关重要，对印象的形成影响很大。

3. 不断完善自己

发挥自己的长处，充分显示出自己的优势。同时还要保持自己的本色，不卑不亢。

4. 注意细节

善于使用眼神、目光。沟通过程中要注意把握目光和眼神，及时给对方做积极的回应，多听少说，先听再行。在人际交往中，任何时候都要集中精神，积极热情地表示对对方的关注和支持。放松心情，时刻保持一颗平常心。

第二节　形象礼仪

形象礼仪是指一个人在外表修饰上应该遵守的礼仪规范，包括仪容、仪表和仪态等几个方面。形象礼仪学习的目的是使人们在社交场合给别人一个良好的个人形象。

一、仪容

仪容所指的对象是人的外部容貌，即面容、发型以及未被服饰遮饰的身体部位。

所有人都会有意无意地"以貌取人"。在初次见面时，个体的仪容仪表以其鲜明的视觉形象给人们最直观、最深刻的感受。有研究表明，人们对他人的第一印象往往在初次见面的几秒之内就建立起来了，而且烙印很深，其形成的看法和评价需要很长时间或重大事件才能扭转和改变。

几乎所有用人单位的面试得分表中都会有仪容仪表一项。也许整洁的仪容不会令招聘主管当场决定录用你，但是如果以不修边幅的面目出现在招聘主管面前，相信在这家单位的面试道路就走到头了。很多招聘主管都抱有这样的想法：如果一个人连自己的头发、脸面都不去修整打理，怎么能相信这样的人会爱惜公司的形象呢？而且，一个蓬头垢面来应聘的人，他真的对这个公司有兴趣吗？真的重视这份工作吗？

整洁端正的仪容一方面体现了个人的良好修养，另一方面也表达了对他人的尊重和礼貌。在人际交往和商务活动中，能够给他人留下良好的印象，获得他人的信赖。

仪容礼仪的总体要求是整洁。当然男士、女士因为性别不同，在仪容礼仪上略有差异。

（一）男士篇

职业男性仪容自我检查的内容如下所述。

（1）头发是否干净，有无头屑？

（2）头发是否梳理整齐？

（3）是否染了彩发？

（4）头发的长度是否合适？

（5）牙齿是否刷过？饭后是否漱口或用了口香糖？

（6）口中是否有烟、酒、葱、蒜等异味？

（7）身上是否有汗味或其他异味？

（8）指甲是否齐整、干净？

（9）胡须是否刮干净了？如果蓄须，是否干净？

（10）鼻毛是否修饰干净了？

对于职业男性的要求比较简单，主要需要在头发和面部的仪容上注意以下几点：

第一，发型发式。

①干净整洁，无头屑、无油垢，不凌乱、不漂染。

②不宜过长，也不得剃光头，最佳长度为5~7厘米。

③前发不覆额，侧发不掩耳，后发不及领。

第二，面部修饰。

①剃须修面，保持清洁。男士要每天刮胡须，这是对别人的尊重。

②眼、耳、鼻、嘴、牙齿、颈等部位要干净卫生，尤其注意要修剪过长的鼻毛，不使其外露。

③要保持口气清新。在接触他人前不要吃味道强的食物，如大蒜等。嘴里有气味的要注意使用漱口水和口香糖。

（二）女士篇

职业女性仪容自我检查的内容如下所述。

（1）头发是否干净，有无头屑？

（2）头发是否梳理整齐？

（3）是否染了彩发？

（4）发型和发饰是否过于特别？

（5）牙齿是否刷过？饭后是否漱口或用了口香糖？

（6）口中是否有烟、酒、葱、蒜等异味？

（7）身上是否有汗味或其他异味？

（8）指甲是否齐整、干净？

（9）是否涂了鲜艳或另类的甲彩？

（10）香水是否喷得过浓？

对于职业女性，除了整洁之外，还需要兼顾美观和恰当。下面是在发型和化妆方面需要注意的几点。

第一，发型发式。女士职业发型的选择应考虑与自身的脸型、体型、性格、气质、职业以及所处的场合相协调。

①发型与脸型。倒三角形脸的女士适合选择掩饰上部、增宽下部的发型；三角形脸的女士可以选择能增宽上部的波浪形卷发；长方形脸的女士适合选择卷曲的波浪发型；椭圆形脸的女士适合选择任何发型，以中分、左右均衡的发型为最佳；长脸形的女士适合选择蓬松的发型；圆脸的女士适合柔顺的长发。

②发型与体型。体型高瘦的女士适合选择长发、直发；体型矮小的女士适合选择短发或盘发；体型高大的女士适合选择直发或大波浪卷发；体型短胖的女士适合选择运动式发型。

③发型与性格、气质。举止端庄稳重的人，适合选择朴素、自然大方的发型；性格开朗直爽的人，适合选择线条明快、造型简洁、体现个性的发型；潇洒奔放的人，适合选择豪爽的发型。

④发型与职业、场合。礼仪小姐的发型应新颖、大方；职业女性的发型应文雅、端庄；参加晚宴或舞会时，发型可高雅、华丽。

第二，化妆。对于女性求职者，化妆一定要坚持淡妆的原则，切不可浓妆艳抹。

①眼部。眼睛是心灵的窗户。为了使眼睛更动人传神，应稍加修饰。可以描眉毛，画眼线，涂眼影，使之更加妩媚。眼部修饰一定要自然，不能过浓过黑，不要粘假睫毛。

②面部。适当打上腮红，可以提亮肤色，使人看上去更有精神。腮红的部位主要以颧骨为基准，向外向上拉伸。

③嘴唇。嘴唇是脸部最富色彩，也是最吸引人的部分，所以无论如何要使嘴唇显得有润泽感。年轻女士适合使用紫色口红，避免用大红或橙红。唇线不可画得太深，那样会使嘴显得突出和虚假。

④手部。手部要洁净，指甲整齐，不留长指甲。不涂指甲油（可涂透明的），不戴结婚戒指以外的戒指。手不要乱动，不要当众玩弄或咬指甲。

⑤香水。选择香水要与自身的气质相配，香味宜淡，闻上去要给人以舒畅的感觉。职场中比较"安全"的香型是一些较为淡雅的，既不失女人味，又不会在相对严肃的工作场合过于跳脱。

香水擦在脉搏上是常识，若是擦在手肘内侧或是膝盖里侧效果也会很好，因为这种部位皮肤温度高，经常活动，会更有效率地散发香气，并会使香气婉约耐久。耳后与颈背部也是涂抹香水的理想位置，香水气味往往向上向外发散开来。为了使香水柔和不致刺鼻，有时候可擦在比腰略低的地方。有时在衣服的折皱处先用香水轻轻喷一喷，穿在身上后香气会若有若无地弥漫开来，而且香气比直接擦在肌肤上更不易消失。如果在头发、指尖部位也轻喷一下，在每次甩动或微风吹动的时候，头发便会透露出隐隐幽香。而指尖在活动挥舞之间，也很容易带动出周身香气隐约的氛围。

二、表情

（一）目光

目光也称眼神，是面部表情的核心。眼睛是五官中最敏感的器官，被称为人类的心灵之窗。它能够自然、明显、准确地表现人的心理活动。多变的眼神，是人类特有的，也是区别于动物的标志。生活就是在这多变中充满无穷的魅力的。眼神顾名思义是眼睛的神态，眼力的综合表现。常言道："眼睛是心灵的窗户"，人的眼神还应该是心灵"阴晴冷热"的显示器、计量表，从这一点上也说明眼神是多变的。

1. 目光的作用

（1）传递真实信息

目光是一种真实、含蓄的语言。人们的喜怒哀乐、爱憎好恶等思想情绪，都能从眼睛中表现出来。专家研究表明，眼睛的瞳孔受中枢神经控制，能如实地显示大脑正在进行的一切活动。当人们看到有趣的或心中喜爱的东西时，瞳孔就会扩大；而看到不喜欢的或厌恶的东西时，瞳孔就会缩小。可以说，瞳孔是人兴趣、偏好、动机、态度、情感和情绪等心理活动的高度灵敏的显像屏幕。

（2）展示交际形象

在与人交往中，不同的目光会给人留下不同的印象。目光亲切、友善，给人以平易近人的印象；目光炯炯，给人以精力旺盛的印象；目光坦然，给人以值得信任的印象；目光如炬，给人以富有远见的印象。反之，目光迟钝，给人以衰老、虚弱的印象；目光闪烁，给人以神秘、心虚的印象。

（3）表达相互尊重

在人际交往中，用自信、坦率的目光正视交际对象，将视线停留在对方双肩和头顶所构成的一个正方形的区域内，能够表达出诚恳与尊重。在来宾众多或其他不方便逐一打招呼的情况下，用目光向其他客人示意，能消除他们的被冷落感，使其感到受到了尊重和欢迎。

2. 运用目光的礼仪

目光是一种重要的礼仪。在目光接触中，注视的部位、角度和时间不同，表明双方的关系也不同。

（1）注视的部位

注视的部位分以下三种：公事注视，是人们在洽谈业务、磋商交易、交办任务和商务谈判时所使用的一种注视，位置在对方双眼或双眼与额头之间的区域。社交注视，是人们在社交场合所使用的一种注视，位置在对方唇心到双眼之间的三角区域。亲密注视，是亲人或恋人之间使用的一种注视，位置在对方双眼到胸之间的区域内。

（2）注视的角度

注视的角度不同，目光的含义也不同。俯视，一般表示"爱护、宽容"或"傲慢、轻视"；正视，一般多为"平等、公正"或"自信、坦率"；仰视，一般体现"尊敬、崇拜、期待"；斜视，表示"怀疑、疑问、轻蔑"。初次见面，视线左右扫描，表明已占据优势。交往中视线朝下，手扶着头，眼皮下垂，是"不耐烦"的表现。在与人交谈的过程中，目光应以温和、大方、亲切为宜，多用平视的目光，双目注视对方的眼鼻之间，表示重视对方或对其发言颇感兴趣，同时也体现出自己的坦诚。

（3）注视的时间

注视对方时间的长短也传递着信息。注视对方的时间少或不屑一顾，表示冷落、轻视或反感；长时间注视对方，特别是对异性盯视和对初识者上下打量，也是失礼的行为，往往会使对方把目光移开，以示退让，也会引起心里不快，从而影响交际效果。

在交往中，目光注视时间的长短，要视关系亲疏和对对方的重视程度而定。一般对初次接触的人，不能直视对方，应先平视一眼，同时做微笑、点头、问候或握手等动作，然后转视他人或四周，避免相互长时间对视。对于熟人、故交，或对交往对象表示友好、重视，注视对方的时间则长一些。在谈话中，目光与对方接触累计应达到整个谈话过程的50%~70%，而听的一方注视的时间比说的一方要长一些。有时双方目光会出现对视，此时不要迅速躲闪，而应泰然自若地缓慢移开。当然，注视不是凝视，如果盯住对方脸上的某一部位，会使其感到不自然；应该采用"散点柔视"。

（二）微笑

在人的面部表情中，除目光之外，最动人、最有魅力的就是微笑。它是沟通双方心灵的润滑剂，是最能打动人的无声语言，被称为"世界语"。

1. 微笑的作用

微笑是人际关系的黏合剂，是"参与社交的通行证"，也是待人处世的法宝。在人际交往中，起着重要的作用。

（1）融洽气氛

微笑有一种天然的吸引力，是人际交往的一种轻松剂和润滑剂。它能使人相悦、相亲、相近，能有效地缩短双方的心理距离，打破交际障碍，为深入地沟通与交往创造真诚、融洽、温馨的良好氛围。

第一次踏入社交场合，或第一次与客人交往，不免会感到紧张、羞怯，微笑可以摆脱窘境，对方的友好微笑可以化解局促；微笑可以帮助自己镇定。所以在交谈中，表示友善、欢迎、亲切，要面带微笑；表示请求、道歉、拒绝，更应面带微笑。如让人久等了，边微笑边说"对不起"，可以消除对方的怨气。通常人们总习惯以消极的表情语来表达否定的意思，其实若在人际交往中用积极的表情语——微笑的方式来表达拒绝，会免去对方的尴尬，更容易使人接受。

（2）减少摩擦

微笑是一种特殊的情绪语言，它可以起到有声语言所起不到的作用。它是一个人对他人态度诚恳的一种表现，能给人以亲切、友好的感受，帮助对方驱散笼罩在心头的阴云，消除误解、疑虑和隔阂。

微笑是善意的标志、友好的使者、礼貌的表示。当碰到他人向你提出不好满足的请求或要求时，若板起脸来拒绝，往往会招人反感。而微笑不但可以赢得思考的时间，而且可以使拒绝让人容易接受，不伤和气地解决问题。

（3）美化形象

微笑给人以亲切、甜美的感受，是一个人最美的神态。微笑作为一种表情，不仅是形象的外在表现，也是人的内在精神的反映。一个善于微笑的人，心理一定是健康的，因为笑口常开的人，一定是一个心地善良、心胸豁达、乐观向上的人；是一个热爱工作、奋发进取、充满自信的人。可以说，微笑是礼仪的基石，也是一个人礼仪修养的展现。因此，善于微笑的人，往往会赢得他人的好感和信赖。

2. 微笑的规范

微笑是社交场合最富有吸引力的面部表情。

（1）基本要求

对微笑基本要求是：真诚、自然、亲切、甜美。微笑时，面部肌肉放松，嘴角两端微翘，适当露出牙齿（6~8颗），不发声。

（2）其他要求

微笑要发自内心，要得体，不能强作欢颜。服务行业有的要求服务人员微笑时露出8颗牙，其实每个人笑得最美的时候，露多少颗牙是不一样的。所以应该照着镜子找到自己最漂亮、最生动、最迷人的微笑。

三、仪态

工作中大家应注意自己的仪态，它不但是自我尊重和尊重他人的表现，也能反映出一个人的工作态度和责任感。站姿和坐姿对男士和女士的要求有所差异。

（一）站姿礼仪

1. 男士站姿

标准站姿：头正，颈直，下巴内收，双目平视前方；嘴微闭，肩平并保持放松，挺胸收腹；双臂下垂，手指并拢自然微屈，放在身体两侧，中指压裤缝；两腿挺直，膝盖相碰，脚跟并拢，脚尖分开呈45度或60度角；身体重心落在两脚正中。整体形成优美挺拔、精神饱满的体态。

其他站姿：两脚分开，比肩略窄，重心在两脚间。

手的摆放姿势：除了双手自然垂放于体侧外，也可双手合放于体前，左手压右手（男左女右）或双手合起放在体后，右手压左手。

2. 女士站姿

双腿、双脚皆并拢，或双腿并拢，脚尖呈丁字形（能够隐藏腿的弧度）。双手合起放在腹前，右手压左手。

（二）坐姿礼仪

坐姿的基本要求是：挺胸，拔背，上体自然挺直。双目平视，下颌微收，双臂自然弯曲，双手掌心向下放在腿部或者沙发扶手上，坐满椅子的 2/3。入座时，从座位的左侧轻轻坐下，离位时，右脚或双脚向后退半步，再行起立，从左侧离开，即"左入左出"。此外，落座动作要协调，声音要轻。

1. 男士坐姿

男士可将双腿分开略向前伸，如长时间端坐可以跷腿，但是小腿要并拢，脚尖向下。

2. 女士坐姿

女士入位前应先梳理裙子，将裙角向前收拢。双膝自然并拢不分开，脚尖面向正前方，双手叠放在双腿上；如长时间端坐可以跷腿，但是小腿要并拢，脚尖向下。

坐姿应与环境相适应，不同场合女性可以采用不同的坐姿。

侧坐：坐正，女性双膝并紧，上身挺直，两脚同时向左放或向右放，双手叠放，置于左腿或右腿上。男性小腿垂直于地面，上身左倾或右倾，左肘或右肘关节支撑于扶手上。

开关式坐姿：坐正，女性双膝并紧，两小腿前后分开，两脚前后在一条线上；男性既可两小腿前后分开，也可左右分开，两膝并紧，双手交叉于双膝上。

重叠式坐姿：腿向正前方，而将两脚交叉放或翘起一条腿架在另一条腿上，但女性要尽量使上面的小腿收回平行直下，脚尖屈（绷直）向下。男性也不能翘起很高的二郎腿。

交叉式坐姿：两脚前伸，一脚置于另一脚上，在踝关节处交叉成前交叉坐式。也可小腿后屈，脚前掌着地，在踝关节处交叉或女性采用一脚挂于另一脚踝关节处成后交叉坐姿。

3. 走姿礼仪

走姿是最能体现一个人精神面貌的姿态。从一个人的走姿，就可以了解他是欢乐还是悲痛，热情而富有进取精神还是失意而懒散。良好的步态应该是自如、轻盈、矫健、敏捷的，它有助于健美。

（1）基本走姿

走路时，目光平视，头正颈直，挺胸收腹，两臂下垂，前后自然摆动，前摆稍向里折，身体要平稳，两肩不要左右晃动，不要一只手臂摆动另一只手臂不动。走路出步和落地时，脚尖都应指向正前方，由脚跟落地滚动至前脚掌，脚距为自己的 1.5~2 个脚长。要步履均匀而有节奏，着地重力一致。脚不宜抬得过高，也不宜过低使鞋底擦地。

（2）注意事项

走路姿态应该是优雅、自然而简洁的。同时要保持身体挺直，不要摇晃。男性走路要显示出阳刚之美；女性则要款款轻盈，显出阴柔之美。女性穿裙子或旗袍时要走一条直线，使裙子或旗袍下摆与脚的动作显示出优美的韵律感。穿裤装时，宜走成两直线，步幅稍微加大，显得活泼潇洒。

上楼时身体自然向上挺直，头平正，整个身体的重心一起移动；下楼时，最好走到楼梯前略停一停，片刻扫视楼梯后，运用感觉来掌握行走的快慢高低，沿梯而下。

走路的步伐要坚定有力。人走路的姿态从很大程度上表明了他们处理问题的能力。专家说，街头罪犯经常选择那些步履迟缓、行动犹疑不定的人作为袭击对象。因为他们知道，抢这些人的钱包或公文包，与抢步伐坚定有力的人相比，逃跑的机会要多得多。

纠正内、外八字步，即脚尖向内撇，或向外撇；多人一起不要并排行走或搂肩搭背；忌奔跑，即使有急事也只能快步行走；在狭窄的通道上，遇尊者、长者、女士，应主动站立一旁，用手示意，让其先走；上下楼梯时，不能弯腰弓背，手撑大腿，或一步踏两三级楼梯，遇尊者、长者，应主动将扶手一边让给他们。

（三）蹲姿礼仪

在公共场所拾取物品时，采用的姿态要雅观。

1. 正确的蹲姿

走到物品左边，让物品位于身体的右侧，腿取半蹲姿态。下蹲时左脚在前，右脚在后，两腿膝盖以上靠紧或右腿压住左腿，慢慢地屈膝并且腰部用力下蹲，不弓背，用右手拾起物品。

2. 注意事项

下蹲取物，女性如果穿着低领上装时，要用一只手护住胸口。拾物时不要东张西望，否则会让人猜疑；不要弯腰屈背，显露琐碎相，影响形体美观；不要采用全蹲姿态，这会使腿显得短粗；不要用不雅观的翘臀姿态，尤其女性着短裙时。

近距离面对他人下蹲，会使他人感到别扭；近距离背对他人下蹲，显得对别人不够尊重；双腿平行叉开下蹲，显得很不文雅，在公共场所更不该采用这样的蹲姿。

四、服饰

仪表主要指着装是否得体。着装可以称为一门艺术，个体的着装可以看作一种无声的语言，反映出一个人的文化修养和审美情趣。在职业礼仪中，对着装的基本要求是整洁、得体、端庄与和谐。

服饰也是一种文化。它能够反映一个国家、一个民族的经济水平、文化素养、精神文明与物质文明发展的程度，也能反映一个人的社会地位、文化品位、审美意识以及生活态度等。得体、和谐的服饰，会产生无形的魅力。

着装时要遵循 TPO 原则：T（Time，时间）：指穿着要符合一天中的早晚时刻、一年中的四季变化和社会时代的潮流发展；P（Place，地点）：指穿着要符合自己所处的地点和环境。通常可以把人们所处的环境分为公务、社交和休闲三种，在每种环境中，要选择与该环境相符的服饰；O（Objective，目的）：指穿着要适合自己，并符合自己希望给别人留下的印象。

（一）男士篇

1. 着装原则

（1）三色原则

穿西服套装的时候，包括西装、裤子、衬衫、领带、鞋子、腰带和袜子，全身的颜色不能超过三种。

（2）三一定律

男士的鞋子、腰带、公文包这三样东西应该是一个颜色，并且首选黑色。

2. 如何穿西服

西服是最常见的职业装，是职场男士着装的首选。选择西服主要考虑款式和颜色，颜色偏深的整套西装适合多种场合。由于中国人脸色偏黄，在选择颜色时应少选黄色、绿色、紫色，宜选深蓝色、深灰暖性色、中性色等色系。脸色较暗的男士，可选择浅色系和中性色。有明袋的上装只适合在较随便的场合穿着，暗袋上装适合正式场合。

（1）拆除商标

穿西装前，不要忘记把上衣左袖口处的商标或质地的标志一起拆掉。

（2）熨烫平整

穿西装除了要定期对西装进行干洗外，还要在每次穿之前，进行熨烫，以免使西服又皱又脏。平时不穿时要挂好。

（3）正确系扣

系西装上衣的纽扣时，单排两粒纽扣的，只系上边那粒或者一个也不系；单排三粒纽扣的可以只系中间的或是上中两粒扣子；但双排扣西装要求系上所有的纽扣。

（4）避免卷挽

不可以当众脱下西装上衣，也不能把衣袖挽上去或卷起西裤的裤筒，否则，都是粗俗、失礼的表现。

（5）少装东西

西装上下的口袋很多，但不能随便装东西。一般上装外面左胸口的衣袋是专门用于插装饰性手帕的，下面的两个口袋只作装饰用，一般不放物品，否则会使西服上衣变形。上装左侧内袋可装记事本、钱包，右侧可放名片、香烟等。背心的四个口袋用于存放珍贵的小物件。西裤前面的裤兜亦不可装物品，可用于插手（站立时可将手插在裤兜内，行走时一定要把手拿出来）；右边后裤袋用于放手帕，左边用于存放平整的零钱或其他轻薄之物。穿西裤要保持臀位合适，裤形美观。

（6）慎穿毛衫

西装要搭配衬衫，如需要时才穿 V 字领毛、绒衫，而且不能太厚，否则影响美观，但最好还是避免西服里面穿毛衫。

3. 衬衫

穿西装必须配穿正式西服衬衫，而且是长袖的，即使在夏天也不例外。衬衫通常为单色，一般多用蓝色、白色，不能过于花哨。细条纹比粗条纹为宜，其他方格、花衬衫，平时外穿不错，但轻易不要同西服搭配。衬衫一定要合身，衣领和胸围要松紧适度，下摆不能过短。面料的选择以纯棉为佳，但要保证熨烫平整。衬衫领子一定要挺括、干净。衬衫下摆要掖进裤子，不能露在外面。夏天穿短袖衬衫，如系领带，也应将下摆塞在裤内，不系领带，则不宜将下摆塞在裤内。系好领扣和袖扣，衬衫衣袖要稍长于西装衣袖 0.5~1 厘米，领子要高出西装领子 1~1.5 厘米，以显示衣着的层次。非正式场合可不系领带，此时，衬衫领口的扣子应解开。

4. 领带

领带的选择也很重要。要避免选颜色太浅的领带，如果西装和衬衫属于浅色，就不易衬托对比效果；如果西装和衬衫的颜色较深，又会显得相当轻。深色西服可以配颜色比较华丽的领带，此时的衬衫应该是纯色的；淡色西服，领带也要相应素雅一些；如果衬衫的色调强、花纹多，领带也可以相对素雅。

西装脖领间的"V"字区最为显眼，领带应处在这个部位的中心，领带结要打得挺括、端正，并且在外观上呈倒三角形，忌讳领带结打得不端、松松垮垮。在收紧领结时，有意在它的下面压出一个窝儿，这样看起来更加美观、自然。领带结的具体大小，要和衬衫衣领的大小形成正比，领带的领结要饱满，与衬衫的领口吻合要紧凑，领带如果打得过紧会限制血液流通，压迫神经，容易引起眼睛的疲劳和由此带来的种种眼部疾病。领带的长度以系好后下端正好在腰带上端为最标准。如穿背心，领带要放入背心里面。

使用领带夹时，不要让它暴露在外，最好是把它夹在衬衫自上而下的第四粒到第五粒纽扣之间。

5. 袜子

穿西装宜着深色线织中筒袜。选择尼龙袜或薄棉袜也可。袜子要长一些，到小腿中部最好，以免坐下后露出腿上的皮肤和汗毛。

不能穿白色、米色、浅色、色彩鲜艳、图案大、半透明的尼龙或涤纶丝袜子，否则会吸引别人注意。也可选用与长裤相同或相近颜色的袜子，但穿黄褐色裤子例外，这时的袜子应与鞋相配

6. 鞋

穿西服一定要穿皮鞋，裤子要盖住皮鞋鞋面。男性的皮鞋最好是黑色或与衣服同色的，正式场合还应当是黑色、无花纹、系带的。不能穿旅游鞋、轻便鞋或布鞋、露脚趾的凉鞋。

穿着的皮鞋要注意保持鞋面的光亮。鞋跟要结实，破旧的鞋跟会显得疲软萎靡。对于系带的皮鞋一定要检查鞋带是否干净并且系紧了。松散或未系的鞋带不仅看上去不礼貌，甚至还有可能随时将自己绊倒。另外，黑色皮鞋能配任何一种深颜色的西装。灰色的鞋子绝不宜配深色的西装，浅色的鞋也只可配浅色西装，而漆皮鞋只宜配礼服。切勿将黑鞋与棕色西装搭配，这是一种错误的搭配。

（二）女士篇

1. 总体原则

（1）合身

所谓合身就是针对自己体形搭配服装，以此达到最理想的效果。购买服装最好亲自去服装店试穿。不同品牌的服装，即使是标着同一尺码，服装的大小也可以略有不同。对于特殊体型者，如果买不到合适的服装，也可以选择定做。

（2）潮流

女性应重视服饰的流行趋势，在潮流中吸取一些适合自己的东西，使得衣饰充满时代

气息。

（3）个性

如果职业没有统一的着装要求，则可以在着装中彰显一些个性的元素，显示内在的素养与气质。

2. 服装款式和色彩

（1）款式和质地

如果职业对于着装没有特定的要求，职业女性的服装款式一般以西装、套裙为宜。质地最好由高档面料缝制，上衣和裙子要采用同一质地、同一色彩的素色面料。

（2）色彩

在正式场合，服装的颜色以暗色调为主，如黑色、藏青、紫红等。体现着装者的典雅、端庄和稳重。

3. 套裙

（1）大小适度

上衣注重贴身、平整，可以用少量的饰物和花边进行点缀。上衣的长度最短也得齐腰。裙子要以窄裙为主，正式场合裙长最好到膝或者过膝。

（2）着装认真

女性着装要求衣扣一律全部系上，不允许解开，另外在公共场合或者有外人在场不要脱下上衣，否则是不雅的行为。

4. 鞋子

女士穿鞋的总原则是和职业、角色相称，并和整体相协调，在款式和颜色上与服装相配。

职业场合最好选择中性色的皮鞋。跟高 1~2 厘米为宜。平底鞋只有在穿长裤时才穿。就材质而言，最好是真皮。真皮透气性好，收缩度好，穿起来不但舒适，而且有质感。

鞋子的颜色以黑色、咖啡色、土黄色、灰色、米色等为宜。这些颜色可以与大多数服装的颜色相搭配。

鞋子要定期保养，回到家之后要对鞋子上的污垢立即清理，用鞋油擦拭保养。如果鞋面、鞋跟已经磨损，请马上修复，否则让别人看到很不雅观。长期不穿的鞋子里面装上定型物，防止变形。

5. 袜子

在商务场合女性穿袜子非常必要，不能光脚、光腿。丝袜是用来衬托裙装的，颜色最好为肉色的，即与肤色相近或稍深，所以肉色丝袜在职业场合是最适合的。袜口不要暴露在别人的视线内，即裙摆与袜口之间不能露出一截腿。一般来讲，厚重的袜子应配低跟鞋，鞋跟愈高，袜子愈薄。穿浅色皮鞋时不要穿黑袜子，否则一旦跳丝很容易看出来，而且黑袜子看上去很像紧身裤。白线袜子只适合配旅游鞋。带图案的袜子，容易引人注意你的腿部，最好不要穿用。应随身携带一双备用的丝袜，以防袜子被刮破。一旦袜子出现跳丝，涂无色指甲油可防止跳丝继续扩展。

6. 饰物

（1）包

女性衣服的口袋一般都是装饰物，不具备也不合适作为储物功能，因此随身带包非常有必要。公文包或手提小包都可以，其质地最好是皮革的。提包上不要带有设计者的标签，手提包的颜色可以随着季节及服饰的变化而变化，即要与服装和鞋的款式、颜色配套，或与服装的色彩一致，或采用对比色做点缀。当然，手提包和手提箱最实用的颜色是黑色、棕色和暗红色。需要注意的是不要把包塞得过满，定期对包内的物品进行清理。

（2）首饰

首饰是一种无声的语言，它反映着一个人的兴趣、爱好、文化修养和婚姻状况。佩戴首饰，一般应遵循国际惯例，符合有关要求。在社交、休闲场合可百花齐放；但在上班则以保守为佳，以少为佳，不戴也可以，要戴就戴高档的。如果同时佩戴多个首饰，其质地一定要统一，否则会显得凌乱、俗气。首饰的式样要简单大方，不要戴晃来晃去或叮当作响的首饰。项链、耳环的选择也要适合自己的身体条件，并注意与服装的款式和色彩搭配。

（3）眼镜

戴眼镜的人，应根据自己的脸型选择眼镜，如方脸型戴上翘镜架、椭圆形或圆形镜框的眼镜，可使脸庞显出曲线的柔美；圆脸型戴长方形等几何形的眼镜，可使脸型显得修长等。眼镜的镜片最好不带颜色，另外，注意保持眼镜的清洁，定期清洗擦拭。

（4）丝巾

飘逸清秀的丝巾最能烘托出女性的美，但选择丝巾时一定要注意与衣服的协调搭配。丝巾的颜色最好与服装中的某种颜色相同。另外，穿暗色的衣服宜选用色泽鲜艳的围巾；衣服色彩艳丽，围巾则应素雅些，否则让人感到杂乱。围巾的系法有多种，视情况可包头、围颈、披肩和束腰。围巾的不同色彩和包法可以产生不同的视觉效果。如果要将围巾打结或系起来，最好选择 100% 丝绸面料。

第三节　社交礼仪

《礼记·典礼》中说："礼尚往来，往而不来，非礼也；来而不往，亦非礼也。"人际交往，贵在礼尚往来，真诚沟通。

一、见面礼仪

（一）致意

致意是最常用、最简单的见面礼节。见面时的点头、微笑、招手等，都是致意。致意常常与问候一起使用。只用动作、表情致意而免去语言问候的，往往出现在人多而不方便的场合，例如，在会场上、在拥挤的电梯里、两人距离较远的时候或者仅仅是看着脸熟的一般相识。在这些场合，用行为致意比用语言更好，因为不但问候了对方，而且顾及到了其他人，显得既亲切又文雅。

致意的次序是，一般男士先向女士致意，年轻人先向年长者致意，职位低者先向职位高者致意，以表示对他们的尊敬，而后者要马上回应。当然，后者主动先向前者打招呼也不是不可以。每天与同事第一次遇见时，双方都应该相互致意与问候。

（二）握手

握手是日常交往的一般礼节，多用于见面时的问候与致意或告别时的致谢与祝愿，这是世界各国通行的礼节。握手虽是日常生活中司空见惯、看似平常的社交礼仪，但从握手中却可以传递出许多信息。在轻轻一握之中，可以传达出热情的问候、真诚的祝愿、殷切的期盼、由衷的感谢，也可以传达出虚情假意、敷衍应付、冷漠与轻视。所以，绝不能等闲视之。

1. 握手的场合

①遇到较长时间未曾谋面的熟人，应与其握手，以示为久别重逢而万分欣喜。

②在被介绍与人相识，双方互致问候时，应握手致意，表示为相识而感到荣幸与高兴，愿与对方建立友谊与联系。

③当对方取得很大的成绩或重大的成果、获得奖赏、被授予荣誉称号或有其他喜事时，见面应与之握手以表示祝贺。

④在自己领取奖品时，应与发奖者握手以表示感谢。

⑤向他人表示恭喜、祝贺之时，如祝贺结婚、生子、升学、乔迁、事业成功或获得荣誉、嘉奖时，应与之握手，以示贺喜之诚意。

⑤应邀参加社交活动，如宴会、舞会、音乐会前后，应与主人握手，以示谢意。

⑥参加友人、同事或上下级的家属追悼会，在离别时，应和死者的主要亲属握手，表示劝慰。

2. 握手的顺序

社交活动中，由于握手代表了一定的情感态度，表示对对方的友好尊重，在社交中，无论对方的性别和身份怎样，为了表达自己的真心实意，都应该先伸手与对方相握，其实这是一个误区。握手主要是把握"三优先"的原则。即长者优先的原则（只有年长者先伸出手，年幼者才可以伸手相握。这种做法，符合社会的"长者为尊"的伦理标准，表示对年长者的尊重）；女士优先的原则（只有女士先伸出手，男士才能伸手相握。女士优先的原则起源于西方所提倡的"lady first"，这种规范，体现了现代的文明意识，表达了对女性的尊重）；职位高者优先的原则（只有职位高的人先伸出手，职位低的人才能伸手相握）。

如果需要和多人握手，握手时要讲究先后次序，由尊而卑，即先年长者后年幼者，先长辈再晚辈，先老师后学生，先女士后男士，先已婚者后未婚者，先上级后下级。

交际时如果人数较多，可以只跟相近的几个人握手，向其他人点头示意或微微鞠躬即可。

在接待来访者时，这一问题变得特殊一些。当客人抵达时，应由主人首先伸出手来与客人相握。而在客人告辞时，就应由客人首先伸出手来与主人相握，这一次序颠倒，很容易让人发生误解。

3. 握手的姿态

行握手礼时，通常距离受礼者约一步，两足立正，上身稍向前倾，伸出右手，四指并齐，拇指张开与对方相握，微微抖动 3~4 次，然后与对方的手松开，恢复原状。与关系亲近者，握手时可稍加力度和抖动次数，甚至双手交叉热烈相握。

用四字经进行总结就是：面带微笑，目光接触；上身前倾，伸出右手；四指并拢，虎口相对；力度七分，上下三下。

握手必须用右手。如果恰好右手正在做事，一时抽不出来，或者手弄得很脏很湿，应向对方说明，摊开手表示歉意，或立即洗干净手，与对方热情相握。如果戴着手套，则应取下后再与对方相握，否则都是不礼貌的。

握手要热情。握手时双目要注视着对方的眼睛，微笑致意，并且口道问候。

握手要注意力度。握手时，既不能有气无力，也不能握得太紧，甚至握痛了对方的手。握得太轻，或只触到对方的手指尖，不握住整只手，对方会觉得傲慢或缺乏诚意；握得太紧，对方则会感到热情过火，不善掩饰内心的喜悦，或觉得粗鲁、轻佻而不庄重，这些都是失礼的。

握手应注意时间。握手时，既不宜轻轻一碰就放下，也不要久久握住不放。要掌握适度，一般来说，表示完欢迎或告辞致意的话以后，即应放下。在普通情况下，与他人握手的时间不宜过短或过长。大体来讲，握手的全部时间应控制在 3 秒钟以内。时间过短，好似在走过场，又像是对对方怀有戒意。而与他人握手时间过长，尤其是拉住异性或初次见面者的手长久不放，则会被人误解。

4. 握手的禁忌

（1）忌不讲先后顺序

在正式场合，握手必须遵照长者优先、女士优先、职位高者优先的原则。如果两对夫妻见面，先是女性相互致意，然后男性分别向对方的妻子致意，最后是男性互相致意。

（2）忌戴手套握手

在社交活动中，如果女士的手套是其服装的组成部分，允许戴着手套和他人握手，但男士必须在与他人握手前脱下手套。

（3）忌用左手握手

尤其是在涉外场合，不要用左手与对方相握，因为有些国家普遍认为左手是不洁的，不能随便碰其他人。

（4）忌握手时身体其他部分行为不规范

比如握手时将另外一只手插在衣袋里；握手时另外一只手依旧拿着香烟等不放下；握手时东张西望，左顾右盼，这些心不在焉的做法都是错误的。

（5）忌交叉握手

在社交场合，如果要握手的人较多，则可以按照一定的顺序进行，或由进及远或从左到右依次与人握手。

（6）忌握手时手部不洁净

与对方握手之前，应该保持手部的洁净，手部有灰尘或很脏，这样都是对对方的不尊重，同时避免与他人握手后用手帕擦手。

（三）常见的见面礼仪

1. 鞠躬

鞠躬的意思是弯身行礼，是表示对他人尊重的一种礼节。"三鞠躬"称为最敬礼。在我国，鞠躬常用于下级对上级、学生对老师、晚辈对长辈，也常用于服务人员向宾客致意，演员向观众的掌声致谢。

行礼前，应立正站好，保持身体姿势端正，同时双手在体前搭好（右手搭在左手上）面带微笑。鞠躬时，以腰为轴，整个腰及肩部向前倾斜15～30度，目光向下，随即恢复原态，同时问候"您好""早上好""欢迎您"等。受礼者随即还礼，但长辈对晚辈，上级对下级点头还礼即可。

鞠躬时应注意：脱下帽子。戴帽鞠躬是不礼貌的；目光要向下；嘴里不可吃东西或叼香烟；礼毕眼睛应注视对方。

2. 亲吻和拥抱礼

（1）亲吻礼

多见于西方、东欧、阿拉伯国家，是亲友以及亲密的朋友间表示亲昵、慰问、爱抚的一种礼，通常是在受礼者脸上或额头上亲一个吻。亲吻方式为：父母与子女之间是亲脸、亲额头；兄弟姐妹、平辈亲友是贴面颊；亲人、熟人之间是拥抱、亲脸、贴面颊。在公共场合，关系亲近的妇女之间是亲脸，男女之间是贴面颊，长辈对晚辈一般是亲额头，只有情人或夫妻之间才吻嘴。

（2）拥抱礼

是流行于欧美的一种礼节，通常与亲吻礼同时进行。拥抱礼行方法：两人相对而立，右臂向上，左臂向下；右手放对方左后肩，左手挟对方右后腰。握各自方位，双方头部及上身均向左相互拥抱，然后再向右拥抱，最后再次向左拥抱，礼毕。

3. 拱手和合十礼

（1）拱手礼

拱手礼又叫作揖礼，在我国已有2000多年的历史，是我国传统的礼节之一，常在人们相见时采用。即两手握拳，右手抱左手。行礼时，人分尊卑拱手齐肩，上下略摇动几下，重礼可作揖后鞠躬。目前，它主要用于佳节团拜活动、元旦春节等节日的相互祝贺。也有时用在开订货会、产品鉴定会等业务会议时，厂长经理拱手致意。

（2）合十礼

合十礼又称合掌礼，流行于南亚或东南亚信奉佛教的国家。其行方法是：两个手掌在胸前对合，掌尖和鼻尖基本相对，手掌向外倾斜，头略低，面带微笑。

4. 吻手礼

男子同上层社会贵族女相见时，如果女方先伸出手做下垂式，男方则可将指尖轻轻提起吻之；但如果女方不伸手表示，则不吻。如女方地位较高，男士要屈一膝做半跪式，再提手吻之。此礼在英法两国最流行。

二、称呼

称呼即称谓，指人们在交往应酬时，用以表示彼此关系的名称用语。不论是在口头语言，还是在书面语言中，称呼对交往都十分重要，称呼的运用与对待交往对象的态度直接相关，是给对方的第一印象，因此，称呼时万不可马虎大意。在交往中，既要注意学习掌握称呼的基本规律和通行的做法，又要特别注意各国之间的差别，认真区别对待。

（一）称呼方式

1. 泛尊称

这种称呼几乎适合于所有社交场合，对男子一般称"先生"，对女子称"夫人""小姐""女士"。应注意的是，在称呼女子时，要根据其婚姻状况，已婚的女子称"夫人"，未婚的女子称"小姐"，对不知婚否和难以判断的，可以称之为"女士"。在一些国家，"阁下"一词也可以作为泛尊称使用。

2. 职务称

在公务活动中，以对方的职务相称。例如，"部长""经理""处长""校长"等。职务性称呼还可以同泛尊称、姓名、姓氏分别组合在一起使用。例如，"王经理""李校长""部长先生"等。

3. 职衔称

交往对象拥有社会上受尊重的学位、学术性职称、专业技术职称、军衔和爵位的，以"博士""教授""律师""法官""将军""公爵"等称呼相称。

4. 职业称

对不同行业的人士，可以被称呼者的职业作为称呼。例如，"老师""教练""警官""医生"等。对商界和服务业从业人员，一般约定俗成地按性别不同分别称为"小姐"

"先生"等。在这些职业称呼前后，还可以同姓名、姓氏分别组合在一起使用。

5. 姓名称

在一般性场合，彼此比较熟悉的人之间，可以直接称呼他人的姓名或姓氏。例如，"乔治·史密斯""张志刚"等。

中国人为表示亲切，还习惯在被称呼者的姓前面加上"老""大"或"小"等字，而免称其名，如"老王""小张"。更加亲密者，往往不称其姓，而直呼其名，如"志刚""立波"等。

6. 特殊性的称呼

对于君主制国家的王室成员和神职人员应该用专门的称呼。例如，在君主国家，应称国王或王后为"陛下"；称王子、公主、亲王等为"殿下"；有爵位的应称爵位或"阁下"。

除以上常用的称呼外，在交往中，还有以"你""您"相称的"代词称"和亲属之间的"亲属称"。社会主义国家和兄弟党之间，人们还以"同志"相称。

（二）称呼的原则

1. 称呼要看对象

对不同性别的人应使用不同的称呼。对姑娘可以称"小姐""小姑娘"，对男士可称呼"先生""师傅"等。

对不同亲密关系的人使用不同的称呼。如对亲密度很高的人可以称呼小名、绰号等，对亲密度低的人则不行。称呼不同国籍的人要符合该国的礼仪习惯。

2. 称呼要看场合

一般场合，人们使用的都是与其环境相对应的正式称谓。例如一位姓王的先生，在下级向他汇报工作时称"王书记"（官衔），朋友和他交往时称"老王""王大哥"，年轻的工人在车间里称呼他"王师傅"，妻子在家里称呼他"当家的"，别人对他不满时会称他"姓王的"。

3. 要与称呼人身份、地位相称

例如，一个农民对一位风度翩翩的男士不会称呼"先生"，而只照自己习惯的亲热称呼"大哥"之类的。而知识分子和大多数城市人由于社交活动范围广，称呼就会考虑对方的地位、国籍等，并充分考虑称呼人的场合。

三、名片礼仪

名片是工作过程中重要的社交工具之一。使用的名片通常包含两个方面的意思。一个是标明所在的单位，另一个是表明职务、姓名及承担的责任。总之，名片是自己（或公司）的一种表现形式。因此，在使用名片时要格外注意，交换名片时也应注重名片礼节。

（一）名片的准备

①放置在衬衣左侧口袋或西装的内侧口袋。
②使用名片夹。
③保持名片或名片夹的清洁、平整。

切记名片不要放在裤袋里；名片不要和钱包、笔记本等放在一起；会客前检查和确认名片夹内是否有足够的名片。

（二）递名片

递名片的次序是由下级或访问方先递名片，进行介绍时，应由先被介绍方递名片。在会议室如遇到多人相互交换名片时，可按对方座次排列名片。

递名片的姿势是：右手的拇指、食指和中指合拢，夹着名片的右下部分，使对方好接拿，以弧状的方式递交于对方的胸前。互换名片时，应用右手拿着自己的名片，用左手接对方的名片后，用双手托住。在递名片时，可以说"请多关照""请多指教"之类的寒暄语。

（三）接受名片

接受他人的名片时，应起身站立，用双手接过对方名片，并同时致谢，比如"谢谢""很荣幸"。接过名片后，需当着对方的面认真看一遍名片上的文字，并将对方的名字念一遍。遇到生僻字时，直接向对方请教。这样做的目的是之后的会谈和交往中，可以准确地称呼对方。通读名片后，应郑重其事地将对方的名片放入自己的名片夹中。不要将对方的名片遗忘在座位上，或存放时不注意落在地上。

四、电话礼仪

电话是职场中最常用的通信工具。在日常工作中，使用电话的语言很关键，它直接影响着一个公司的声誉。在日常生活中，通过电话也能粗略判断对方的人品、性格。因而，掌握正确的、礼貌待人的通话方法是非常必要的。电话礼仪主要包括接听电话和拨打电话两个方面。

（一）接听电话

1. 接听电话的四原则

①电话铃响三声就要接听。

②电话机旁准备好纸笔进行记录。

③确认所记录的时间、地点、对象和事件等重要事项。

④告知对方自己的姓名。

2. 接听电话的注意事项

①注意讲话语速不宜过快。

②使用礼貌语言。

③电话中应避免使用对方不能理解的专业术语或简略语。

④注意听取时间、地点、事情和数字等重要词语。

⑤讲电话时要简洁、明了。

⑥认真做好记录。

⑦接听打错的电话要有礼貌地回答，让对方重新确认电话号码。

3. 代接电话

①来电找的人不在时，告诉对方不在的理由，如出差；如对方问到日期应尽量告诉他所找的人什么时间回来。

②礼貌地询问对方的工作单位、姓名和职位，主动询问对方是否留言，如留言应详细记录并予以确定，并表示会尽快转达。

③如果对方不留言，挂断电话，等对方挂断后再挂。

④接到抱怨和投诉电话时要有涵养，不与对方争执，并表示尽快处理，如不是本部门的责任，应把电话转给相关部门和人士。

⑤来电找的人正在接电话时，告诉对方他所找的人正在接电话，主动询问对方是留言还是等一会儿。如果留言，则记录对方的留言、单位、姓名和联系方式。电话记录牢记5W1H原则：何时（When），何人来电（Who），事件地点（Where），谈话内容（What），因何来电（Why）和如何做（How）。

⑥如需等一会儿，则将话筒轻轻放下，通知被找的人接电话。如果被叫人正在接一个

重要电话，一时难以结束，则请对方过一会儿再来电话。

（二）拨打电话

1. 拨打前

①时间选择得当。如无急事，非上班时间不打电话。给客户家里打电话，上午不早于8点，晚上不晚于10点。

②准备好所需要用到的资料、文件等，重要的内容应在打电话之前用笔写出。

③确保周围安静，嘴里不含东西，琢磨好说话的内容、措辞语气和语调。

④准备好纸笔，方便记录。

2. 接通后

①对相识的人，简单问候即进入主题。

②对不相识的人，先讲明自己的身份、目的再谈问题。

③用"您好""请""谢谢""对不起"等礼貌用语。

3. 交谈中

①表达全面、简明扼要（有的公司规定交谈时间一般不超过3~5分钟）。

②谈论机密或敏感话题时，电话接通后要先问对方谈话是否方便。

③交谈中如有事情需要处理，要礼貌告知对方，以免误解；未讲清的事情，要再约时间并履行诺言。

4. 挂断前

①谈话完成后需要向对方致谢，说完"再见"之后再挂断电话。

②不要急于挂断电话，一般应由地位高者、长辈、客户、主动打电话者先挂断电话。

5. 特殊情况处理

①如所找对象不在，应委托他人简要说明缘由，主动留言，留下联系方式和自己姓名。

②记住委托人姓名，致谢。

③讲电话时，如果发生掉线、中断等情况，应由打电话方重新拨打。

（三）手机礼仪

随着手机的日益普及，手机礼仪越来越受到关注。在国外，如澳大利亚电信的各营业厅就采取了向顾客提供"手机礼节"宣传册的方式，宣传手机礼仪。无论是工作还是社交，都应该注意手机礼仪的体现。在以下几种公共场合中，手机的使用要恰当。

（1）在会议中或者和别人洽谈的时候，最好的方式还是把手机关掉，至少也要调到震动状态。这样既显示出对别人的尊重，也不会打断谈话者的思路。

（2）在休闲性的公共场合，比如影院或者剧院，接听和拨打手机也是不合适的，如果有必要马上回话，采用静音的方式发送短信是比较适合的。

（3）在餐桌上，关掉手机或是把手机调到振动状态也是必要的。

（4）无论业务多忙，为了自己和其他乘客的安全，在飞机上都不要使用手机。

（5）在楼梯、电梯、路口、人行横道等地方，不可以旁若无人地使用手机。

另外，用手机通话时，尽可能压低自己的声音。在一切公共场合，手机在没有使用时，都要放在合乎礼仪的常规位置。放手机的常规位置一般来说有两处：一是随身携带的公文包里，这种位置最正规；二是上衣的内袋里。有时候，可以将手机暂时别放在腰带上，或是在开会的时候交给秘书、会务人员代管，也可以放在不起眼的地方，如手边、背后、手袋里，但不要放在桌上。

手机短信用得越来越广泛，因此有必要提醒的是：在公共场合接发手机短信尽量设置成振动状态，而且不要在别人注视时查看或者发送短信。

参考文献

[1] 崔朝东，孟艳. 思想政治教育与马克思主义理论研究［M］. 北京：光明日报出版社，2023. 01.

[2] 鲁力，刘洋. 新时代思想政治教育丛书现代思想政治教育的多维探索［M］. 天津：天津人民出版社，2023. 01.

[3] 赵婷婷，马佳，秦曼. 互联网时代大学生思想政治教育改革路径探索［M］. 长春：吉林大学出版社，2023. 01.

[4] 罗光晔. 当代大学生核心价值观培育研究［M］. 北京：中国书籍出版社，2023. 01.

[5] 王左丹，房慧玲. 思想政治教育教学研究［M］. 广州中山大学出版社，2022. 08.

[6] 裴孝金，宋晓宁. 思想政治教育创新研究［M］. 长春：吉林大学出版社，2022. 05.

[7] 孙淑卿，邹国文，朱丹. 大学生职业素养［M］. 天津：天津科学技术出版社，2018. 08.

[8] 李颖，韩仕军，宋采德. 职业素养［M］. 天津：天津科学技术出版社，2018. 02.

[9] 吴吉明，王凤英. 现代职业素养［M］. 北京：北京理工大学出版社，2018. 09.

[10] 史耀忠. 职业素养教育的探索与实践［M］. 北京：北京理工大学出版社，2018. 05.

[11] 吴健，王祚桥，胡慧远. 思想政治教育形象教育研究［M］. 武汉：武汉大学出版社，2022. 01.

[12] 刘淋淋，刘名学，段华琼. 大学生思想政治教育实践与创新［M］. 延吉：延边大学出版社，2022. 04.

[13] 吕志. 大学生思想政治教育导读［M］. 广州：华南理工大学出版社，2022. 03.

[14] 卢岚. 思想政治教育的空间转向研究［M］. 北京：学习出版社，2022. 06.

[15] 郭鹏. 思想政治教育网络传播研究［M］. 武汉：武汉大学出版社，2022. 01.

[16] 杨波. 思想政治教育话语有效性研究［M］. 沈阳：东北财经大学出版社，2022. 09.

[17] 杨玲. 大学生职业素养教育与提升［M］. 北京：北京工业大学出版社，2022. 01.

[18] 唐祥云，黄静. 发展视野下的大学生综合素养培育［M］. 天津：天津人民出版社，

2022. 01.

[19] 张录平，付红梅. 大学生思想政治理论课实践教程 ［M］. 沈阳：辽宁人民出版社，
2022. 09.

[20] 叶方兴. 思想政治教育的社会视界 ［M］. 桂林：广西师范大学出版社，2020. 10.

[21] 刘小春. 高校网络思想政治教育引论 ［M］. 重庆：重庆大学出版社，2020. 05.

[22] 柳琼，韩冰，张薇. 大学生思想政治教育对策研究 ［M］. 吉林出版集团股份有限公司，2020. 08.

[23] 钱云光. 互联网思维与思想政治教育创新研究 ［M］. 成都：电子科技大学出版社，
2020. 03.

[24] 刘保民. 思想政治教育基本问题研究 ［M］. 西安：西北大学出版社，2020. 11.

[25] 许福生. 职业素养与就业创业指导 ［M］. 上海：上海教育出版社，2021. 03.

[26] 吉爱明. 新时代大学生思想政治教育发展探索 ［M］. 北京：北京工业大学出版社，
2020. 04.

[27] 田颂文. 传统文化与高校思想政治教育融合发展的价值审视 ［M］. 北京：北京工业大学出版社，2020. 10.

[28] 朱艳军. 大学生职业素养提升研究 ［M］. 北京：中国纺织出版社，2021. 12.

[29] 杨珂. 大学生的职业素养与就业竞争力 ［M］. 北京：光明日报出版社，2021. 05.

[30] 王欣. 大学生基本素养 ［M］. 北京：北京理工大学出版社，2021. 10.